MOTHER TERES

マザー・テレサ
愛の軌跡

Navin Chawla
ナヴィン・チャウラ
三代川律子●訳

増補改訂版

日本教文社

Raghu Rai

Raghu Rai

マザー・テレサが活動を開始した最初の部屋（カルカッタ市クリーク・レーン14番地）。
当時、家具はほとんど置かれていなかった。（5章参照） *S. Tarafdar and Associates*

マザー・テレサの「霊的指導者」だったファン・エクセム神父。（「はじめに」参照）
S. Tarafdar and Associates

デリーの「シシュバワン」で赤ちゃんをあやすマザー・テレサ。（8章参照）

朝のお祈り。マザーハウスで。（6章参照）

カルカッタにある「ニルマラ・シシュバワン」でのマザー・テレサ。（8章参照）　*Raghu Rai*

ハンセン病の患者たち。チタガールの施設を自分たちで建設した。(上)

線路わきに建設されたチタガールの作業所。(中)

ハンセン病が回復して機織り作業に従事する女性たち。「神の愛の宣教者会」のサリーを着ている。チタガールで。(以上、9章参照)(下)

Chitrabani-EMRC

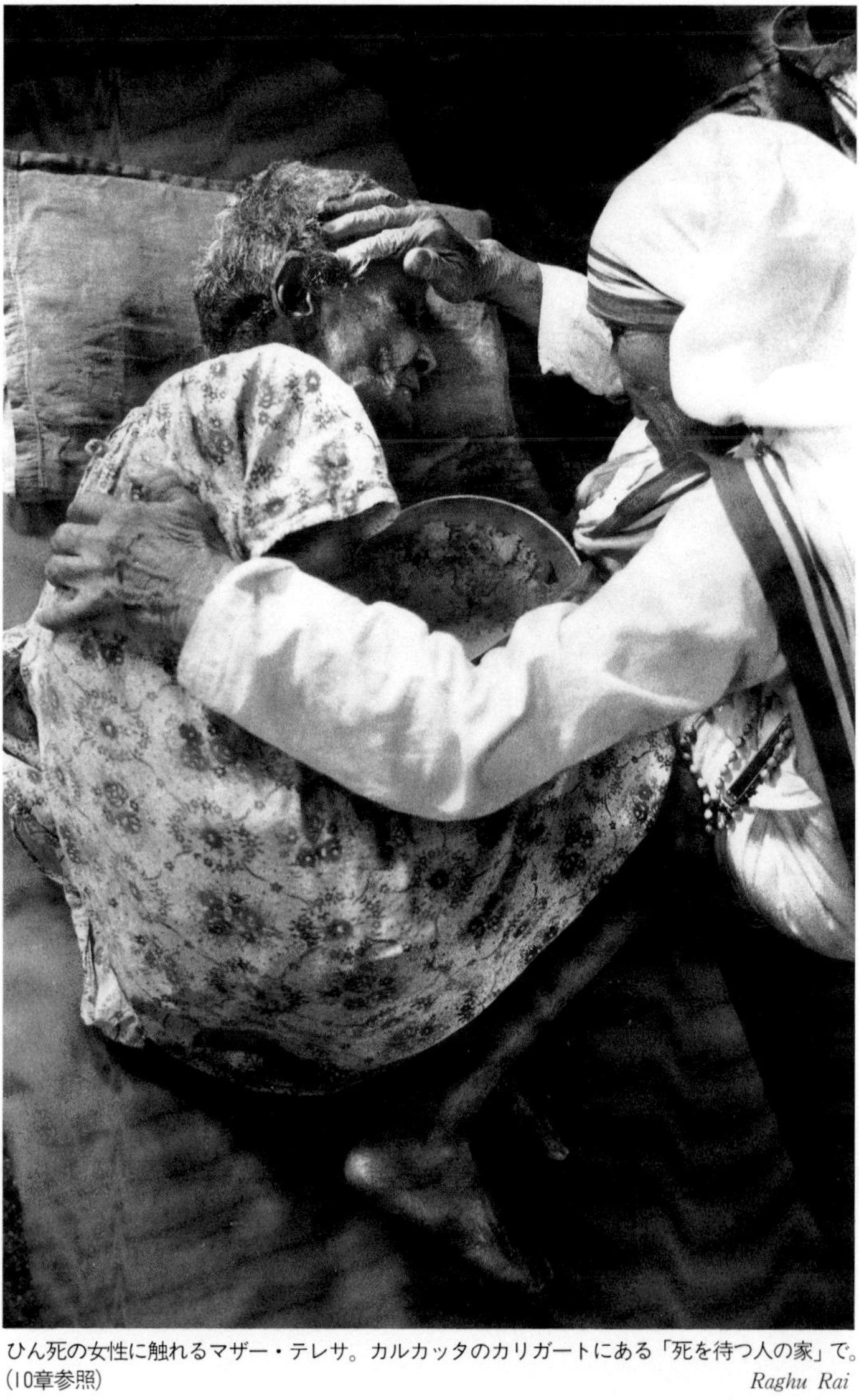

ひん死の女性に触れるマザー・テレサ。カルカッタのカリガートにある「死を待つ人の家」で。
(10章参照)
Raghu Rai

著者のナヴィン・チャウラと妻ルピカ。マザー・テレサとともに。 *Amarjeet, Cine India International*

ダイアナ妃とともに。ローマにて。（11章参照）

Associated Press

感謝をこめて

本書はマザー・テレサの発案がなければ実現しなかっただろう。取材と執筆にかけた五年間、マザーがわたしに寄せてくれた思いやりと信頼に感謝する。わたしたちの意見は必ずしも一致していたわけではなかったが、マザーはたくさんの質問に答え、多くの時間を割いてくれた。この経験はわたしに多くのものをもたらしてくれた。上梓するいま、さまざまな出来事が自分のもとから離れていくようで、少々寂しい気分である。

「神の愛の宣教者会」のシスターやブラザーは、名前を記されることにはまったく関心がないし、むしろ迷惑に思うだろうから、ここには列記しない。本文のなかでは必要と思われる人物のみ、名前を書かせていただいた。

ファン・エクセム神父には実にいろいろなことを教えていただいた。神父の助力は計り知れない。幾人かの友人の協力にも感謝する。彼らの協力で、本書はさらに充実した内容になった。ニューデリー在住のテジェシュワル・シンとシンガポール在住のクライブ・ウイング博士は、とくに忍耐強く助言し続けてくれた。無名の著者に対して出版を快諾してくれたクリストファー・シンクレア＝スティーブンソンにも感謝する。

家族にも感謝の気持ちを捧げたい。妻のルビカは、初稿に目を通し、適切なアドバイスをしてくれた。二人の娘たち、ルクミニとムリナリニは、電話番をするなど彼女たちなりに協力と励ましを続けてくれた。写真選びを手伝ってくれた叔父のシブ・ガンジー博士には、何かと相談にのってもらった。甥のアルジャン・スータは膨大な取材テープを原稿に書き起こしてくれた。ロンドンにいる従姉妹のミーナクシーと夫のリヤーカト・アフマドは、必要な資料を丹念に探し出してくれた。

次の方々にもいろいろな形で協力をしていただいた。感謝を捧げたい。

P・C・アレクサンダー博士、マンジット・バワ、ジョヤー・チャリアー、チャラット・ラム博士、アドリアン・デッカー夫妻、ジャクリーヌ・ド・デッカー、マウド・フランケン＝スペンス、ゴーパル・ガンジー、グッドール夫人、バニイ・グプタ、西ベンガル州知事、ヌルル・ハサン教授、O・P・ジャイン、スニター&ナレシュ・クマール、マイケル・マーシャル卿夫妻、アミター・ミットル、スニール・セーティ、チャンダ&アビニンダー・シン、カラン・シン博士、パルビンダー・シン博士、アニル・ウィルソン博士。ソニア・ガンジーには、とくに確認が必要ないくつかの事柄について快く協力をいただいた。

写真は、以下の方々の協力を得た。ラグ・ライ、S・タラフダール通信社、チトラバーニーEMRC。インド国際映画に所属する友人のアマルジットは、初期の段階からわたしに同行し、撮影をしてくれた。珍しい写真が数枚あるが、それはジャクリーヌ・ド・デッカーやマイケル・ゴメス、ブラザー・マリアダス、それにマザー・テレサ自身から贈られたものだ。

最後に、原稿のタイプをお願いしたニューデリーのインド国際センター図書館に勤務するバルサラ・ヴィジャヤンとスレーンドラ・クマールに感謝する。この図書館は、わたしが調べ物をするときによく利用した施設である。

マザー・テレサ　愛の軌跡◆目次

■カルカッタ市街図

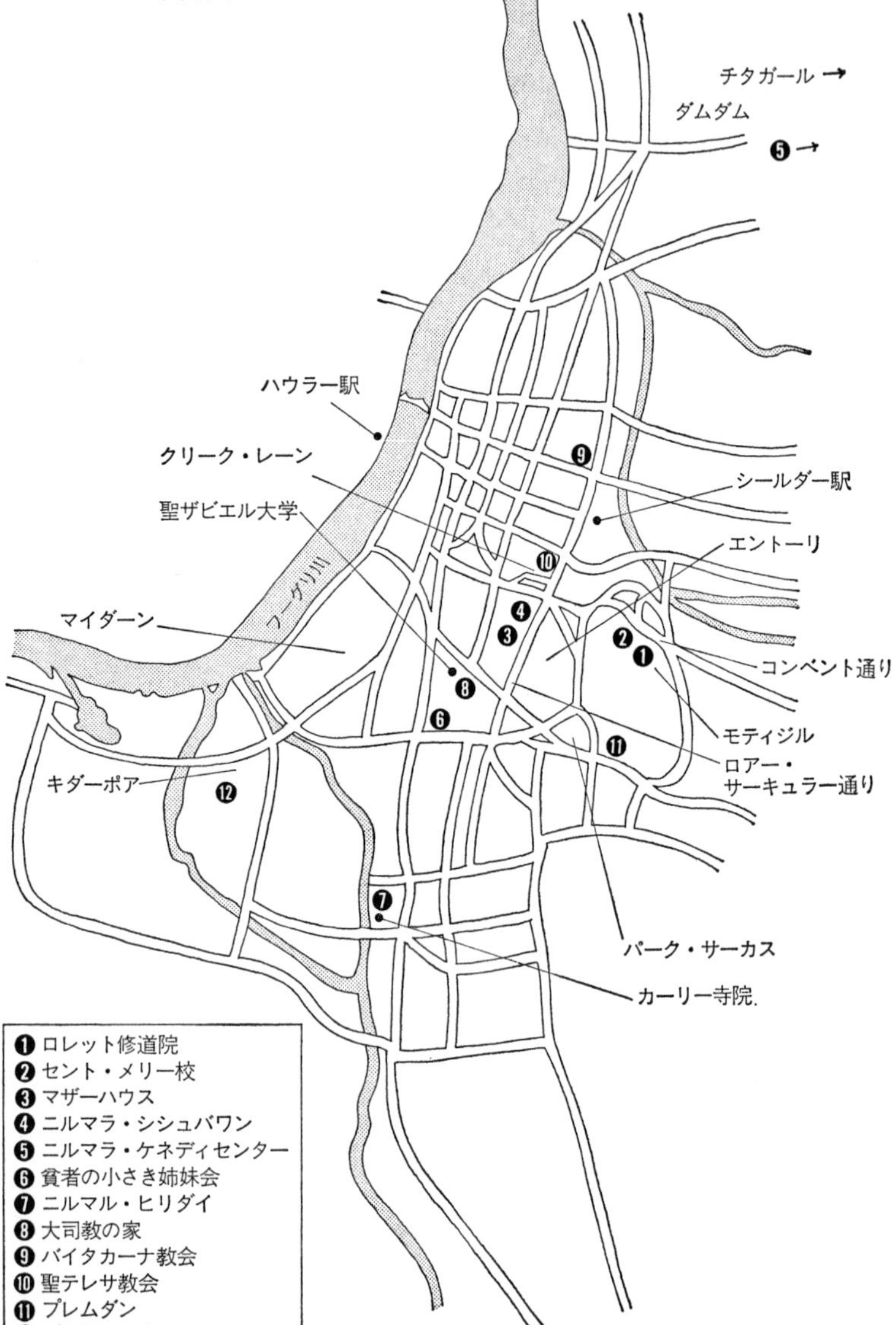

チタガール →
ダムダム
❺ →
ハウラー駅
クリーク・レーン
聖ザビエル大学
シールダー駅
エントーリ
フーグリ川
マイダーン
コンベント通り
モティジル
ロアー・
サーキュラー通り
キダーポア
パーク・サーカス
カーリー寺院
❶ ロレット修道院
❷ セント・メリー校
❸ マザーハウス
❹ ニルマラ・シシュバワン
❺ ニルマラ・ケネディセンター
❻ 貧者の小さき姉妹会
❼ ニルマル・ヒリダイ
❽ 大司教の家
❾ バイタカーナ教会
❿ 聖テレサ教会
⓫ プレムダン
⓬ ブラザーの家

マザー・テレサ　愛の軌跡

はじめに

十七年前のこと。デリーにある「ニルマル・ヒリダイ」〔訳註・死を待つ人の家。ヒンディー語で、″清らかな心の家″の意味〕で小さな式典が開かれた。高齢者のためのリハビリセンターが開設されたお祝いである。わたしが初めてマザー・テレサに会ったのはこのときだった。

マザー・テレサは、デリーの病院が使うベッドカバーやシーツなどのリネン類やガーゼの包帯を、そのリハビリセンターに発注してくれるよう、市当局に頼みたいと思っていた。織機があるつつましい建物では十数人のお年寄りが働いている。彼らが仕事を続けていくためには、市からの発注がどうしても必要だった。そういうこともあってだろう。マザー・テレサは式典に知事を招待した。知事は、デリー首都圏の行政責任者である。わたしは以前からマザー・テレサに会ってみたいと思っていたので、知事と一緒にその式典に出かけて行った。

その日、式典の前にリハビリセンターとホームレスのお年寄りのための宿舎を訪問した。お年寄りたちは簡易ベッドから体を起こし、わたしたちの訪問を喜んでくれた。わたしの心の中にも、何かあたたかなものがわきあがっていた。

わたしの仕事のひとつに、知事の挨拶文をつくることがある。この日の式典のためにわたしが書いた挨拶文は、いつもと同じようなおきまりの文章だった。宿舎を訪問している間、挨拶文がまだ読まれず、知事のポケットにしまわれたままなのを見て、わたしはホッとしていた。わたしが用意した挨拶文は、とてもその朝のあたたかな光景に似合うものではなかったからだ。

式典でマザー・テレサは、愛や慈しみや助け合いの精神について簡潔に話をした。そして、新しく開設したリハビリセンターという小さな一滴《いっく》が、やがては大きな海になることを信じていると話した。知事の挨拶は、マザー・テレサの呼びかけにこたえて、同様に簡潔なものだった。知事は、病院が使うベッドシーツやタオル、包帯の購入を確約した。そして、マザー・テレサやシスターたちが、予約なしでいつでも知事を訪ねて来れるよう招待した。

マザー・テレサはすぐにその招待を受けた。落成式から二週間ほどたったある朝、ノックの音とともにマザー・テレサがわたしの事務室にやって来た。わたしは一瞬声も出ないほど驚いた。マザー・テレサはいつものようにサリーをまとい、手を合わせながら「ナマステ」とインド式の挨拶をした。

その日、マザー・テレサはカルカッタから戻ったばかりだった。彼女はカルカッタで、当時誰もが怖れていたハンセン病に関するある問題に直面し、相談に来たのだった。

マザー・テレサは会うとすぐに話の要点を切り出す。彼女のそういうやり方に、わたしはすぐに慣れた。その日の朝の話は、いまでもよく覚えている。

「大都会には、ハンセン病に感染した人々が仕事や保護を求めて多数やって来ています。しかしほとんどの人は、何の保護も受けられず、物乞いをしてしのいでいるのが現状です。もし四、五エーカー〔訳註・一エーカーは約四千平方メートル〕ほどの土地が手に入ったら、リハビリセンターを建て、わたしたちの手で世話をしていきたいと考えています」

話を聞いているうちに、わたしはやっと落ち着きを取り戻した。マザー・テレサに待ってもらい、知事に彼女が来ていると告げた。知事は、マザー・テレサと二人のシスターにすぐ会うと言い、自分の部屋に招き入れた。

お茶が運ばれて来たが、マザー・テレサはそれをていねいに断わった。そしてシスターは、金持ちからも貧乏人からも、お茶といえども、もてなしは受けないのだと説明した。マザー・テレサは、早速ハンセン病の問題を知事に話しはじめた。

「最大の問題点は、ハンセン病患者が怖れられ、嫌われていることなのです。シスターとわたしは、彼らに生命の喜びを与えてあげたいと思っています。わたしたちはインドのいろいろな地域に、たくさんのリハビリセンターをつくってきました。そこでは物乞いなどしないで、人間としての誇りをもって働くことができます。わたしたちは彼らと親密につき合い、親身になって世話をしています。愛されていると感じることが、彼らには大切なのです」

知事は、とても心を動かされていた。そしてマザー・テレサに土地はどのくらい必要なのかと訊ねた。マザーはけっしてかけひきをする人ではないが、その瞬間、勝利を確信した。それから茶目っ気たっぷりの笑顔を浮かべ、「十エーカーください」と答えた。最初に見積もった五エーカーの倍である。知事は、「神の愛の宣教者会」のハンセン病センターのために、少なくとも十エーカーの土地をデリーに用意するよう、わたしに指示した。そのときから、わたしは彼女の仕事に関わることになったのである。

知事の部屋にマザーは三十分ほどいただろうか。その間、わたしはマザー・テレサという人をじっくり観察していた。彼女のそのときの様子はいまと変わりはない。とても小柄で、顔には深いしわが刻まれていた。体は少し震えがちだったが、茶色の瞳は輝いていた。洞察力があり、意志が強く、行動的な表情をしていた。感傷的ではなく、人を感動させる力を持つほがらかな人だという印象を受けた。

彼女は雄弁家ではないようだ。多くの言葉は用いない。話し終わると、必ず「サンク・ゴッド(神に感謝)」と付け加える。しかし、とくに宗教的な意味があるわけではなく、文章の終わりに付ける句読点のようなものだった。

「今日は暑いわね、サンク・ゴッド」

「お会いできてよかった、サンク・ゴッド」

そんなぐあいだ。

サリーの着こなしは、とても優雅に見えた。ヨーロッパの女性がそんなふうに着こなしているのを、あまり見たことがない。しかし、もうマザー・テレサは、アルバニアの女性には見えなかった。カルカッタのスラムをはじめ、インド国内のあちこちで仕事を続けているうち、いつのまにかインド人になりきってしまったのだろう。ベンガル語を、見事なくらい流暢に話していた。マザーは、インドが独立した一九四七年にインドの市民権をとっている。

マザーの手や足には、長い年月の苦労があらわれていた。指はふしくれだって曲がり、粗末なサンダルをはいた足は変形している。

ずいぶん昔のことなのに、わたしはいまでもその朝のことを思い出す。なぜそんなに印象深く心に残っているのだろう。控えめでつつましい存在なのに、部屋の広さをまるで感じさせなかったからだろうか。ところどころにツギのあたったサリーのせいだろうか。木の取っ手がついた古い布のバッグのせいだろうか。おそらく、そのときの全部の光景が重なって、強い印象となっているのだろう。彼女は、まるで魔法にかけられたかのように、神の身近につつましく座っていた。

マザーはあらゆる人を神と信じ、誠意をこめて尽くす。敬虔なその姿を見ているうちに、だんだんに彼女の信仰がどういうものであるか、わたしにも分かるようになった。

マザー・テレサが最初に助けた女性は、顔半分をアリとネズミに食いつつかれて、カルカッタの路上に倒れていた。彼女が助けた女性は、捨てられたキリストそのものだった。

「死を待つ人の家」で横たわるやせ衰えた体は、受難のキリストの姿。彼女と修道会にとって、ハンセン病患者も、飢えた子供たちも、汚物にまみれた体も、すべて神の姿なのである。

彼女たちは、キリストの体を洗い清め、キリストその人に食べ物をほどこしているのだ。なぜ、そんなことができるのか。

マザー・テレサの説明はこうだった。

「なぜ、悪臭がするほどひどい状態のハンセン病患者の体を拭いてやることができるのかと、時々訊ねる人がいます。たいていの人は『たとえ世界中のお金を積まれてもわたしにはできませんよ』と言います。わたしだって普通なら、せいぜい二、三人の恵まれた人を助けることしかできないかもしれません。だからわたしはこう返事をするのです。『お金のためになら、わたしたちだってできません。わたしたちは、神を愛しているからできるのです』」

神への愛。そのことが分かると、マザー・テレサの活動に納得がいく。シスターたちの笑顔にも、ごく自然に笑顔を返せるようになった。少しずつだが、誓願の意味の深さも理解できるようになった。

「貞潔の誓願」は、キリストに真心を捧げる意味を持っている。あるときマザー・テレサは次のように説明してくれた。

「わたしはキリストと結婚しています。それは、あなたと奥さんの関係と同じことなのですよ」

「従順の誓願」は、自由な意志をキリストに捧げるという意味である。

「清貧の誓願」は、貧しい人たちと同じ暮らしをして、彼らのつらさを理解しようということ。シスターたちは、お金どころか一杯のお茶さえも、謝礼として受け取ることはないのだ。神への奉仕を、金品に替えることはできないのである。

四番目の誓願「献身」は「神の愛の宣教者会」だけにある独特のものだ。それは、「貧しい人のなかでも、もっとも貧しい人々への心からの献身」を意味している。

マザー・テレサは金持ちや権力のある人の奉仕を徐々に認めるようになった。ある日、アメリカの上院議員二人と、ナイジェリアの裕福な夫人が、カリガートの「死を待つ人の家」にやって来て、床のぞうきんがけをしていた。マザー・テレサは、

「奉仕は美しい姿です。たくさんの人々が協力してくれるようになりました」

とうなずきながら言った。そしておだやかな口調で付け加えた。

「わたしは彼らに貧しい人々に接する機会を提供したのです」

マザー・テレサにとって、貧困は強さなのだろうか。いや、貧困は自由だと、マザーは答えた。カルカッタのロレット修道院を離れたとき、彼女の持ち物はわずかに三枚のサリーと五ルピーだけだった。しかし、信念だけはたっぷりと持っていた。これから行なうことへのゆるぎない信念。先のことは、神が導き、神が与えてくれると信じていたのだ。

スラム地区であるモティジルに足を踏み入れたときも、現地調査をすること、計画をたてること、寄付をつのることなどが必要だとはまったく思わなかった。モティジルでまず思ったことは、学校が必要だということ。建物も椅子も机もなかったが、そんなことはかまわない。粗末な小屋が並ぶ一画に小さな空き地を見つけると、小枝をもってそこにしゃがみ込み、地面にベンガル語の文字を書きはじめた。二、三人の子どもがそれをのぞきに来た。翌日、子どもたちの数は増えた。町の誰かが椅子を寄付してくれた。ベンチや黒板も運ばれて来た。二、三日後には、小さな学校が出来上がっていた。

モティジルには医療施設も必要だった。マザー・テレサは簡単な治療なら心得がある。しかし、医

薬品は欠乏していた。マザーは病院を訪ね、伝統的な「托鉢」の方法で、医薬品を提供してもらうことにした。薬品は思ったより簡単に集めることができた。たくさんの人々が治療を待っている。

ひん死の女性を病院に連れて行って、ベッドに空きがないという理由で入院を拒否されたことがある。するとマザー・テレサは病院の玄関に座り込み、ついには入院を認めさせてしまった。病院は彼女の求めに「イエス」というだけではなく、要求があればいつでも救急車を出してくれるまでになった。

モティジルに初めての診療所が開かれてから四十三年。「神の愛の宣教者会」のたゆまぬ活動で、学校や診療所だけではなく、孤児やハンセン病患者、貧困者、死を待つ人々のためのホームがつくられている。ごく最近、エイズ感染者のためのセンターが開設された。

一九九〇年までに、百以上の国々で四百五十六のセンターがつくられた。その年、五十万の家族に食べ物がほどこされ、スラムに住む二万人の子どもたちが百二十四の学校で教育を受けるようになった。九万人のハンセン病患者が治療を受け、一万七千四十八人の「隔離患者」に面会があった。六ヵ所のエイズ診療所には六百六十一人が収容された。その年、八十八人のエイズ患者が死亡している。カトリックを教える学級をつくり、刑務所を慰問し、孤児の家やアルコール中毒者、麻薬中毒者のための治療施設を開設するなど、「神の愛の宣教者会」は、弱者や貧しい人々のために国境を越えた活動を行なっている。

シスターたちは、地球上でもっとも苛酷な場所へ出かけて行く。マザー・テレサに、どこか行っていない所はあるかと訊ねたことがある。彼女は笑いながら答えた。

「もし貧しい人がいるなら、月にだって行きますよ!」

教会に来る人が減っているということだが、「神の愛の宣教者会」の人数は、約四千人に増えた。厳しい生活や仕事にもかかわらず、数百人もの若い女性がマザー・テレサのもとで働きたいと許可を待っている。

入会の必須条件は、性格が明るいこと、常識があること、そして何よりも健康であること。シスターたちの指導と資金の管理は、主に本部のマザーハウスで行なわれている。マザーハウスは、カルカッタのロアー・サーキュラー・ロード54Aにある。

マザーハウスは小さな事務所で、昼間は三人のシスターがオンボロのタイプライターに向かっている。マザー・テレサはそこで夜十時過ぎから明け方まで、伝言を処理したり、緊急の要望書や手紙を書いたりしている。これまでにわたしが受け取った手紙やメモは、そのような一人の時間に書かれたものだ。

時折、マザーのまぶたが重たそうに下がっていることがある。夜六時間以上は眠らない理由を訊ねたとき、

「あの世でゆっくり眠るわ」

と、マザー・テレサはほほ笑みを浮かべていた。

知り合ってからの数年間、わたしはマザー・テレサがデリーにいるときは必ず会いに行った。デリ

ーの「アシュラム(道場)」にもひんぱんに出向いた。最初に出会ったときのように、マザー・テレサがわたしの事務室にあらわれることもあった。ドアをノックしながら、

「入ってもいいですか?」

と無邪気な笑顔を浮かべるマザーの突然の訪問に、何度も驚かされた。デリーを経由してどこか外国に旅立つときには、空港まで会いに行った。飛行機が遅れればそれだけ彼女と長く話ができるので、わたしはむしろ遅れることを歓迎する気分でいた。

ある日、わたしに何か協力できることはないかとマザーに話をした。マザーはわたしの心が何かをしたがっていると、理解してくれた。知事も、わたしが金曜日の午後に休むことを認めてくれた。それからわたしは、「ニルマル・ヒリダイ」に住むハンセン病患者と貧しいお年寄りたちのために、緊急時の処理を手伝うようになったのである。

マザー・テレサとシスターたちは、わたしの家族にとっても特別な存在になっている。我が家を初めて訪ねてくれたとき、マザー・テレサが来ていることがすぐに広まり、たくさんの人が集まって来た。彼女は、家族や友だちや隣人に祝福をほどこしてくれた。わたしは説教を頼んだ。彼女は、真心のこもった口調で語りはじめ、家族が一緒に祈り、集うことの大切さを教えてくれた。

そのころ、マザー・テレサはわたしたちに励ましと祝福の言葉を書いた手紙をたくさん送ってくれた。祈りの言葉だけが書かれたカードのときもあった。わたしたちがつらい時期をおくっていたころ、マザーは道を示してくれたのである。わたしの娘たちが試験を前に神経質になっていると、マザー

は娘たちのために祈ってくれた。わたしのために特別なミサを行なってくれたことさえある。以前、困難の嵐がひとつ過ぎたころ、わたしの近況を訊ねてくれたことがあった。わたしが「うまくいってますよ」と答えると、彼女は嬉しそうに声をあげて笑い、

「それなら、もうあなたのために祈らなくてもいいわね」

と言った。

一九八八年十月、マザー・テレサのデリー訪問は、わたしにとって特別な意味があった。わたしが主催したインドのハンセン病についての研究発表会に出席してくれたのだ。彼女のカリスマ性はここでも大いに発揮され、会場には多くの人々がつめかけて来た。わたしは、「アッシジの聖フランチェスコの平和の祈り」〔訳註・十三世紀のイタリアの聖人。フランシスコ会の創設者。托鉢しながら説教活動し、病者貧者への慈善活動を行なった。平和の祈りは三二二〜三二三頁に全文掲載〕をコピーして、事前に聴衆に配るようマザー・テレサの指示を受けていた。彼女は、挨拶の前に、まず一緒に祈りましょう、と聴衆の前で手を合わせた。

このときのマザーのスピーチは、まったく装飾語を使わず、簡潔なものだった。話は、「西洋のハンセン病患者」が見捨てられ「閉じ込められて」いることについて、また「神の愛の宣教者会」が行なうハンセン病の看護活動について、事実のみを淡々と述べていった。さらに彼女は、家族のためばかりでなく、困っている隣人のためにも祈りを捧げることの大切さを強調した。

マザーはカルカッタのある家族の話を例に出した。彼らは二日間というもの何も食べていなかった。

子どもたちの瞳は、空腹のためかポッカリと見開かれたまま。マザー・テレサが米を差し出すと、母親はそれを二つに分け、片方を、同じように空腹を抱えている隣人に分け与えたという。

「貧しい人々は、食べ物を分け合って食べています。自分たちにどれだけの食べ物があればよいか、隣人がどれほど必要であるかを知っているということに驚かされました。真実は単純です。家族を愛すること、家族と喜びを分かち合うこと。それがすべてのはじまりです」

と、マザーは言った。

マザー・テレサは、けっして雄弁な人ではない。その晩も、いつもと同じように淡々とした口調で話を進めていった。話が終わった。聴衆は言葉を失ったかのように、誰もが黙ったままだ。しばらくたって、わたしの隣に座っていた裕福そうな婦人が嗚咽《おえつ》をもらしはじめた。小さな子どもが母親に付き添われてマザー・テレサに駆け寄ると、サインを求めた。他の人々も勇気をふるって腰を上げ、次々にマザー・テレサの周りを取り囲んでいく。彼らは、配られたコピーの紙を手に持っていた。マザー・テレサは、その紙の上に二十のアルファベットを書いた。一人ひとりのために、ふるえる手でゆっくりと、何枚も何枚も書き続けた。

“God bless you (神のご加護がありますように), M. Teresa M. C.”

最後の一枚を書き終わったとき、あたりはすでに暗くなっていた。彼女は疲れたような笑みを浮かべて、椅子にゆったりと座り直した。そしてわたしの手を握りしめ、自分にささやくようにつぶやいた。

「神よ。わたしは、あなたのために書きました。この二十文字は、あなたに捧げられたものです」

この発表会のあと、わたしはマザー・テレサについての本を書きたいと思うようになった。彼女ははじめ、伝記のような本を出すことは渋っていた。でも、少し考えたあと、うなずいて言った。

「仕事についての本にしてください」

わたしにはマザーほどの信仰心はないけれど、それはかまわないようだった。

それからの四年間、マザーはわたしに厚い信頼を寄せてくれた。すべてのシスターにあてた信任状を書いて渡してくれた。それには彼女たちの仕事を取材し、質問することを許すと記されていた。わたしはこの書状を有効に使った。カルカッタにもしょっちゅう訪ねて行った。

マザー・テレサはわたしの顔を見るたび、

「本はもうできた?」

と訊ねるようになった。

本の準備をはじめて、三年が過ぎた。わたしは仕事の忙しさと取材に完璧を期したいという思いとで、一行も書き出せないでいた。ある日マザー・テレサに本のことを訊ねられ、わたしは
「役人の仕事を続けながらですけど、取材をきちんと行ないたいのです」

と言った。彼女はうなずき、それからは本のことを訊ねることはなくなった。そのかわり、マザーハウスに行くたび、

「あら、いらっしゃい」

と声をかけてくれた。そして、山のような質問に答えてくれた。しかし、彼女自身の生い立ちや生活についてては、意味がないからと取り合ってもらえない。

マザー・テレサは、いわゆる伝記作家には手ごわい相手だろう。彼女は、自分は神の手の中の鉛筆のようなもので、取るに足らない人間だと言い続けている。それで、マザー・テレサの少女時代については、すでに知られている以上のことは聞けなかった。スコピエでの生活や母から受けた影響、十八歳のときの家族との別れの様子を聞いても、彼女は多くを語りたくない様子だった。ほほ笑みながら、現在の仕事のことや「宣教者の会」の活動にさりげなく話題を変えていくのだ。

二十年間過ごしたロレット修道院での様子は、当時彼女と一緒に過ごしていた同僚や教え子が語ってくれた。ファン・エクセム神父は、マザー・テレサが神のお告げを聞いたあと、その激しい胸の内を打ち明けられた当時の様子や会の設立時のことを語ってくれた。神父の話は、主にマザー・テレサの活動についてのものだ。彼女を支えたキリストへの信仰やミサ、また彼女の活動がいかに純粋で説得力のあるものだったか、そして信仰を語るときの彼女の高潔な気持ちについても話をしてくれた。

マザー・テレサのいう「仕事」については、「宣教者の会」の活動を抜きにしては語れない。彼女が教える日常的な行ないや信仰心は、会のすみずみにまで深く根ざしている。マザーのインスピレーションや謙虚で上品な態度は、全部見えない糸で結ばれ、すべてのシスターたちとつながっているのである。

どこのセンターを訪ねても、シスターたちはすぐに、

「それは、マザーに聞いて」
と言う。たとえインドから遠く離れた場所でシスターと話していても、
「マザーならこう行動する、こう考える」
と言い、まるでマザー・テレサが隣の部屋にいるかのように振る舞うのだ。わたしにたくさんの質問をされて困ってしまったとき、マザー・テレサが隣の部屋から助けに出て来て、すぐに仕事に戻してくれると信じているような話し方をするのである。

マザー・テレサの活動は、思わぬところでも大きな効果を発揮している。あるときマザーは、旧ソ連で会議を開くことを提案したが、ソ連側は返答して来なかった。すると彼女は、当時のゴルバチョフ書記長に「聖ミカエル」〔訳註・戦いの大天使〕を祝うカードを贈って、やんわりと催促した。また、ブッシュ大統領とサダム・フセイン大統領には、何百万もの人命を奪う戦争をやめるようにと嘆願した(両大統領への手紙は付録Ⅲに全文掲載)。そして停戦後は、戦争で破壊されたイラク国内に六つのセンターを設立する許可を、フセイン大統領から取り付けている。

世界の多くの国が、彼女に大きな敬意を払っている。貧しい人、無力な人たちの手助けを除けば、誰の助けも借りずに彼女は堂々と権力の館に乗り込んで行く。

本人が自覚していようといまいと、今年(一九九二年)八十二歳になるこの修道女は、聖職者の間でも大きな影響力をもっている。カルカッタの修道院長が、バチカンでは「マザー・テレサ大司教」と言われていることを知ったら、本人が一番驚くのではないだろうか。教会の権威ある人々も、マザー

・テレサに共感を抱いている。ローマ教皇は、ローマを訪ねたマザー・テレサをまるで我が子のように迎え入れてくれる。それでも、彼女自身は謙虚そのものだ。

マザー・テレサを一冊の本にまとめるのは簡単なことではない。普通のおばあさんのような姿をしたこの女性は、いつ会っても、わたしに強烈な印象を与え続けている。マザーが国際線の飛行機から降りて来たときの嬉しそうな姿を忘れることができない。彼女はビスケットや石鹸やいろいろな残り物で大きくふくらんだ袋を二つ抱えて、ニコニコしていた。それは機長から「シシュバワン(孤児の家)」の子どもたちへのプレゼントだった。

またあるときは、息子たちにも見放された重症のハンセン病の女性を慰めていた。

六歳の子どもを抱いて撮った写真も忘れることができない。子どもの両親の話では、すでにカルカッタの医者たちは治療をあきらめていたということだった。子どもは死にかけていた。ある日、マザー・テレサが突然やって来て、この中流家庭のヒンズー教徒の家で、ひざまずいて祈りを捧げた。すると、奇跡ともいえることが起こった。それから二年、子どもは生き続け、体重も増えたそうだ。

妻とともにデリーの国内線の空港に出迎えに行って、マザーを見失ったことがある。一台の高級車が飛行機に横付けすると、そのまま彼女を連れ去ってしまったと、あとで知らされた。その出来事について、マザーは冗談めかして言った。

「マザー・テレサになるのも悪くはないわね」

ある日、生まれて間もない赤ん坊がマザーハウスの玄関に置き去りにされていた。マザー・テレサは赤ん坊を抱き上げて言った。

「ああ、神様。まだ生きているわ。きっと大丈夫」

そのときの嬉しそうな表情が、いまでもありありと思い浮かぶ。

マザーが活動をはじめたころの様子を想像することもある。毎日何キロも歩いて、仕事に必要な部屋探しをした日々。その日々はただ信念だけに導かれ、神へ奉仕することの喜びにあふれていたことだろう。

わたしは、多神教であるヒンズー教の教徒なので、いつもキリストと一緒にいるというマザー・テレサの信仰がなかなか理解できないことがある。たとえばミサに出ているときや誰かの看病をしているときでも、いつでもキリストとともにいるというのだ。十字架のキリストと、カリガートで死を待つキリスト。どちらも同じキリスト、神だと、マザーは言うのだ。

人は隣人に救いの手を差し出さなければならないと、マザーは繰り返し言う。マザー・テレサにとって、隣人を愛することは神を愛すること。もし隣人を愛することができなければ、神を愛することもできない。このことが、彼女にとってもっとも重要なことなのだ。「宣教者の会」を大きくしたり、その影響力を広げることが重要なのではない。

最近マザー・テレサに会ったとき、このことをなにげなく話してくれた。

「わたしたちに必要なことは、成功ではなく信仰です」

考えてみれば、この言葉の意味にはとても深いものがある。

祈り、愛、奉仕、平和。これらの言葉の意味の深さを、彼女は自らの生き方でわたしたちに教えてくれているのだ。

1　少女時代

マザー・テレサの外交官パスポートはこうなっている。

「メアリー・テレサ・ボワジュ、一九一〇年八月二十六日、ユーゴスラビア・スコピエ生まれ」

当時のスコピエは、人口二万五千人。トルコ帝国の支配のもと、アルバニア王国によって統治されていた。数世紀にわたってイスラム文化の影響を受けたアルバニアでは、文化や宗教が複雑に入り組んでいる。そんななかで、カトリック教徒は多くはなかった。

テレサの家は、スコピエで商売をしていた。農家だったという説もあるが、そうではない。父ニコラス・ボワジュは建築業を営んでいた。有力な業者で、スコピエ劇場の最初の建築などを手がけている。また人望があり、町の議員も務めていた。アルバニア語はもちろん、セルボクロアチア語やトルコ語など数ヵ国語を話すことができたという。マザー・テレサは父について、

「慈悲深く、貧しい人々に思いやりがあった」

と、「霊的指導者」のファン・エクセム神父に話している。母ドラナフィル・ベルナイは、イタリアのベネチア近くの出身だった。

ボワジュ一家は果樹園がある大きな家で、裕福な暮らしを送っていた。一九〇四年に姉のアーヘが生まれ、一九〇七年に兄のラザルが生まれている。

「幸福で楽しい家族だった」

マザー・テレサは少女時代を振り返ってそう言う。

「みんなとても仲がよく、とくに父が亡くなってからは、家族の絆がいっそう深まっていきました」

小さいころのテレサは、聖心教会へ通っていた。両親は熱心なキリスト教信者で、神父や修道女との交流もひんぱんだったという。通学していた非カトリックの公立学校では、必修科目としてセルボクロアチア語を学んでいた。

マザー・テレサは自分の家族のことはめったに話さない。しかし、次のような言葉を口にしたことがある。

「わたしは母との絆をとても強く感じています。母は、とても徳の高い人でした」

アグネス(マザー・テレサの幼名)が母から受けた影響は大きかったと、ファン・エクセム神父は推察する。とくに精神的な成長に与えた影響は大きかった。アグネスは、信仰心の厚い母が、貧しい人々への奉仕活動を積極的に行なう様子を見て育った。食べ物や泊まるところや衣服を求めてやって来る人々、お金に困っている人々に、無関心でいられなかった。

「母は、神を愛すること、隣人を愛することを教えてくれました」

と、マザー・テレサは言う。

兄のラザルは、一九七九年十二月、マザー・テレサがノーベル平和賞を受賞したとき、オスロの授賞式会場に姿を見せ、妹と再会しているが、そのラザルがマザーの少女時代についてこんな話をしている。

小さいころ、アグネスはゴンジャ（アルバニア語で「花のつぼみ」）と呼ばれていた。その名のとおり、彼女はピンク色の肌をして、丸々と太っていた。可愛らしい少女で、いつもきちんと清潔に身なりをととのえ、家の手伝いをよくしていた。

子どもというものは、おやつやデザートを好むものだ。ラザルも、台所に忍び込んでは戸棚の中にある甘いジャムをつまみ食いしていた。しかし、ゴンジャだけはその仲間には入らない。それどころか、ミサに出る前の晩には、十二時を過ぎたら食べ物を口にしてはいけない、と兄のラザルに注意していたそうだ。むろん、ラザルが注意を聞かなくとも、母に告げ口などはけっしてしなかった。

子どもたちは母を「ナナ・ロウク」と呼んでいた。ナナは母、ロウクは魂を意味する言葉だ。「魂の母」と呼ばれる母は、強い信念の持ち主で、浪費を好まない人だった。母の倹約精神について、マザー・テレサは次のようなことを書いている。

「ある晩、子どもたちは母を囲んで、無邪気なおしゃべりに熱中していた。母はずっと黙ったまま椅子に座っていた。しばらくすると立ち上がり、部屋を出て行った。部屋を出るとき、馬鹿なおしゃべりに電気を使うのはやめましょう、と一言。電気を消したので、部屋は真っ暗になってしまった」

一九一七年、父が亡くなった。突然の死だった。母は、何ヵ月も絶望の中にいた。彼女に悲しみから立ち直る力を与えてくれたのは、深い信仰だった。

事業の共同経営者が不正を働き、家族にはかろうじて家が残されただけだった。生活を支えるため、母は刺繡《ししゅう》製品を売る商売をはじめる。その収入で、三人の子どもたちを育てていくのである。逆境にぶつかってもくじけず、自らの手で道を切り開いていく。そんな母の姿は、当時七歳のアグネスの目にも強く焼き付いたはずだ。

聖心教会は、ますます家族の心のよりどころとなっていく。アグネスと姉は、教区の活動に参加するようになる。アグネスは読書が好きで、よく教会の図書館に通っていたという。

「十二歳のころ、将来は修道女になるような気がしていました」

と、マザー・テレサが当時の気持ちを語ってくれた。

修道女になりたいと告げると、母は反対した。アグネスもまだまだ幼い。母にそむくことはできない。修道女になりたいという思いは、いつのまにか消えてしまったかのように見えた。しかし、心の奥では、修道女になるという希望は静かにふくらんでいたのである。

母娘は、スコピエの教会で何時間も熱心にロザリオの祈りを捧げる。夜遅く、家で祈る姿も見られた。学校から帰ると、アグネスは教区の活動に励む毎日。そのころ、ジャンブレンコビッチ神父と知り合った。神父は一九二五年に主任司祭となり、「聖母信心会」の支部活動をはじめていた。この活動に参加することは、その後のアグネスにとって、非常に意味深いことだったのではないだろうか。後にカルカッタで入るロレット修道院は、スコピエの時と同じ、「聖母信心会」だったのである。

「聖母信心会」では、聖人や宣教師たちの伝記を学んだ。ジャンブレンコビッチ神父は、一九二四年にインド・ベンガル州に入ったが、そこにあるユーゴスラビア・イエズス会の宣教活動の話をしてくれた。宣教師たちの熱心な活動は、「聖母信心会」の人たちに逐一報告されていたのである。アグネスは活動の様子を聞き、心を打たれた。

「彼らがインドで行なっていること、とくに子どもたちへの献身は、もっとも美しい活動であると思いました」

と、マザーが当時の心境を話してくれたことがある。

そのころ、アイルランドのロレット修道会がベンガル州に修道女を派遣しているという話も聞いた。ロレット修道会のシスターの活動は国際的で、ベンガル州に派遣された修道女は主に子どもたちの教育にあたるという。

ラザルの話によると、アグネスは優れた学生であり、慎重で注意深い性格だったそうだ。若いアグネスは、自分がもっている素質を次々に開拓していく。自分より年下の子どもたちに宗教の話をし、愛の意味を説いた。当時の活動の様子は、すでに後のマザー・テレサを思わせるようだったと、いとこが話してくれた。アグネスは、協力する人があらわれると、けっして断わらなかった。また、宗派や宗教が違っていても、友好的な態度は変わらない。アグネスは、みんなに信頼される存在となっていた。

修道生活に入りたいと思いはじめてから、六年が過ぎた。愛する家族のもとを離れても、祈りの生活に入りたい。そういう気持ちが再び高まってきた。この決意は、神の「呼びかけ」にそったものなのだろうか。アグネスは、ジャンブレンコビッチ神父に相談をした。神父は、その決意が深い喜びをともなうものであるか、と訊ねた。そして、神の「呼びかけ」によるものなら、喜びに満ちた決断となるはずである、と説明した。

最近になって、マザー・テレサはこう言っている。

「十八歳のとき、わたしは決心しました。家族のもとを去り、修道女になることにしたのです。わたしがやるべきことは、貧しい人々の力になって働くことだと知ったからです。それ以来、決心がゆらぐことはありませんでした」

マザーハウスの礼拝堂の外にあるベンチに腰をかけながら、彼女は天を指差して付け加えた。

「神がお決めになったのです」

母の心も決まっていた。ゴンジャが「ナナ・ロウク」に決心を伝えると、母は二十四時間も部屋で祈り続けた。祈りを終えて姿をあらわしたときには、母は娘の進むべき道を悟っていた。そして娘にこう助言した。

「神の手に委ねなさい。そして、いつも神とともに歩むように」

神の御心にしたがい、アグネスはインド・ベンガル州のロレット修道院に入る手続きをはじめた。ロレット修道院に入るためには、まずアイルランドのラスファーマンにある修道院で訓練を受ける。英語も勉強しなければならない。

一九二八年九月二十六日、アグネスは母と姉に付き添われ、スコピエからザグレブへ向かう列車に乗った。スコピエの駅には、親戚や友人、「聖母信心会」の人たちが見送りにかけつけた。別れを告げるアグネスの目にも、涙があふれていた。

母や姉と一緒に過ごすザグレブでの最後の日々。そのわずかな日々が過ぎると、永遠の別れが待っていた。ザグレブの駅で手を振って別れた母とは、再び会うことはなかった。

2　ベンガリ・テレサ

ラスファーマンの修道院では修練生として、わずかに二ヵ月間過ごしただけだった。しかし、礼拝堂や談話室での光景、そして英会話を指導してくれたボージャ・アーウィン修道院長の姿など、そのときの印象は鮮明に残っているという。

一九二八年十一月、マザー・テレサは船でインドに向かう。カルカッタに着いたのは、七週間後のことだった。

初めてカルカッタを見たときの印象はどうだったのか。マザー・テレサは話そうとはしない。話してもしょうがない、と取り合ってもくれない。

「ボンベイ急行」を降りてハウラー駅に立ったとき、そこにはインド独特の光景が広がっていたはずだ。駅の中は、乗客や荷物を取りに来た人、見送りに来た人であふれ、その間をクーリー(荷物人夫)たちが押し合いへし合いしながら通り抜け、荷物の運搬作業をしている。けばけばしい色の氾濫、おびただしい人の群れ、騒音、異臭。ヨーロッパからやって来たわずか十八歳の女性なら、そのような光景に戸惑いを感じたとしても不思議はない。

カルカッタには二、三日しか滞在せず、すぐにダージリンにあるロレット修道院に向かった。一九二九年一月十六日のことである。雪をいただくヒマラヤのカンチェンジュンガ山の麓で、修道女としての生活がはじまった。

ダージリンは、カルカッタから北へ約六百四十キロ、ヒマラヤ山麓にある夏の高級保養地だ。英国統治時代、首都がカルカッタからニューデリーに移転される一九一一年以前には、総督やその側近たちは、ダージリンへと避暑に出かけるのが習慣だった。シーズンの四ヵ月間、毎日のように舞踏会や園遊会が開かれ、華やかな社交場となった。手入れの行き届いた芝生の上で開かれるガーデン・パーティーには、軍服姿の将軍や軍人、判事、議員そしてその夫人たちが集まり、マハラジャ(王)や着飾ったマハラニ(王妃)も姿を見せていた。夏の首都がシムラー(北インド地方)に移転してからも、ダージリンのにぎわいぶりに変わりはなかったが、統治はベンガル州知事に代わった。

当時のダージリンは、インドにおける英国教育の中心地でもあった。キリスト教系の学校が建てられ、英国人の子女にまじって、インドの裕福な家庭の子どもたちも通っていた。アグネスが派遣されたロレット修道院も、そのような学校のひとつだった。

六十年前の修練生時代は、ある意味では特別な日々だったといえる。当時の院長、シスター・マーフィーは、修練生は祈りと使徒職の活動に生活のすべてを捧げるべきと信じていた。修練生たちは毎日二時間、貧しい子どもたちの教育にあたった。その時間は、修練生の職業訓練もかねていた。そして一週間に一度、修練生は聴罪師のもとに通っていた。

「アグネスは夢中で英語を勉強していましたよ」と話してくれたのは、シスター・マリア＝テレジア・ブリーンである。彼女は修練期間を一緒に過ごした仲間の一人である。修練生は、インドの言葉も習得しなければならない。アグネスはベンガル語とヒンディー語を習いはじめた。修道院での生活は忙しく、またたくまに二年が過ぎた。

一九三一年三月二十四日、アグネスは初誓願を立てる。ロレット修道会の修道女として、「清貧、貞潔、従順」を誓った。修道名はテレジア・マルタンにちなんだ名がふさわしいと、アグネスはひらめいた。テレジアは、貧しい人々のために祈り、二十四歳という若さで結核で亡くなったフランスの聖女である。そのつつましい人柄と愛と祈りに満ちた修道生活は、各地で奇跡を起こし、多くのカトリック信者のこころに明かりを灯した。一九二七年、バチカンは「リジューの聖テレジア」の名を彼女に贈り、功績をたたえている。

しかし、その名前を選ぶには少々問題があった。一年前に修練期間を終了したシスター・ブリーンが、すでにマリア・テレジアの名前で呼ばれていたからだ。混乱をさけるため、アグネスはスペイン語読みで「テレサ」とすることにしたのである。マザー・テレサの修道名に関するこのようないきさつはあまり知られていない。なぜスペインのカルメル会の聖女の名を選んだのかと訊ねられるたび、

「アヴィラの聖大テレサからではないのよ」

と、マザー・テレサは繰り返し答えてきた。わたしも名前の由来を聞いたことがある。

「つつましい方の名前です」

と説明してくれたが、それはもちろん「リジューの聖テレジア」のことだ。

ロレット修道院の中では、もっと区別しやすい方法で呼ばれていた。

「ベンガリ・テレサ」

見事に流暢なベンガル語を話す修道女にふさわしい名前である。

＊

シスター・テレサは修練期間が終わると、カルカッタ郊外にあるセント・メリー校に派遣された。ロレット修道会が経営するこの女学校で、最初は教師として、一九三七年からは校長として、シスター・テレサは十七年間のおだやかな日々を過ごす。シスター・テレサにとって、深い思索のときを与えられた時期だった。

「わたしはロレットそのもの」という言葉が、そのころ、心の奥深くに刻み続けられた。

一人の修道女として過ごしていた「ベンガリ・テレサ」についての取材は、カルカッタのマザーハウスからはじめなければならなかった。マザー・テレサ自身は、自分のことを話したがらないからだ。

「わたしなど、取るに足らない存在よ」

というのがマザーの口ぐせである。そして必ず、

「仕事のことについてだけ書いてくださいね」

と付け加える。それでわたしは、シスター・ジョゼフ・マイケルに話を聞くことにした。わたしの取材を手助けするようにと、マザー・テレサが紹介してくれたのが、カルカッタ出身のシスター・ジョ

ゼフ・マイケルだったのである。シスターは、セント・メリー校時代のことを取材したいというわたしの希望にこたえて、マザー・テレサの相談役だったファン・エクセム神父と面会できるように手配してくれた。

ファン・エクセム神父はすでに引退して、カルカッタの名門大学である聖ザビエル大学の構内に住んでいた。八十代後半になって、人の支えがなくては歩けないほど足が弱っているため、めったに部屋からは出ないということだった。イエズス会の一員だった神父は、第二次世界大戦中に、故国のベルギーからカルカッタにやって来た。若い時代に中東で過ごしたこともあり、アラビア語を流暢に話す。カルカッタに来るとすぐ、神父はたくさんのイスラム教徒と親しくなったそうだ。

神父が初めてシスター・テレサに会ったのは、戦争中の一九四四年七月十二日、当時コンベント通りにあったセント・メリー校で彼が行なっていたミサの場であった。初めて出会ったときから、神父はシスター・テレサの霊的な指導者となる。そして、シスター・テレサが精神的にもっとも厳しい時期に、彼女を指導し、励ましたのである。

神父は、わたしの訪問を喜んでくれた。しばらく話を聞いているうち、神父はそれとなくシスター・テレサを守っていたのだと、わたしには感じられた。修道会の中には、シスター・テレサをねたむ人もいたのだ。神父は、当時の様子を、鮮明に記憶していた。

「マザー・テレサは、自分の活動を理解してもらうために宣伝活動などは一切やりませんでした。わたしは、そういうことも必要なのだよ、とよく言っていたのですがね。マザー・テレサは宣伝などできない人でした。むろん、そんな余分な時間などなかったわけですが」

神父はこう言うと、しばらく沈黙した。そして、次の言葉を付け加えた。

「マザー・テレサの業績を伝える本は、すべて善ですな」

ある日の午後、神父がこういうヒントをくれた。

「エントーリの修道院においでになったことはありますか？　あそこには、マザー・テレサについて書かれたものが少しありますよ。ダージリンやエントーリの修道院で、二十年間も一緒に過ごした修道女たちが書いたものです。マザー・テレサの紹介状を見せて、それからわたしに言われて来たと、お訪ねなさい。その原稿を読めば、もっといろいろなことが分かりますよ」

すぐに車でエントーリに向かった。高級ホテルや航空会社のオフィス、ブティックが並ぶおしゃれなパーク通りから修道院のあるエントーリまでは、たった四、五キロである。しかし、みすぼらしい建物が密集するスラム地区に入ると、そこにはまるで別の世界が広がっていた。

スラムに隣接した修道院は、灰色の壁で囲まれていた。出入り口に設置された鉄製の頑丈な門を入ると、運動場があり、よく手入れされた芝生が広がっている。驚くほど美しい光景だ。さまざまな時代に建てられたと思われる建物が何棟かあった。大きな建物は、柱廊や明るい緑色の木造の日よけがついたコロニアル風の古典的な建築物であり、灰色のブロックを積み上げただけの比較的新しい建物もあった。同じ敷地内に、セント・メリー校の別棟があり、こちらには黄色のペンキで塗られた渡り廊下がついている。

わたしは修道院の応接間に通された。よく磨き込まれたチーク材の家具が置かれ、更紗《さらさ》の布が飾られているのが目に入った。案内してくれたシスターに、マザー・テレサが書いてくれた紹介状を渡し、修道院長への取り次ぎを頼んだ。しばらくすると、アイルランド人の修道院長が入って来た。陽気な感じの人だ。院長は、自分が赴任したのはマザー・テレサが去ってから二、三ヵ月後のことなので、直接の思い出はないと、テキパキとした口調で語った。それから、手にしていた原稿のコピーをわたしに差し出した。わたしは、コピーのお礼を言い、それから修道院の中を見せてほしいと頼んだ。

エントーリにあるロレット修道院は孤児院を運営している。宗教や宗派を問わず、すべての子どもたちを受け入れている。現在収容されている三百人のうち、ほとんどが孤児か浮浪児である。ほぼ同数の三百人ほどが昼間の学校に通って来る。こちらは中流家庭の子どもたちが多い。さらに貧困家庭の子どもが二百人ほど、セント・メリー校でベンガル語を習っている。

ダージリンで初誓願を立てたシスター・テレサが派遣されたのが、このセント・メリー校だった。シスターたちは「聖アンナ会」の婦人教会員たちとともに活動を行なう。「聖アンナ会」は、一八九八年にロレット修道会が設立した修道会である。ベンガル人の修道女たちがベンガル語で授業をする。修道服は、サリーである。

シスター・テレサは地理と歴史、カトリック教理を担当した。当時の校長は、モーリシャス人のマザー・ド＝セナクルだった。教師になって二、三年で、シスター・テレサはマザー・ド＝セナクルの右腕になった。

「よい教師だったかどうか分からないけど、教えることは好きでした」

そう、マザー・テレサが楽しそうに言っていたことがあった。

かつてダージリンで修練期間を一緒に過ごしたシスター・ブリーンは、現在はミドルトンにあるロレット大学で引退生活を送っている。ロレット大学は、ロレット修道会がインドで設立した最初の女子大学として知られている。

わたしはシスター・ブリーンを訪ねた。大学の中にある広間にあらわれたシスターは、すでに八十四歳だという。わたしが、七十歳にしか見えませんと言うと、シスターは軽やかな笑い声をあげた。その声は広い部屋中に快く響いた。シスターの顔は、インドの太陽にさらされていたにもかかわらず、みずみずしさを失っていなかった。まるで桃のようにすべすべした肌をしていた。

シスターはおだやかな表情で、昔の思い出話をはじめてくれた。

「わたしがラスファーマンを出発したのは、一九二八年。マザー・テレサより一年早かったのですよ。マザー・テレサは物事を単純明快に考えるし、とてもいい方でしたわ。知り合ったのは一九二九年のことです。そのときは特別な印象をもちませんでした。大人しい感じで、特に目立つ少女ではなかったのですよ。おだやかで、ユーモアが好きな人だったわ。何にでも前向きで、積極的に楽しむ面もありましたね。出会ったころは、ロレットを去ることなど、まったく話にも出ませんでした。彼女がそんなことを考えているなどとは、誰も想像していませんでした」

シスター・ブリーンの回想が続く。

「わたしたちは、ダージリンで修練期間を一緒に過ごしました。その後、わたしの方はカルカッタに来ました。彼女はダージリンに残りました。コースが修了していなかったからです。一九三一年に修練期間が終わると、わたしがいるエントーリにやって来ました。その後ほぼ十五年間、わたしたちは再び一緒に過ごすことになったのです。でも、いつも一緒というわけではありませんでした。彼女はセント・メリー校に務め、わたしは孤児院で仕事をしていたからです。会うのは全員が集まる食事のときぐらいでした。当時のわたしたちは、修道院の外へ出ることはありませんでした」

セント・メリー校での一日は長い。授業はふつう午前九時半から午後三時まで行なわれ、朝と夕方には「マインディング(保育)」の時間がある。「マインディング」というのは、ロレット修道会独特の用語で、幼児の世話をするという意味である。学校の時間が終わる前に、生徒たちの勉強の添削をし、子どもたちの遊び時間の監督もする。

「わたしたちには常に規律があります。時間割にそって仕事を行なうのです。強制されるものではありませんが、もしできなければ、その人は修道生活には不適格と見なされることになります」

と、シスター・ブリーンは言った。

「マザー・テレサはどれぐらいロレット修道会の生活に適応していたのでしょうか?」

と、わたしは訊ねた。

「一生懸命に働く人でした。とてもよく働きました。この仕事、あの仕事、すべてを時間どおりにこなしていきました。仕事にはすぐに取りかかります。どんなことでも迷うことなく、すぐにはじめます。いつも神を信じ、その信念のもとに彼女らしく素早く行動していましたね。他の人を強制することはなく、ただただ自分が信じるやり方を貫いていました」

シスター・ブリーンはそう答え、しばらく黙っていたが、こう付け加えた。

「そうね、マザー・テレサは、ロレットの生活によく調和していました。わたしたちは、とてもとても幸せな生活を送っていましたよ」

シスター・ブリーンは、人生のすべての時間をエントーリの修道院で過ごしてきた。シスターはもはや教壇に立つことはない。足が弱くなり、歩くのも大変そうだったが、杖で体を支えながら、大学の庭の世話をして楽しんでいるという。彼女の庭は、近くにあるラジ・バワン(公邸)の庭よりも手入れが行き届いているように見えた。

マザー・テレサが三十代のときの様子は、何人かの修道女から聞くことができた。

シスター・フランチェスカは、いま七十歳。一九八三年に引退の年を迎えたが、現在もセント・メリー校で秘書を続けている。セント・メリー校で、彼女はマザー・テレサの生徒の一人だった。当時のマザー・テレサは、衛生面に非常に気を使っていたという。

「一九三六年一月十三日、わたしがこちらにまいりましたときには、マザーはシスター・テレサと呼ばれていました。終生誓願はまだなさっていませんでした。覚えているのは、毎朝、風呂場に連れて行かれたことです。マザーは鈴を持って風呂場の入り口に立っています。わたしたちが体に水をかける合図に鈴を鳴らし、石鹸を使う合図に鈴を鳴らし、そしてまた水をかける合図に鈴を鳴らし、そうして終わりの合図に鈴を鳴らします。それから、わたしたち一人ひとりの口に消毒液をそそぎ、うがいをさせました。

「一九三六年から三七年にかけて、シスター・テレサはセント・テレサ校に派遣されました。ロアー・サーキュラー通りにあり、『中流のベンガル人』家庭の子どもたちが通う学校です。朝、わたしたちにカトリック教理を教えてから、出かけて行きました。午後四時ごろにもどって来て、勉強をみてくれたり、夕方のお祈りをしてくれました」

シスター・フランチェスカは、茶目ッ気たっぷりの笑顔を浮かべて話を続けた。

「まだ子どもだったわたしが一番楽しんだのは、日曜学校でした。シスター・テレサは小学校に通う子どもたちのために、日曜学校を準備してくれたのです。わたしたちは遠足がとても楽しみでした。貧しい子どもたちが日曜学校に出席しました。学校が終わると、水を浴びさせてもらい、良い子にしていると年の暮れには賞状ももらえて。ほんとにたくさんの子どもたちが集まっていましたよ！」

一九三九年から四五年にかけて、インドも戦争に巻き込まれていく。カルカッタには多数の難民が流入して来た。シスター・フランチェスカの家族は、東パキスタン(現バングラデシュ)のチッタゴンに移って行った。七年後、カルカッタに戻ったときにはエントーリの様子はすっかり変わっていたという。

一九三九年五月二十四日、シスター・テレサはダージリンで終生誓願を立て、セント・メリー校に戻って来る。一年後、マザー・ドゥ・セナクルが重い病気で倒れると、マザー・テレサが校長に就任することになった。校長になってからも、クラスを受け持ち、子どもたちを教えていた。

たくさんの教え子たちが、マザー・テレサの授業は面白かったと言う。

「先生が教えるカトリック教理は、自分の体験を例に出して説明してくれるので、とても分かりやすかった」

と、シスター・フランチェスカは言った。

マグダレーナ・ゴメス、後のシスター・ガートルードも、

「とてもイキイキした授業だった」

と、当時を振り返って言った。

マザー・テレサは地理を十七年間も教えていながら、インドに来てから三十年間もベンガルの地を離れることがなかったというのは、どこか愉快な話である。いまでは世界中の百ヵ国以上に広がった支部や支援団体を訪問するために、まさに飛び回っているのだが。

ファン・エクセム神父は、ロレット修道院でのもう一つのエピソードを紹介してくれた。それは、シスター・ロザリオ・オリーのことである。シスター・ロザリオは、恥ずかしがりやで引っ込み思案な性格のためか、なかなか会ってくれなかった。しかし、何度も訪ねるうちに、ようやく会ってくれることになった。

やさしそうな表情、深く刻まれたしわ、カルカッタの強い日差しで日焼けした顔。彼女の言葉にはアイルランド特有のなまりがある。そのことで、「ラスファーマン出身」の修道女であることがよく

分かった。八十歳を過ぎているというが、他の修道女たち同様、どう見ても十歳は若く見える。

シスター・ロザリオがインドに来たのは一九三八年。マザー・テレサがカルカッタに着いたときから、すでに十年たっていた。

「一九三一年から四四年にかけて、マザー・テレサの教えを受けました。マザー・ド＝セナクルが病気で倒れ、マザー・テレサが校長に就任したのは一九四四年でした。彼女はいろいろな科目を教えてくれましたが、同時に食事や朝会を取り仕切っていました。

「わたしたちの一日は朝五時半にはじまります。マザー・テレサはいつも時間に正確でした。わたしたちはまず、瞑想を行ないます。それからちょうど六時にミサを行ないます。お祈りの後は、子どもたちの世話です。たしか、子どもたちの朝食はマザーが準備していたと思います。授業もいくつか持っていました。その他に、事務的な仕事もこなしていました。マザー・ド＝セナクルを補佐し、二人は上手に仕事を進めていましたね。授業は午後三時まで。それからお茶の時間です。勉強の添削などは、夕方のお祈りの前までにすませます。夕方、マザーは寮の子どもたちの世話をして、おまけに夕飯の準備までやっていたのです」

と、シスター・ロザリオは思い出を話してくれた。

シスター・フランチェスカは次のように言った。

「あの方は、ほんとうに自分というものがない方です。たとえどんなに苦労があろうと、自分が犠牲になろうと、神への愛のためには何でもやってしまう方です。人間の狭い了見など気にもとめず、いけないことはいけないと、はっきりおっしゃることができる方なのです」

若い時代をともに過ごした生徒や修道女たちの話を聞くうちに、マザーの人柄がよく分かってきた。献身ということがほんとうに身についた女性。慈《いつく》しみのこころをもっているが、だからといって他人の無慈悲を見逃すほど甘くはない。昔もいまも変わらないユーモアのセンス。ちょっとした冗談を言っては、両手を腰にあて、体をそらして大きな笑い声をあげる。

従順を身をもって実践する姿は、ずっと変わらない。シスター・ブリーンは、笑いながら次のように言った。

「残念ながら、医者たちにだけは従順ではないのですよ。やらなければならないことが、あまりにも多すぎて、彼らの言うことを聞く時間さえないのですから。マザーはいつだって冷静沈着に物事に取り組みます。でも自分のことになると、とてもつつましいんです。謙虚な心をけっして忘れません。質素で、謙虚で、そしていつも自分自身でいられる方です」

長年にわたるロレット修道院での生活は、マザー・テレサにどのような影響を及ぼしたのだろうか。わたしはシスター・ブリーンに訊ねてみた。彼女の答は、間髪を入れずに返ってきた。

「祈りの生活、神への愛です。マザーはごく普通の人でした。わたしたちは、献身的なシスターの一人として尊敬をしていました。『神の愛の宣教者会』がこんなに世界的な組織になるとは、わたしも含め、誰一人として、想像しませんでした」

3　内なる呼びかけ

静けさに包まれた修道生活も、第二次世界大戦の勃発で騒々しい世情に巻き込まれていく。日本が参戦してビルマ（現ミャンマー）を占領すると、インド東部での戦況が激化した。カルカッタには軍の作戦本部が置かれ、街は空襲をうける。何十という建物が軍に徴用された。一九四二年、エントーリにあるロレット修道院も、軍の臨時病院として使われることになった。そのため、セント・メリー校はコンベント通りに移転する。

戦争がはじまってまもなく、大飢饉（一九四二〜四三）が起きた。自然災害に加えて戦争が犠牲者の数を増大させる。交通手段はすでに軍へ接収されていた。インド北地から米を積み、川を使ってカルカッタまで運んでいた船もすでに軍に徴用されていた。ビルマからの米輸送は、日本の侵略によって遮断された。米は、もっとも重要な食糧である。食糧はこのころすでに例年より十パーセントも減少していた。

当然ながら、物価はどんどん上昇する。闇市と高利貸しが、急激に増えた。農民たちのわずかな蓄えはすでに消えている。農民は仕方なく安い値段で土地を手放し、わずかな金を手にすると仕事を求めてカルカッタに流入して来た。多くの農民が餓死寸前の状態だった。ベンガル州政府には、もう打つ手がなかった。

この時期に餓死した人の数は、正確には分からない。州政府の発表では、約二百万人ということだが、その二倍という数字も残っている。いや、もっと多いかもしれない。当時の恐怖と悲劇はいまだに人々の記憶にはっきり残っている。それほどすさまじいものだった。

おびただしい数の流浪の民が市街地に群がった。住む家はなく、路上で寝起きする生活だった。無料食堂が設置されたが、もちろん足りない。多くの人が路上で死んでいった。

戦争が進むなか、マハトマ・ガンジーやジャワハルラル・ネールの指導のもとにインド国民会議派は英国からの独立運動を進めていた。ガンジーは、非暴力主義を主唱し、平和独立運動を広げていく。一方、国民会議派とは別に、弁護士であるモハマド・アリ・ジンナーが率いるムスリム連盟も勢力を伸ばしていた。ムスリム連盟は、英国に対してインドからの分離独立を求めた。イスラム教徒のための独立した土地を要求したのである。それが後のパキスタンである。

一九四六年八月十六日、ムスリム連盟が呼びかける全体会議がカルカッタで開かれた。会場のマイダーン(公園)に集まった群衆は興奮状態にあり、ヒンズー教徒とイスラム教徒の間では流血騒ぎが起きていた。それからの四日間、両者の対立は暴動に発展し、この不運な街のあちこちで悲劇的な事件が続発した。

食料不足はいよいよ深刻な事態になっていた。マザー・テレサも初めて食料危機に直面する。世話をしている二百人の子どもたちの食料が尽きてしまったのだ。

インドの独立は、宗教別に国が分割されるという痛みをともなった。イスラム教徒がパキスタンという国家をつくったために、パンジャブ州とベンガル州もそれぞれインド側とパキスタン側に分離された。このとき史上最大の難民の移動がはじまったのである。パキスタン側からヒンズー教徒やシーク教徒が、インド側からイスラム教徒がそれぞれの故郷を離れて国境を越えて行った。移動する人々は六百万人という数にのぼった。

東パキスタン(現バングラデシュ)からは、少なくとも百万人のヒンズー教徒がインド・西ベンガル州に流入して来た。その後、大虐殺という悲劇が続くのである。この宗教上の対立は、分離した後もやまなかった。

西ベンガル州の州都であるカルカッタは難民であふれた。難民の流入はとどまることなく続き、粗末な小屋が街を埋めつくすように建てられていく。市の援助も焼け石に水だった。民間の福祉団体がどんなに手を尽くしても状況は変わらない。成す術もない有り様だった。当時の悲惨なカルカッタの様子を、小説家キプリングは「恐るべき夜の都」と表現した。

戦争と政治がもたらしたこの街の悲劇は、修道院にどのように波及し、マザー・テレサにどのような影響を及ぼしたのだろうか。セント・メリー校にあったマザーの部屋から、モティジルのスラムのひどい様子が見え、それが彼女に大きく影響したと言う人もいるが、それは違う。スラムはいまも残っているが、教室の窓からしか見えない。マザーの部屋は修道院の奥の方で、そこからだとスラムはまったく見えないからだ。

もちろん、街のひどい状況をまったく知らなかったわけではない。生徒の多くが貧困家庭の子どもだし、セント・メリー校の姉妹会を通して、貧しい人々との交流もあった。

そのころヘンリー神父はスラムで活動していた。神父は、祈るだけの信仰では十分ではないと考えていた。その考え方は、マザー・テレサにも大きな影響を及ぼした。しかし一方では、ロレットの修道女ということだけで十分に満足していた。教師の仕事にも取り組み、校長になるほどの人望も得ていたのである。

なぜロレットを離れる気持ちになったのかと、わたしはマザー・テレサに訊ねた。

「内なる呼びかけの声です。ロレットでの生活は、幸せでした。しかし、それを捨てて、路上で暮らす貧しい人々のために働くようにという声が聞こえたのです」

マザーは、一九四六年九月十日にはっきりと「呼びかけ」を聞いた、と答えた。黙想を行なうため、ダージリンに向かう汽車の中だった。ダージリンで黙想を行なう間も、声は頭に響いていた。

「呼びかけが意味する内容は、とても単純なことでした。わたしに修道院を去ることを命じていました。神はわたしにもっと何かを求めている。わたしにもっと貧しくなること、そして神の姿そのものである貧しい人々を愛することを求めていると感じたのです」

ファン・エクセム神父がそのときのことを説明してくれた。

「マザーが聞いた声は、幻覚ではありませんよ。それは神との交わりが、インスピレーションという形であらわれたのです。彼女は、はっきりと声を感じた。それでロレットを離れ、自分に与えられた仕事をやりはじめたのです。マザーは一瞬たりとも疑問をもったことはありません。最初から、これが自分の使命だと確信しているからです」

エントーリの修道院を離れてから、マザー・テレサはクリーク・レーン十四番地にあったマイケル・ゴメスの家を借りて活動をはじめる。わたしは、ゴメスが話してくれたことを思い出した。かつてマザー・テレサがゴメスに言ったという言葉である。

「わたしにはあたたかなベッドが与えられています。でも、路上で何もかけずに寝ている人々もベッドを必要としているのです。彼らにベッドをあげられないのは、とてもつらいことです」

ファン・エクセム神父は言う。

「マザーは、一九四六年以前も貧困を経験しています。一九四二年と四三年の『大飢饉』のとき、人人は飢え、路上に倒れていました。エントーリに通っていた少女たちは貧しい家庭の子どもたちですから、マザーが知らないはずはありません。しかし、神の呼びかけの声は、そのときは聞こえませんでした。マザーも、そのときは修道院を出ようとは思っていませんでした。カルカッタの貧困はすでに知っていたし、彼女自身、貧しい人々のために働きたいという気持ちはありました。しかし、ロレットの修道女としての行動をわきまえねば、と思っていたのです。それが修道女としての考え方でしたから」

「当時カルカッタで起きた宗教上の対立と殺し合い、そして貧困が、彼女の修道院での生活に何らかの影響をもたらしたという見方をする人々がおります。しかし、その見方は単なる仮想にしかすぎません。完全に間違っています。そのことが、彼女にインスピレーションをもたらしたのではありません。インスピレーションは、天からやって来ました。彼女はそのときから、確信をもちます。わたしも、彼女のインスピレーションが確かなものと信じました」

マザー・テレサはこのときのインスピレーションを「呼びかけのなかの呼びかけ」という言葉で説明している。いわば二回目の召命である。修道女のまま、与えられる仕事だけが変わった。

「何もあきらめる必要はありませんでした。わたしの召命は変わりません。神に仕えることに変わりはないのです。ただ、貧しい人々に奉仕する方法が変わっただけなのです」

ロレット修道院を去ることは、簡単なことではなかった。彼女自身もそれを認めている。

「それがわたしにとっては一番大変なことでした。修道女になるために家族のもとと故郷を離れたときよりもつらいことでした」

ファン・エクセム神父は、興奮をおさえきれない様子で、わたしにある秘密を打ち明けてくれた。それは、マザー・テレサが神父のもとにやって来た、一九四六年十月の記念すべき日のことだ。

「ダージリンから戻って来たその日、彼女は二枚の紙をわたしに見せました。そこには呼びかけの言葉が書きとめてありました。わたしはそれをバイタカーナ教会に持ち帰って読みました。感動しました。最初に目にしたときから、それが本当の召命、本当の呼びかけだと感じました。そのとき何がどのように起きたのかを言葉で説明するのは難しいことです。マザーは特別な人間ではありません。ロレット修道会の、ごくごく普通の修道女です。しかし、神への愛はひたむきでした。それで、彼女は喜んで二度目の犠牲を払うことにしたのです。一度目の犠牲は、母との別れ。二度目の犠牲は、ロレット修道院を去ることです。二度目の別れもまた、非常につらいものとなりました」

マザー・テレサは、

「メッセージがはっきりしたのです。どこに行けばいいのかは分かっていました。ただ、そこにたどりつく方法が分かりませんでした」

と、そのときの気持ちを説明した。

いくつかの組織の許可を得なければならなかった。そのときマザーは、セント・メリー校の校長だったが、教会という組織の中では一人の修道女にすぎない。個人としてではなく、終生誓願を立てた修道女として、貧しい人々を救済する活動を直接行なうとなると、バチカンの許可が必要である。

「わたしは従順の御恵みをいただいています」

と、マザー・テレサは言った。それはつまり、自分の「霊的指導者」の助言に従うということを意味する。「霊的指導者」であるファン・エクセム神父は、マザー・テレサにいくつかの選択を助言した。一つは、ローマに直接手紙を書き、バチカンの見解を訊ねるというもの。それは最終決定となり、もちろんロレット修道会もその決定に従うことになる。あるいは、カルカッタの大司教に相談をする方法。それには、ロレット修道会本部の総長の許可が必要だ。神父は、後者の方法をすすめた。マザー・テレサは神父の助言に従った。適当な機会を待ち、まず神父がペリエ大司教に相談するということになったのである。

もし、大司教がすぐに承知するとファン・エクセム神父が考えていたら、事態はうまく運ばなかっただろう。二ヵ月後、ファン・エクセム神父が相談を持ちかけたとき、大司教は明らかに困惑の表情を見せた。街では政治的・宗教的な対立と緊張が続いていた。危険な状況にあるカルカッタで、ヨーロッパ出身の修道女が一人きりで街頭での活動をはじめるなど無謀であると、大司教は考えたのである。まもなく、マザー・テレサはアサンソールの修道院に移った。カルカッタから北西に二百八十キロほど離れた場所である。

マザー・テレサがカルカッタを離れている間、ペリエ大司教はこの特別な申し出を慎重に検討することにした。大司教は、聖テレサ教会のジュリアン・ヘンリー神父の見解を求めた。誰がそのような申し出をしているか、名前はふせられていた。ダージリンの近くにある聖マリア大学で神学と教会法を専門に教えるサンダース神父の意見も求めた。ファン・エクセム神父と同じように、サンダース神父もそのような修道会を起こすことは理論的には可能だ、という意見を述べた。

ヘンリー神父は、教区教会の助任司祭にすぎなかったが、カルカッタのスラムに詳しいということで、大司教に意見を求められたのである。ヘンリー神父はそのような計画があることに感激した。自分の教区に戻ると、早速信者とともに特別の祈りを捧げた。

ヘンリー神父はファン・エクセム神父と同じ、ベルギー出身である。ダンプレミの町で育ち、ある日、ミサへ行く途中に呼びかけを聞いたという。そして故郷を離れ、インドへ旅立った。以来一度も故郷へは帰っていない。一九三八年十月、カルカッタに到着。一九四一年から四七年にかけて、マザー・テレサが教師をしていたセント・メリー校で働いている。学校ではカトリック教理を教え、修道院の礼拝堂で司祭も務めている。マザー・テレサは神父をとても信頼していた。二人はともにセント・メリー校の姉妹会で働いたこともある。

「ヘンリー神父は最初から大賛成でした。当時の様子をわたしはよく覚えています。ヘンリー神父はわたしの先生でした。わたしより少し年上で、わたしたちは同じ船に乗ってベルギーからやって来たのです。毎朝エントーリから教会へ帰る道すがら、ヘンリー神父のいる聖テレサ教会にしばしば立ち寄りました。ある日、彼はとても興奮していました。すごいニュースがあると言うのです。大司教が打ち明けてくれたところでは、あるマザーが貧しい人々のもとにやって来て、修道院の中でも大きな学校や大学や病院でもなく、スラムや路上で生活する人々のために働くらしいが、そのマザーが誰なのか知らないかと、わたしに訊ねました。わたしはヘンリー神父に秘密をもらすことはできませんでした」

ファン・エクセム神父はこのときの様子を話しながら、実に楽しそうな表情を浮かべていた。

「神父は、貧しい人々のために働こうというマザーのために翌日から祈りを捧げています。マザーのような人が、カルカッタでは必要とされていたのです。神父はその人がマザー・テレサだとはまったく思いもつかなかったと、後でわたしに話してくれました」

ファン・エクセム神父はしばらく沈黙した。それからニコリと笑顔を浮かべて言った。

「神父は、わたしのこの部屋の隣で亡くなりました。わたしの先生であるとともに、兄のような存在だったんですよ」

ペリエ大司教は、マザー・テレサの計画が果たして実現可能かどうか、思案していた。ヨーロッパへ出かける前に、もう少し時間が必要だとファン・エクセム神父に知らせてきた。大司教はさらに、二人の信頼のおける人物に意見を求めようと思っていたのである。イエズス会の総会長であるジョン・バプティスト・ジャンセン神父と、修道女の法規に詳しいジョゼフ・クルーセン神父である。二人ともファン・エクセム神父とは旧知の間柄だった。それを知った大司教は、「手紙を書いたりしてはいけない」と、神父に念を押したそうだ。

神父は、話をしながらクスクス笑っていた。大司教は厳しい態度をくずさなかったが、神父は思いきって呼びかけは神のご意志だと大司教に進言した。

「大司教！」

と、ファン・エクセム神父は詰め寄る。

「呼びかけは神のご意志です。あなたといえどもそのご意志を変えることはできません」

たちまち返事が返ってきた。大司教は不満気だった。

「大司教であるわたしが神のご意志を知らず、カルカッタの若い聖職者である君が、それを知っているというのですか」

その話をわたしにしながら、かつての「若い聖職者」はベッドの枕に体を埋めて、笑っていた。

ファン・エクセム神父がペリエ大司教を信頼していることには、みじんのゆるぎもない。ただ、もし大司教がこの計画をバチカンに進言しさえすれば、すんなり許可されるのではないかと思っていたようだ。大司教は当時のインドにおいてもっとも高い地位にあった。人事の管理や物事の処理にも幅広い経験を積んでいた。しかし、マザー・テレサの計画が許可されれば、その決定は教会にとって重要な意味と影響力をもつことになる。大司教が慎重に事を運ぼうとするのは、当然のことであった。

「マザー・テレサは、丸一年待ちました。その間、大司教は提起されていた問題を熟慮していました。大司教がマザー・テレサに直接話しかけることは、めったになかったようです」

大司教は、マザー・テレサにすべて秘密にするようにと言い、彼女も秘密を守り通す。

一九四七年末、ついにラスファーマンのロレット修道会総長に手紙を書く許可が、ペリエ大司教から降りた。内容は、ロレット修道会を離れる許可を願うものである。大司教は、手紙を送る前に見せるようにと言った。

マザー・テレサは、彼女らしい簡潔な文面で手紙を書き、ファン・エクセム神父がそれをタイプした。手紙には、呼びかけを聞いたこと、修道女としてスラムで働く許可をいただきたいということを記し、「臨時修道院外居住許可」を願い出た。

手紙を見た大司教は、「臨時修道院外居住許可」という言葉を使うことを認めなかった。「還俗」という言葉を用いるようにと言う。この指示は、マザー・テレサにとってもファン・エクセム神父にとっても、ショックだった。還俗するということは、マザー・テレサが誓願を立てた修道女ではなくなることを意味する。そうなれば、聖職者ではなく、個人の立場に戻って、社会に奉仕する活動を行なう者となるのである。

ファン・エクセム神父が異議を申し立てた。しかし、大司教の翻意はかなわない。マザー・テレサは大司教の意のままに、還俗という言葉に訂正して手紙を出した。

ラスファーマンのガートルード修道会総長の返事は、大司教を通して返ってきた。手紙は、マザー・テレサの申し出のほぼすべてを認めるというものだった。

ファン・エクセム神父は、修道会総長の返事をわたしの前で暗唱してくれた。

親愛なるテレサ

この計画が神のご意志によるものであることは明らかです。ローマへ手紙を書くことを許可します。このことは、あなたの上長や管区長には秘密にしておくように。私も、誰にも相談しません。異議はまったくありません。ただ、ローマに手紙を書く際には、還俗願いを出すのではなく、臨時修道院外居住許可を願いなさい。

修道会の総長が力になれることは、そこまでだった。ファン・エクセム神父とマザー・テレサは、祈りが報われたと喜び合った。ローマへ手紙を出す許可がようやく降りたのだ。手紙は、修道会総長の指示により、「臨時修道院外居住許可」に書きかえられた。修道会総長は、マザー・テレサがローマに直接手紙を書くことを許可したが、それでもマザーは、ファン・エクセム神父に手紙を出し、再度ペリエ大司教に相談してほしいと頼んだ。

ペリエ大司教は神父からの短い手紙を読んだ後も、問題となっている「臨時修道院外居住許可」という言葉を使うことは認めず、「還俗」という言葉を使うように、再度マザー・テレサに命じた。そのように変更しなければ、手紙がローマに届くことはないだろうと、大司教は言った。しかし、ファン・エクセム神父に対しては違うことを言っていた。直接の上長である修道会総長の許可を得たのだから、もしマザー・テレサが望むなら、「臨時修道院外居住許可」の言葉を使ってもいい、と言ったのである。

選択は、マザー・テレサ自身に委ねられた。従順の誓願を立てているマザー・テレサは、大司教が求める通りに言葉を変更し、ファン・エクセム神父に請願書を渡した。誓願書は神父から大司教に渡され、それからローマへ届けられる。神父は続けて言った。

「大司教は誓願書に自分の手紙を添えてローマに送りました。大司教が何を書いたのか、わたしは知りません。それは大司教だけが知っていることです。マザー・テレサ自身が直接(ローマ教皇庁の)聖省に送ることもできたわけですが、まず大司教に送ることにしました」

請願書は、一九四八年二月、デリーの教皇大使に送られた。数週間たっても返事は来ない。数ヵ月が過ぎても返事はなかった。マザー・テレサは祈り続け、ひたすら待った。返事が届いたかどうか、神父にしばしば訊ねる。返事はなかなか来なかった。

一九四八年七月の終わり、ついに大司教がファン・エクセム神父を呼んだ。その日の午後、大司教はバチカンからの返事を手にしたのだった。返事はデリーにいる教皇大使から届けられた。

マザー・テレサは「臨時修道院外居住許可」を承認されていた！　修道女のまま、修道院の外で働くことが認められたのである。

三百年前、メリー・ウォードには許されなかったことが、今回マザー・テレサには認められたのである。

条件が一つ付いていた。修道院の外での活動は、一年に限られること。それ以後も活動を続けるか、あるいは修道院に戻るかは、ペリエ大司教の判断で決められる、というものだった。

知らせがマザー・テレサに伝えられたのは一九四八年八月八日だった。その日、ファン・エクセム神父は、いつものように日曜ミサに赴いた。ミサが終わり、神父はマザー・テレサに声をかけた。何か言いたそうな神父のそぶりから、マザー・テレサは返事が届いたことを直感した。一瞬、平静さを失いかけた。しかし、すぐに気を取り直し、

「失礼ですが、神父さま。先にお祈りをします」

と言った。そして知らせを聞くとすぐに、

「神父さま、いまからスラムに行ってもいいでしょうか？」

と、訊ねたそうだ。

ファン・エクセム神父は、バチカンから届いた三通の書類に、マザー・テレサのサインを求めた。

一通はローマが、もう一通は大司教が、そしてもう一通はマザー・テレサが保管する。計画は、もう秘密にしておく必要はなくなった。ニュースはすぐに伝わり、エントーリ修道院の中だけでなく、カルカッタ中のカトリック関係者の間に広まっていった。

「その話を聞いたとき、わたしたちはほんとうに驚きました。だって、そのような会話をしたことは一度もなかったのですよ。わたしたちはマザーが修道院を出て行くことをまったく知らなかったんです」

シスター・ブリーンはそのときの驚きをそう話してくれた。

シスター・ロザリオがこのニュースを知ったのは、八月十七日にマザー・テレサがエントーリを離れるほんの二、三日前のことだった。楽しそうにそのときの様子を話す。

「何かあるらしいと、うすうす感じてはいたのです。でも、それが何かは知りませんでした。秘密だったんですものね。ファン・エクセム神父は、一年もの間、マザーに秘密を守らせました。それは、つまり、そうやってマザーの気持ちを育てていったのですね。もし、その年(一九四七年)が過ぎてもマザーの気持ちが変わらなければ、その意志は本物ということになります。マザー・テレサが修道院を離れるというニュースが伝わってきたとき、わたしは嬉しくなって言ったんです。『これは試練ね。

＊十七世紀の英国女性。一生を貧しい人々のために捧げる決意をし、女子教育を目的にメリー・ウォード会を設立した。しかし、一六三〇年、禁域制の放棄を理由にバチカンは会を解散させた。メリー・ウォード会から独立して、アイルランドではロレット修道会が生まれている。

健康にだけは注意してね』。しばらくして、インド中のすべてのロレット修道会に通知がありました。それには、マザー・テレサの行動に関して、批判も称賛もしないようにと書いてありました。ただ彼女のために祈りましょう、と書いてあったのです」

ある夜、マザー・テレサは、これから着ることになる修道服に祝福を与えてほしいとファン・エクセム神父に頼んだ。聖具室に置かれた修道服は、青い線で縁取られた三枚のサリーだった。その上には、小さな十字架とロザリオがあった。

ファン・エクセム神父は、そのときの光景をよく覚えていた。

「マザー・テレサはわたしのうしろに立っていました。彼女の隣には、修道院長のマザー・ド＝セナクルが立っていました。院長は泣いていました。わたしはサリーに祝福を授けました。それが彼女の修道服となったのです」

神父は、いくつかの素晴らしいアドバイスをマザー・テレサに与えた。スラムで働くためには、ある程度の医学の心得が必要となる。どこか適当なところで勉強するのがいいのではないか。マザー・テレサはもちろん同意した。神父は医療宣教修道女会に手紙を書いた。パトナにある病院が、マザー・テレサの受け入れと、訓練に同意してくれた。

マザー・テレサは新しい一歩を踏み出すのに、自分の気持ちにいささかも迷いや疑念を残さないように、「霊的指導者」であるファン・エクセム神父とよく話し合い、意志を確かめている。また、スコピエにいる母に手紙を書き、自分の行動が「神の呼びかけ」によるものであること、バチカンの許可を得ていること、ロレット修道会を離れても「誓願」はそのままであることを理解してもらった。八月十七日、マザー・テレサは祝福を授けられたサリーを初めて身につけた。生徒たちはその姿を一目見たいと思っていたが、かなわなかった。彼女が修道院を出たのは、夜もかなり更けてからのことで、あたりはすっかり暗くなっていた。

こうして「ベンガリ・テレサ」は、静かに「小さな一歩」を踏み出したのである。

＊

ロレット修道会からの保護と援助は、その後数年間にわたって続いた。

「ロレット修道会は、マザー・テレサにある程度の援助をしていました。それがどのくらいなのか、わたしは知りませんが。教会法にそう定められているのです。家具やテーブル、ベッドなどが準備され、教会の聖具も渡されました」

と、シスター・ロザリオが言う。

いくばくかのお金を持って出ることも、マザー・テレサが望めばできたことだった。シスターたちは、教会の規則によって、マザー・テレサへの援助は制限されていた。

マザー・テレサは、セント・テレサ校で最初の診療所を開いた。ベランダでは、裁縫のクラスがはじめられた。日曜日ごとに、姉妹会の集会を開く。参加者の多くは、セント・マリア校の昼間の生徒たちだった。そのうちの何人かは、マザー・テレサが以前に教えた生徒たちで、修道女を志望していた。その当時の協力者たちが、現在「神と愛の宣教者会」の柱となっている。

ロレット修道会とマザー・テレサとの連絡はその後も続く。初期のころに協力してくれた若いシスターたちは、ロレットが経営する学校で教育を受けた人たちである。一九五〇年十月七日、修道会は正式に認可された。クリーク・レーン十四番地で行なわれた簡素な祝典には、マザー・ド＝セナクルが出席してくれた。

シスター・ロザリオによれば、「四人の優秀なシスター」をマザー・テレサのもとに送り出したそうだ。その四人のうちの一人が、シスター・フランチェスコ・ザビエル。現在のマザー・ベルナールである。一九五〇年に加わり、何ヵ所かのハンセン病施設で働くことになる。それ以後、ロレットの学校を卒業した志願者が、次々と「神の愛の宣教者会」に参加している。

あるとき、わたしはエントーリの修道院に行き、マザー・テレサの元の同僚や友人がいるところで、

「マザー・テレサはロレット修道会に大きな光をもたらしたのではないか」

と言った。すると、シスター・ロザリオの静かな声が返ってきた。

「ロレットにではなく、神への栄光をもたらしたのですよ」

4　モティジル

一九九一年二月の朝、わたしはマザー・テレサと、マザーハウスの二階の廊下のベンチに腰をおろしていた。中庭が見える。マザーは予定より一日早く帰国していた。訪問者も少なく、マザーハウスはいつもより静かだった。

医師たちは、その朝、マザー・テレサの具合がとてもいいと驚いていた。自分たちの忠告をちっとも聞き入れないマザーに、手を焼いているような口ぶりだった。

マザーと話をしながら、わたしはパトナの聖家族病院で看護法を学んでカルカッタに戻って来たころの話を思い出していた。路上に倒れていた男を助けたときのエピソードだ。

男は壊疽《えそ》のために指がくさっていて、すぐに親指を切断しなければならなかった。マザーは祈りの言葉を唱えると、持っていたハサミですぐさま指を切り落とした。患者は気を失っていた。マザーも指を切り落とした瞬間、くずれ落ちるように倒れてしまった。

わたしがそのことを言うと、マザー・テレサは体をそらして大きな笑い声をあげた。

「それは作り話ですよ！」

と言ってはいたが、冗談のようなその話は、嫌いではないようだった。彼女を笑わすことができたし、わたしも楽しかった。

それはともかく、その日は、パトナにいたころの話を聞いた。看護法や医薬品の扱い方など、病院の仕事を学んだ一九四八年のことである。マザーは、助産婦の仕事を手伝ったり、治療や手術の手伝いもしていた。緊急の手術にも必ず呼ばれ、手伝いをしながらいろいろな勉強をした。注射の仕方、薬品の与え方などを実地で学んでいった。そのうち、病室を回って、病人たちの世話もするようになった。熱心で、意欲的だった。

当時のマザーを知るパトナのシスターたちは、

「どこにでも彼女の姿があって、熱心でしたね」

と話している。マザー・テレサはここでの勉強が重要なもので、これからの自分の仕事に欠かせないことをよく理解していた。そして、シスターたちが快くどんなことでも教えてくれることに、感謝していた。

看護法を学ぶ合間をぬって、休憩時間などにはシスターたちに自分の計画を話すことがあった。シスターたちはただ聞き役に回るだけではなく、有効なアドバイスもしてくれた。話を聞いてもらいながら、マザーは当初の計画を変更することもあった。たとえば、シスターたちのすすめで、食事についての認識を改めた。修道女はつつましい食事をとるべきだという教えから、マザーは米と塩だけの食事しかしなかった。しかし、それでは病気になりやすく、また治りにくいということを教えられた。質素ではあっても、栄養バランスのとれた食事が大事だというのだ。

休養も必要である。朝五時前に起床し、八時間かそれ以上働くというなら、午後の休息時間は欠かせない。週ごとの休日も必要となるし、一年ごとに働く場所を変えるのが望ましい。路上で働く人には、衛生面での管理は欠かせない。衛生上のことを考えて、一人につき最低三枚のサリーが必要である。一枚は着て、別の一枚は洗濯、もう一枚はもしものときのための予備とする。シスターたちのアドバイスはもっとあった。それは頭をおおうためのふきんである。インドの夏の暑さは、たとえ日陰にいても四十度を超えることがある。日光から頭を守るのに、ふきんは欠かせない。

パトナには数週間滞在した。マザー・テレサはカルカッタに早く戻りたかった。ファン・エクセム神父にあてた手紙には必ず、早く「本当の仕事」につきたい、許可を出してほしい、と書いた。

「手紙には、戻りたい、もう十分学んだ、あらゆる病例を経験したなどと書き連ねてありましたね。カルカッタで起きる病気はパトナの病気とは違う。カルカッタの病気は、スラムで実際に体験しなければ分からない。病院の中ではけっして分からない、などと書いてくることもありました」

その話をする神父は、いかにも楽しいといった表情をしていた。

神父は、恒例の黙想会を行なうため、パトナに向かう。一九四八年十一月のことである。パトナに着くと、その足で病院へ向かった。

「病院に入ると、修道女たちと看護婦たちのグループがおしゃべりをしているところでした。わたしはそのグループに声をかけました。『シスター・テレサを探しているんだけど、どこにいるだろう?』。

すると、うしろの方から声がするではありませんか。『神父、わたしならここにいますけど』。それでもわたしは彼女を見分けることができません。よくよく見ると、彼女はサリーを着ていたのですよ。以前わたしが祝福したサリーでしたが、着ているのを見たことはなかったのです。サリー姿を目にするのは、その日が初めてでした」

病院で神父は、上長のシスター・ステファニーと話をした。シスター・ステファニーはアメリカ人である。神父は、マザー・テレサがカルカッタに戻りたがっていると話した。そして、このようにわずかな日数では、薬品のことや看護法などを十分に習得できていないのではないかと心配しているということも付け加えた。そんなに早くカルカッタに戻ることを許したら、失敗をするのではないかと、神父は心配していたのだ。

「もし何か失敗したら、彼女の新しい任務は中止されてしまうのです」

そう神父は心配を口にしたが、シスター・ステファニーからは意外な答が返ってきた。

「神父、シスター・テレサはカルカッタに行けますよ。彼女はけっして失敗などしません。シスター・テレサを助ける人々がたくさんいるんですよ。仕事を分担できて、責任もきちんと持てる人たちが、彼女の手助けをしてくれるはずです」

病院の担当医で、オランダ人のエリーゼという女性は、シスターの言葉を聞いて力強くうなずいた。

「シスター・テレサはもう十分に訓練を受けました。今日、カルカッタへ行っても大丈夫です」

神父は安心した。

「カルカッタに戻ると、わたしはマザー・テレサに手紙を書きました。カルカッタに戻ってもよいという大司教のお許しが出たこと、『貧者の小さき姉妹会』を当面の宿舎として準備したことを伝えました。十二月一日から八日まで、黙想を行なう間は、戻って来ないと思っていました。九日の朝、マザーはこちらに到着しました。パトナには四ヵ月いたことになります」

エントーリのロレット修道院にはもう帰る場所はない。おそらく、マザー・テレサの胸中は複雑だったに違いない。

「貧者の小さき姉妹会」が運営する「聖ヨゼフ老人ホーム」には当時、二百人ほどの貧しいお年寄りが身を寄せていた。ホームは現在も、ロアー・サーキュラー・ロード二番地にある。それから五年後、マザー・テレサは同じ通りに自分の活動の場を設けたのである。

「貧者の小さき姉妹会」は、貧しい人々に献身的な奉仕を誓う団体である。会は特別に決まった収入源をもたず、すべて善意の寄付でまかなっている。その会が運営する「聖ヨゼフ老人ホーム」に用意された宿舎は彼女にふさわしく、安らぐことができた。カルカッタに帰って来た最初の数日間、マザー・テレサは会の仕事を手伝って過ごした。十二月十日から十八日までは、ファン・エクセム神父が黙想を命じている。

十九日の朝、すべての準備がととのった。

「わたしは最初にタルトーラに行くことをすすめたのです。そこは中流階級の家が多い郊外で、エントーリでの教え子たちがたくさん住んでいるところです。マザー・テレサのサリー姿を、教え子たちに見せてやりたいと思ったのです。生徒たちはマザー・テレサが新しい仕事をすることを知っていましたから、きっと協力してくれるだろうと確信していました」

これは、ファン・エクセム神父のちょっとした「思いやり」である。スラムや路上でいきなり活動をはじめるより、少し慣れてからの方がいいとマザー・テレサを気遣ったのだ。しかし、マザー・テレサは、タルトーラに行くつもりはない、と神父に言った。そこには「本当の仕事」はないと言う。ファン・エクセム神父の記憶によると、マザー・テレサがモティジルのスラムに向かったのは、十二月二十日のことである。

モティジルは、「真珠の湖」という意味をもつ地名である。現在のモティジルには電気が通り、水道も下水設備もととのっている。道路も舗装された。いまここをスラムと呼ぶ人がいたら、住人たちは怒り出すに違いない。家は小さいかもしれないが、しっかりした造りだ。屋根の上にはテレビのアンテナが林立し、一応の生活環境がととのっている。しかし、四十四年前、マザー・テレサが初めて足を踏み入れ、奉仕活動をはじめたときには、まさにスラムそのものだった。スラムの真ん中に、貯水池といってもいいような大きな水たまりがあった。住人たちは水たまりの水を飲み、そこで洗濯をする。排水溝からは汚水があふれ、ゴミの山は何日も放っておかれて悪臭をはなっていた。診療所も薬局もなく、学校もなかった。

マザー・テレサはモティジルの様子をまったく知らなかったわけではない。エントーリにいたころ、教室の窓からはスラムの光景が見えていた。セント・メリー校で知り合った姉妹会のメンバーの中には、スラムで奉仕活動をする人もいた。

教区司祭であるヘンリー神父はスラムの実情をよく知っており、マザー・テレサの仕事を手伝うつもりでいた。セント・テレサ校に通う子どもたちの中で、スラムに住む家庭の住所を教えてくれたのもヘンリー神父だった。

スラムに足を踏み入れたその日、マザー・テレサが出会ったのは、大人たちだった。彼らはマザー・テレサが学校をつくるという計画を喜んだ。そして必ず子どもたちを通わせると約束した。しかし、黒板やチョークを買うお金はなく、村の子どもたちが使うような石板さえも手に入れることができなかった。建物どころか部屋さえ確保できない状況だったが、そんなことで計画を中断するわけにはいかない。

モティジルでの二日目の朝、すでに五人の子どもたちが彼女を待っていた。水たまりの近くの樹木の下が、最初の学校となる。

マザー・テレサは言う。

「小枝を拾って、地面に文字を書きました。子どもたちは地面に腰をおろして見ていました。わたしたちの学校はそこからはじまったのですよ」

マザー・テレサの新しい「仕事場」は、「貧者の小さな姉妹会」からそう遠くはない。昼食をアルミの弁当箱に入れて通う日々がはじまった。

教区学校の校長となっていたシスター・ロザリオは、当時の様子を鮮明に覚えている。

「十二月の半ばに(パトナから)戻って来たとき、マザー・テレサは最初にわたしに会いに来てくれました。わたしたちは、いい友だちでしたよ。彼女は朝早くから仕事に出かけ、午後十二時半までモティジルにおりました。学校で質素な昼食をよく一緒に食べたものです。夜になると、彼女は電車かバスで修道会に戻って行きました。電車賃を誰かにあげてしまってお金がなくなり、一時間もかけて歩いて帰ることもしょっちゅうあったようです」

シスター・テレサがパトナから戻り、モティジルで小さな学校を開いたという話はあっというまにセント・メリー校の生徒たちにも伝わった。ある日の午後、昔の教え子たちが会いにやって来た。マザー・テレサの修道服姿しか見たことがなかった彼女たちは、粗末なサリーを着ている姿を見て、衝撃を受けたという。

一九四八年当時、カルカッタの人々の目には、マザー・テレサのサリー姿は奇異に映ったに違いない。もちろん、ヨーロッパ人女性は彼女一人ではなかった。インド人と結婚したヨーロッパ人女性は当時でもたくさんいた。しかし、彼女たちが着るのは美しい絹か上質の木綿のサリーである。素足を見せることもなかった。

マザー・テレサはむきだしの足に粗末な革のサンダルをはいていた。その頑丈なサンダルは、パトナのシスターたちから贈られたものだった。

教え子たちは、マザー・テレサの「学校」にも驚きを隠せなかった。たった二、三ヵ月前まで、自分たちの校長先生だった人が、いまは屋根もない学校で教えている。机も椅子もなく、本や鉛筆さえもない。水たまりのそばにしゃがみ込み、ボロボロの服を着た子どもたちを教えているマザー・テレサが目の前にいた……。

＊

一九四八年十二月二十五日から四九年六月十三日までの仕事を記録した「本」が、マザー・テレサの手元に残っている。

初期の活動内容を記したマザー・テレサの手紙が、ファン・エクセム神父に送られていたが、その手紙をめぐって二人の間にちょっとしたいざこざが起きていた。マザーは手紙を返してもらいたいと神父に頼んだが、神父はマザー・テレサの会の記録として、手元に置きたいと言った。「本」は双方の思惑を解決するためにペリエ大司教が提案したものである。

マザーは手紙をまめに書いたが、受け取った手紙類を整理しておく時間的余裕はなかったし、保管場所もなかった。まして、仕事を記録しておくことなど考えもつかなかった。この「本」は、きわめて珍しい記録といえる。どの文章も、マザーが自らつづったものである。

ファン・エクセム神父がわたしに言ったことがある。

「彼女は一日の仕事が終わってから、深夜になってよく手紙を書いていました。疲れ果てて、手紙を書きながら眠ってしまうこともしばしばでした。だからそんなに長い手紙は書けないんですよ。これを〝日記〟であると記述する本が多いようですが、手紙は全部ペリエ大司教にあてて書かれたもので、いわばその日の報告書ですよ」

「本」は、二十年前に一度人の目に触れる機会があった。内容の一部が新聞記事になったことはあるが、すべての内容が公表されるのは本書が初めてである。この「本」には、日付の間違いなどいくつかの矛盾がある。それに記述の文章が極端に短いことが多い。しかし、何といってもマザー・テレサの初期の活動の記録であるということに、計り知れない価値がある。彼女自身が体験した疑問や失敗、味わった挫折感、幸福感などがそのまま伝わってくる。また、活動する上で「壮大な計画」をしなかったことも明らかである。スラムで何か問題にぶつかったときでも、計画を練ったり、調査をしたり、情報を集めたり、人材を育てたりといった常套手段はけっして使わなかった。彼女はそのとき何が必要かを知り、それを解決するための行動をとった。もしそこに栄養失調の子どもが倒れていたら、栄養不良問題のプロジェクトで働くことではなく、手っ取り早く食べ物を得る方法を選ぶ。その方法は、何十年たったいまも変わっていない。

当時から、マザー・テレサは一度にいくつもの仕事をこなしていた。

たとえば学校を同時に二つつくる。モティジルの学校には、モティジルに住む子どもたちだけが通って来て、ティルジャラ地区の子どもたちは通って来ない。となると、ティルジャラのスラムにも学校をつくることが必要だ。モティジルに解決しなければならない問題が残っていても、別の地区の仕事もつぎつぎにはじめていく。そういうがむしゃらな活動方法で、たくさんの診療所やホームなどの施設を設立していったのである。

「これはすべて神がなさった仕事。神は、すべてがうまくいくと約束された」

そう記すマザー・テレサには、神の「呼びかけ」に従うゆるぎなさが感じられる。自分は、神のご意志を実行にうつす単なる道具。その確信があったからこそ、何の心配もなく彼女は仕事に没頭できたのだった。

モティジルに足を踏み入れたとき、マザー・テレサは一ルピーもお金を手にしていなかった。もし彼女が望みさえすれば、ロレット修道会は必要なお金を出す用意があったという。パトナに行くとき、五ルピーのお金を渡されている。おそらく帰りの交通費も支給されたはずである。カルカッタに戻ってからは、「貧者の小さき姉妹会」からわずかな額の電車賃を渡されている。

スラムに来て一週間が過ぎたころ、思いがけず、多額の申し出があった。その朝、マザー・テレサは教区司祭に会うため、シールダーに出向いた。司祭は「喜んで」と言っていたのに、その場になると協力を拒否し、励ましの言葉さえ口にしなかった。次にパーク・サーカスにいる別の教区司祭を訪ねた。マザー・テレサによると、彼は訪問を「心から喜んでくれた」という。そして、

「感謝をあらわすためにと言って、とりあえず百ルピーを渡してくれたのです」

お金を手にすると、早速学校を開くのに適当な建物を探しに出かけた。時間を無駄にしないのがマザー・テレサのやり方である。

「二つの部屋を、それぞれ月五ルピーの家賃で借りました。学校と診療所です。そこは大きな貯水池の斜め向かいにあります」

と、マザーは「本」に書いている。部屋を借りたのが十二月二十七日というのは注目すべきことだ。

お金を手にしてから、二十四時間もたっていない。部屋は修理と掃除の必要があった。そのため、部屋を借りてからも数週間は戸外で授業を行なっていた。

十二月から二月にかけては、カルカッタの気温はさほど高くならない。戸外にいれば涼しく、快適に過ごせる。モンスーンがはじまる六月には、緑がうっそうとしてくる。青空学校に通う子どもたちの数も増えてきた。

十二月二十八日、すでに二十八人の生徒がいた。セント・マリア校の一人の教師が、手伝いに来てくれた。

「小さな子どもたちは皆、汚れたシャツを着ていてだらしない恰好でしたが、とても喜んでくれています」

と、マザー・テレサは書いた。

授業のかわりに、清潔にすることを教えることもあった。「聖マリア修道女会」の日曜学校と同じように水浴をさせた。そして、学校に来たことと、清潔にしていることのご褒美に、石鹸をもたせた。

十二月二十九日、マザー・テレサは子どもたちが「ずいぶん清潔になった」と記している。

「清潔にしていない子どもは、貯水池できれいに洗ってやりました」

学校の授業では、まず衛生教育をしてから文字の読み方を教えた。

「わたしはこれまで小さい子どもたちを教えていなかったので、何度も大笑いしています。ベンガル語の文字を教えるのは、あまりうまくいきません。わたしたちは黒板ではなく地面に文字を書いています。みんなそれを喜んでいます」

ベンガル語を暗唱する声が、モティジルに響き渡る。子どもたちは地べたに座って授業を受けた。スラムの人々は、子どもたちが勉強する声に耳をかたむけ、嬉しく思っていた。地域の奉仕団体から本や石板が寄付された。スラムの人々が手持ちのわずかなお金を差し出し、椅子や古い机が持ち込まれた。人々の心づくしのお礼だった。

一月四日、三人の教師が協力を申し出た。願ってもないことである。生徒の数はそのとき五十六人に増えていたのだ。マザー・テレサはすぐにベンガル語と算数のクラスをはじめた。裁縫は女の子たちの必修となった。

一月十四日、部屋の修理が終わった。翌日、ニカイス神父が教室を祝福に来てくれた。マザー・テレサは、ベンガル語の賛美歌を教えようと試みたが、

「どの声も音が合わないんです」

と、面白がって書いている。

学校の名前は、「ニルマル・ヒリダイ」(後に、「死を待つ人の家」と改名)とした。ロレット修道会に、小さな学校がもう一つできたのである。

「スラムにはたくさんの楽しみがありました。わたしは子どもたちと素晴らしい日々を過ごしました――彼らは毎日やって来ました。中には学校がはじまる時間が待ちきれず、朝早く、それも走ってやって来る子どももいました」

二、三日たつと、次のように書いている。

「子どもたちはめざましく成長しています。悪い言葉を使わないようにと注意すると、すぐにそれができます。母親といっしょに小さな子どもがやって来たとき、わたしは、その子にこう言いました。『ニルマル・ヒリダイ』では、お母さんの悪口を言うような子どもは好かれません、と。するとその子は、素直にあやまりました」

一九四九年一月十四日、モティジルに新しい家族が来たと、マザー・テレサは書いている。ベンガル人女性で、二人の幼児を連れていた。妹は看護婦をしているということだ。ずっと裕福な暮らしをしていたのに、何かの事情で困窮状態となってしまった。

マザー・テレサが授業をしていると、一人の子どもが言った。

「『あの、シスター。ゼナと弟は昨日の朝から何も食べていないんです。今晩食べるものもない、と言っています』。かわいそうな子どもたち。彼らは自分でそのことを言えなかったのです。わたしはそのときたった三アンナ〔訳註・パキスタンの旧貨幣。一ルピーの十六分の一〕しか持っていませんでした。でもわたしはセント・テレサ校から歩いて帰ることができる。それでわたしは、ムーリ〔訳註・米のスナック。ポップコーンのようなもの〕を少しと卵を二個持って、子どもたちの食事にしようと出かけました」

その日、マザー・テレサは「初めて激しい衝撃」をうける。歩いて帰る道すがら、とある教会の前で立ち止まった。訪ねて行けば、寄付がもらえる、と思いついたのだ。

「家に戻る道を歩きながら、なんて早くパーク通りに着いたのだろうと、驚きました。わたしはいろいろと考え、（司祭のやったことに）寛大な気持ちをもとうと努めました。驚いたり、あきれたりしていました。司祭は、わたしが何か悪いことでもしているような態度をとったのです。彼は、教区司祭にお金をもらうようにと言いました。わたしが托鉢に来たのだと知ると、とても驚きました。そして理解できないと言いながら、行ってしまいました。（さよならとも）言いませんでした。これまでにされたことのないひどい仕打ちです。カマク通りに出ると、目に涙があふれてきました」

マザーは、感情をおさえきれないままに書いた。疲れていたのか、孤独だったのか、おそらくその両方だったのかもしれない。しかし、そっけなく拒絶されたからといって、少しもひるんだり、くじけたりはしていない。むしろその逆で、心の中で、逆境をはね返していた。自分にとって托鉢がもっとも根源的な行為であるのなら、それでよいではないか。

インドにおいて托鉢という行為は、古典的で高貴な習慣だといえる。ずっと昔から、修道士や修行僧や聖人たちは、生活の糧を、統治者やその地域の人々の喜捨にあおいできた。マザー・テレサは、この高貴な習慣にすぐに慣れた。医薬品や食べ物、古着などの無料提供を願う手紙を書き、直接訪問もする。それに対する反響は大きかった。彼女にとっては当然の結果である。なぜなら、神のご意志にそって仕事をするかぎり、貧困や物資の不足などは自然に解決されるものと信じているからだ。だが、社会的にも地位の高いカルカッタの大金持ち夫妻が、モティジルの学校を訪れ、必要なかぎりの援助をしたいと申し出たときは、落ち着かない気持ちになってしまった。

「たとえわたしたちの困窮がひどいものでも、人に甘えて、神とのつながりが邪魔されないようにと、わたしは心から祈りました。何も持たないでいる方が、心安らかでいられるのです」

モティジルで学校をはじめたとき、まず市の認可を受けようと、地元の教育委員長を訪ねたことがあった。しかし、正規の学校にするには一年間も待たなければならないと知らされた。数週間後に、マザー・テレサは書いている。

「わたしはサビトリといっしょに教育委員長のロイ氏に会いに行きました。彼女は認可を与えるつもりがあると言いました。わたしは、学校では子どもたちが一番必要としていることを教えたい、それを自由に行なう許可を得たいと話しました」

しかし、公的な認可を受けることにはこだわらなくなっていく。クリーク・レーンに引っ越してからは、認可は受けないという最終的な決断をした。市や教会の通常の認可を受けると、たくさんの規定や条件を守らなければならず、自由な教育ができなくなる。それに認可を受けるということは、清貧の誓願にそぐわないと考えたのである。

マザー・テレサは学校の他に、診療所の開設も考えていた。そのころすでに、病人の看護に出かけるようになっていた。結核とハンセン病が流行していた。

「ハンセン病の女性に会いました。ひどい光景です。病気のために放り出されていました。指はすべて溶けてなくなっていました。料理をすることもできません。一日中、猫と遊んでいるのです」

と、一月十四日に書いている。

病気にかかったイスラム教徒の老婆は、マザー・テレサにもらった薬を飲んで、奇跡が起きたと感じた。老婆はマザー・テレサに言った。

「病気になってから、もうずいぶんたつんです。今日初めて痛みがとれました。アラーの神が、あなたをよこしてくれたのでしょう」

三月の終わりに、マザー・テレサは書いている。

「イスラム教徒のおばあさんがモティジルにやって来ました。『ひとつだけ約束してほしいんです』と、彼女は言いました。『もしわたしが病気で死にそうだと聞いたら、必ずわたしに会いに来てください。わたしは神とともに死んでいきたいのです』。

「モティジルには、たくさんの病人がいます。いたるところから、助けを呼ぶ声が聞こえてきます。病院は、わたしが連れて行った病人たち――破傷風やコレラ、脳膜炎、ペストなどにかかった人をみんな診療してくれます。神のご加護に感謝。救急車を呼べば、すぐに来てくれるのです」

すべての病人に医者の治療が必要というわけではなかった。薬さえあれば治療できる場合もあった。毎日増えていく病人のために、薬局を開きたい。しかし、医薬品は常に足りなかった。医薬品を寄付してくれそうな人々に頼んで回る。このころの記述には、そのような訪問の様子がひんぱんに出てくる。

「スミス・スタニ通りに托鉢に出かけました。薬を提供してもらえました」

おそらく、そのような好意ばかりではなかったに違いない。医薬品どころか罵声を浴びることも、一度や二度ではなかったはずだ。しかし彼女はへこたれない。

「ティルジャラに行ったとき、わたしは素晴らしい罵声をいただきました。でも、悪口を言った後で、彼はすまなさそうな表情をしていました。彼を許してあげましょう。わたしは心の底から、許す気持ちになっていました」

最初の診療所が設けられたのはモティジルではなく、教区学校の校長であるシスター・ロザリオが提供してくれた教室だった。授業が終わると、大きな教室とベランダが開放され、急ごしらえの診療所になった。そこで結核患者の治療にあたる。やがて、時間前から診療を待つ人の長い列ができるようになった。患者の多くは、リクショー(人力車引き)や市場で重い荷物を頭に乗せて運ぶクーリーだった。間仕切りを手に入れなければならなかったが、これも、マザー流の「無心の手紙」か、協力者の寄付のどちらかで手に入れたらしい。

学校と診療所の両方を、マザー・テレサは二週間という短期間で開設してしまった。一九四九年一月四日、マザーは二つ目の学校を開くことを決意する。今度はティルジャラである。

「わたしは子どもたちの両親に、子どもを学校に通わせてくださいと頼みました。かわいそうな子どもたちを助けるために、力のかぎりを尽くそうと思います。ティルジャラの惨状は、モティジルよりもっとひどいものです」

一月十九日の記述。

「ティルジャラの子どもたちは、学校ができると聞いて大騒ぎしています。男子のためには、準備がととのっています。女子のための準備もじきにととのうでしょう。神様、お願いです。子どもたちの学校が実現したら、わたしはほんとうに嬉しく思います」

一週間後の記述。

「子どもたちは偉大です。ティルジャラでは、ほんの六人……せいぜい六人がなまけたり、悪さをして学校に来ないだけです。場所がよくないので、どこか他の場所を考えなければなりません。老女はこの小さな部屋を借りるのに五ルピー出せと言います。外の方がましなので、適当な場所を探すつもりです」

そして、三日後。

「ティルジャラで、月四ルピーの部屋が見つかりました。人々も部屋探しに積極的で、子どもたちのための部屋が見つかったときはとても喜んでくれました。子どもたちの授業は外でもできますので、この部屋は診療所にするつもりです」

簡素で小さな部屋は、すぐに機能しはじめた。二月二日に書いている。

「マリア様の祝日。昨年の今日は、総長様からお手紙をいただきました……。ティルジャラには、二十三人の子どもたちがいます。みなやさしくて行儀がよく、遊びが好きな子どもたちです――『ニルマル・ヒリダイ』は成長し続けています。神はお喜びになるでしょう」

それから、一人きりの活動について強い調子で続けた。

「わたし自身が子どもを二、三人持てば、『ニルマル・ヒリダイ』の愛の精神がカルカッタ中にゆきわたるとマリア様がお考えになったとしても、『わたしには子どもがおりません』とわたしは言い続けます。かつてマリア様が『ぶどう酒がありません』とイエズス様に言われたように。マリア様の御心に委ねます。必ずや道をお示しくださると信じています」

マザー・テレサの性格には、とても実際的な面がある。わたしが初めて出会ったときから、無駄な話を聞いたことがない。しかし、ウイットやユーモアのある会話は好きである。一九四九年二月の終わり、モティジルの学校のことで教育担当の役人に会った後に書いた文章には、そのような性格が浮き彫りにされている。

「『シスター』と、彼は言いました。『わたしはあなたを尊敬し、羨ましく思っています。貧しい人たちへあなたがそそぐ愛情は素晴らしい。しかしながら、この国に生まれた我々は、何もしないでいる。首相を訪ねて、あなたがしていることをお話しなさい。あなたがしている仕事は、首相が州の仕事としてやるべきことなのです。しかし、シスター。あなたがこの仕事をやりぬく決意であることは十分理解しています。きっと、うまくいきますよ』。わたしとしては、彼の空虚なおしゃべりよりも、実際の協力がほしかったのですが」

パトナのシスターたちが予想したように、すぐに協力者があらわれる。スラムに入った初めての日、マザー・テレサは記している。

「セント・メリー校の先生が二人やって来ました。協力してくれると言います。ヒンズー教徒のダス・グプタの家族が会いに来ました。一番若いサビトリがどうしても手伝いたいと言います。ビンセント氏とギャスパー氏が来ました。二人ともベンガル人のカトリック教徒です。活動を成功させるために、彼らもできるかぎりの手伝いをしたいと申し出てくれました」

しかし、ボランティアの人々が手伝いに来れない日もあった。教師や医者の仕事が一時的に中断したという記述が何度かある。これでは仕事がうまくいかない。勤めを持っている人たちは、家族への責任もあるし、スラムでの仕事に専念することは無理だろうとマザー・テレサは考えるようになった。

一月十四日の記述。

「病人を見舞いに行きました。時間が足りません。教師は自分の子どもを持ちたがっています。この仕事は、神への奉仕であるという強い信念がなければ続けていけないと、つくづく思わされました」

この日の思いは、時間がたつにつれてますます強くなっていく。

一月二十三日の記述。

「この仕事を長く続けていくためには、うしろから背中を押してくれる力が必要です。信仰生活だけが、そのような力を授けてくれるでしょう」

モティジルで仕事をはじめて二、三週間たったころ、彼女の活動を疑問視する人たちが出はじめた。スラムで働くというのは、修道女として普通ではない。活動の方法も、地元の聖職者たちの不評をかった。教師としては立派だと認められた。しかし、将来どうなるのか。そう危惧する人もいた。噂は、エントーリの修道院長の耳にも入ったようだ。マザー・テレサを気づかった院長は、ロレット修道院に戻って来るようにと伝えた。

「院長に会いに行きました」と、マザー・テレサは書いた。

「院長はロレットに戻って来ることを望んでいます。しかし、神は仕事を続けることを望んでおられるのです」

居心地のよいロレット修道院に戻ることは、甘い誘惑だった。その誘惑にのらないために、修道院を訪ねないようにした。誘惑のささやきは、時折耳元で聞こえていた。信仰の深さを試されているようだったと、彼女は書いている。

「もっとも貧しい人々の間で働くことを素晴らしいと思ってくれる人がいると信じています。教養があり、お金がある人は、働く準備ができている人々です。持てるものを生かすように。そう、そういう人々に協力を頼みましょう。お金持ちはたくさんの修道女や修道士の奉仕や献身を受けられますが、もっとも貧しい人々や最下層にいる人々は、少ししか受けられないでいます――わたしは『スラムの修道女』と呼ばれています。神の愛と栄光のもとで、そう呼ばれることを嬉しく思っています」

5　クリーク・レーン十四番地

活動の最初の拠点となったのは、クリーク・レーンにある家だった。わたしはそこへ行ってみたいと、マザー・テレサに言ってみた。

「何のために？　現在の仕事を見てくださいよ」

と、マザーは言う。ふだんの言動を考えれば、マザーのその反応は当然だった。

カルカッタのスラム地区の小さな部屋からはじまったマザー・テレサの修道会は、世界的な組織にふくれあがった。驚異的なことである。

この本を書くためにわたしはさまざまな取材をしたが、クリーク・レーン通りがまだ存在していると知って、少なからず驚いた。マザー・テレサはその家から一九五三年に移転しているのだ。そのときからいままで、ずいぶん時がたち、周囲の状況も変化しているはずだと想像していた。調べてみると、通りの名前は二度も変わっていた。近隣の地区は再開発されて、ブロック造りのアパートに建て替えられているところもあった。

家の持ち主であったマイケル・ゴメスは、引っ越しているかもしれない。国外に移住している可能性もある。ゴメス一族はすでに移住しているとも聞いた。しかし、行ってみるとマイケル・ゴメスは移住も引っ越しもしていなかったのである。まるで、一度でジグソーパズルが完成できたような幸運に恵まれて、わたしはクリーク・レーンのその家を発見した。

クリーク・レーン(小川の道)。その名のとおり、そこは細い道が連なる迷路のような地域だった。小さな家がひしめきあうように建ち並び、一つの建物に小さな店や事務所が雑然と入っている。住人は、みんなが顔見知りのようだ。通りの番地だけでは、めざす家にはたどりつけそうになかった。わたしは靴屋に道を訊ねた。

「ゴメスさんね。十四番地に住んでいますよ」

彼が指差した方角は通りのすぐ近く、くねくねとした細い道の向こうだった。

ブーゲンビリアにおおわれた高い塀の中に、マイケル・ゴメスの家があった。大理石の小さな門札はツタにかくれていたが、かろうじて「収容所」という文字だけが読めた。一階にはゴメスの親類が住んでいるという。三階がゴメスと彼の妻の住居だった。美しい細工がほどこされた鉄製の手すりをつたいながら、木の階段を上っていく。そのときわたしは同じ階段を上り下りしていたはずのマザー・テレサと子どもたちの情景を思い描いていた。彼らは四年間この家で暮らし、毎日この階段を使っていたのだ。

一九四八年十二月九日、マザー・テレサはパトナから戻って来た。宿舎は、とりあえず「貧者の小さき姉妹会」が運営する「聖ヨゼフ老人ホーム」に用意された。やがてファン・エクセム神父は、モティジルにもっと近い場所に住居を移した方がよいと考えた。ヘンリー神父と相談し、適当な場所を探しはじめたのである。

「マザー・テレサをどのように助けてやったらよいか、思案していました。ヘンリー神父とわたしは、自転車に乗ってカルカッタ市内のあちこちを走り回りました。適当な家はないものかと探し回っていて、あるとき突然思い出したんです。そういえば、ゴメス兄弟のアルフレッドとマイケルの二人が住んでいる家は、上品でしかも三階建てだったな、ってね。三階は空いていると聞いていました。そこでなら、仕事もできると思いまして。それからゆっくり道が開けていったんです」

ファン・エクセム神父は、早速アルフレッド・ゴメスに連絡をとった。アルフレッドは前からの知り合いであり、神父の秘書的な仕事を時々手伝ってくれていた。

「彼はいつものようにバイタカーナ教会にやって来て、聖具室で待っていました。すでにマザーの活動のことは知っていましたよ。彼女はどこにでもあらわれますからね。わたしは『きみの家の三階はたしか空いていたね。そこをマザー・テレサに提供することはできないかな』と言いました」

アルフレッドは、自分はいいが、兄弟に聞かないとわからない、とていねいな口調で答えた。あと二人の兄弟が東パキスタン（現バングラデシュ）に住んでおり、家の権利を共有しているとのことだった。返事はすぐに来た。一九四九年二月二十八日、マザー・テレサはゴメス家の三階に引っ越した。

このころマザー・テレサは、活動があまり順調にすすんでいないと書いている。パトナから戻って来るとすぐ、活動のための場所を探しはじめた。しかし、あと一歩というところで見つけることができないでいたのだ。

『神の愛の宣教者会』にぴったりの場所は、世間に遠く、すべてに近いところ」に見つかった。パーク・サーカス通り四十六番地がその場所だが、すべての準備がととのったときに、家主は心変わりしそうに見えた。二月十六日に、次のように書いている。

パーク・サーカス四十六番地の家主に会いに行きました。家主はあらわれませんでした。その家がとても気に入っているので、心配です。神はわたしに、貧困の十字架を背負う「自由な修道女」でいることを望んでおられます。しかし今日、わたしはある教訓を得ました。貧乏であることが、どんなにつらいことかがわかったのです。家を探している間、歩きづめに歩きました。足も腕もくたびれてしまいました。貧しい人が家を求め、食べ物を求め、助けを求めて歩くとき、体も心もくたびれて痛んでいることを思い知らされました。誘惑がふくらんでいきます。ロレット修道院の王宮のような建物が、何度も思い出されました。美しいものが、安らぎが、一言でいえばすべてがそこにあるのです。「戻ると一言いえば、そこに帰れるのよ」。誘惑の言葉が頭に響きます。神よ。選択の自由があるのだから、あなたへの愛があるのだから、わたしはここにとどまります。そしてあなたに従って行動していきます。たとえこれ以上の困難に出会っても、一粒の涙もこぼしません。神のご意志に従おう。いまは、修道会が生まれる前の暗い夜なのでしょう。神はわたしに勇気をくださる。いま、この瞬間、神のご意志を実行するための勇気をわたしにくださる。

二月二十一日の記述は、興奮をおさえきれない喜びが伝わってくる。

よい知らせがあります。クリーク・レーンに家が見つかりました。神のなさることは、なんて不思議で素晴らしいのでしょう。貧しくても、神がおられるところは裕福です。わたしが望んだのではなく、神がくださったのです。

二月二十五日、再び喜びの記述。

新しい場所は準備がととのいました。早く引っ越したい。

しかし、クリーク・レーンに引っ越したその日、孤独と疑問が襲ってきた。自分がほんとうに一人だということを痛感させられたのである。それから何週間かは「貧者の小さき姉妹会」のもとで過ごした。祈り、夕食を一緒にとった。

マザー・テレサが、珍しくそのころのことを話してくれたことがある。

「わたしは街頭にいましたが、仲間がいない、助けてくれる人がいない、お金がない、安全の保証もない。そういう状況でした」

クリーク・レーンでの初めての夜。

二月二十八日――神よ。今日のこの孤独は、なんと耐え難いのでしょう。わたしは耐えられるでしょうか。涙が止まりません。こんなに弱い人間だったなんて。神よ、弱さと闘う勇気をください。わたしは間違っているのでしょうか。慈悲深き母よ、どうぞあなたの子どもに哀れみを。わたしは神への愛に生き、「神の愛の宣教者会」のために死んでいくことを願っています。

教区司祭が祝福を授けたその部屋に、マイケル・ゴメスはわたしを迎え入れてくれた。わたしはノートを手に持ち、カメラとテープレコーダーも下げていた。マザー・テレサはゴメスを「聖なる人」と呼んでいた。痩せぎみの体。物腰はやわらかく、謙虚な人のようだ。おそらく六十代であろう。椅子に腰をおろし、わたしが訪問の理由を説明する間、じっと黙って聞いていた。しかし、わたしの質問に対しては、あいまいな答しかしてくれなかった。突然の訪問に戸惑っているようだった。しばらくして、翌日また訪ねて来てくれないかと言った。シスター・ジョゼフ・マイケルは、わたしの訪問の目的を事前に伝えてくれなかったのだろうか。彼の態度がわからないまま、翌日の晩に再訪した。マイケル・ゴメスは前日よりも打ち解けていた。マザー・テレサのメッセージが届いたようだった。

マザー・テレサは空いていた部屋に引っ越して来たのだ、とゴメスは話しはじめた。

「マザーは、黒い箱以外には何も持っていませんでした。そこに黒い箱を置いたんですよ」

そう言いながら、玄関の方を指差した。

「その箱がベンチとなり、机となりました」

ファン・エクセム神父が、聖母マリアの肖像を壁に飾ってくれた。それはマザー・テレサが神父に贈ったものだった。マザー・テレサはその部屋でまったく一人だったわけではない。チャル・マーという未亡人が一緒にいた。彼女はセント・メリー校で賄《まかな》いをしていたが、マザー・テレサを慕ってついて来たのだった。息子のチャルの名前から、チャル・マー(お母さん)と呼ぶのは、ベンガル人の慣習である。

マイケル・ゴメスはマザー・テレサに家具を提供した。

「わたしの兄が残していった家具が隣室にあったのです。でも、マザーはその家具をなかなか使いたがらなかったですね」

しばらくたって、マザー・テレサは一脚の椅子と二、三個の荷箱だけを椅子や机がわりに使うようになった。

「活動がどんどん活発になっていくので感心していました。どうやったんでしょうねぇ」

マイケル・ゴメスは想いにふけり、ぼんやりと独り言をつぶやくように言った。

「わたしたちはできるかぎり食事を差し上げるようにしました。マザーは自分の食べる物を人に与えてしまい、何も食べずにすますことがありました。時々メモを渡されることがありました。『マイケル、六カップの米をください。お支払いします』。マザーはその米を門の前で待っているひもじい人たちに渡していました。でも、米の代金を支払ってもらったことはありませんよ。お金を払おうとしたら、わたしたちの気持ちを害することを知っていたんです」

マイケル・ゴメスは話さなかったが、シスターたちがよく言っていたことがある。それは、彼もその家族も、マザー・テレサに渡したお金や食べ物などを返してほしいとか代償を払ってくれとか、そういうことを一切求めなかったということだ。

「わたしたちは何もあげていません。いつもいただいていました」

と、マイケル・ゴメスは言った。

話を聞きながらも、四十二年前、まさにこの部屋でマザー・テレサが活動をはじめたのだという事実に、わたしは感動していた。かなり大きな部屋である。部屋の両端にドアがついていて、その先はゆったりとした広さのベランダになっていた。床はきれいなフローリングでカーペットは敷かれていない。木製の長椅子と何脚かの椅子が置いてある。わたしは長椅子に座り、マイケル・ゴメスは椅子に座っていた。部屋の奥には、大きな机があった。これらの家具を、マザー・テレサは使わなかったのだろうか。壁に何枚かの写真が貼ってある。その中には、「神の愛の宣教者会」に入会を希望したマイケル・ゴメスの姪の写真があった。彼女は残念ながら若くして亡くなってしまった。ゴメスの娘であるメイベルの結婚式の写真もある。いまは米国に住んでいるそうだ。マザー・テレサが引っ越して来たとき、メイベルは七歳か八歳。スラムに出かけて行くマザーのお供をよくしていたというから、彼女も初期の協力者の一人だったわけだ。

マザー・テレサは、ヘンリー神父が祭壇用にと、ファティマの「美しい」聖母像〔訳註・一九一七年、ポルトガルのファティマで三人の子どもが見たという聖母マリアをかたどった像〕を贈ってくれたと書いている。隣室は小さな礼拝堂だったのではないか。見てみたい。わたしは、ちょっと隣の部屋を見せていただけないかとマイケル・ゴメスに頼んでみた。

「当時の家具はもう置いてありませんが」

と、ゴメスは言った。その小さな部屋には、四柱式のベッドと大きな食器棚が置いてあった。

「この部屋には、小さな祭壇だけがあったのです。修道会が創設されたとき、ここが礼拝堂になりました。二、三年たって、三十名ほどの女性が集まるようになりました。休憩の時間になると、彼女たちの笑い声が部屋いっぱいに響き渡っていましたよ」

彼は笑顔を見せていた。

「助けや薬を求めて、人々がやって来るようになりました。初期の結核患者もいました。ある日、マザー・テレサが言いました。『マイケル、ちょっとわたしと一緒に来てくれませんか？　托鉢に出かけたいのですが』。わたしたちはいっしょに知り合いの家を訪ねました。教育委員長をしている女性の家です。マザー・テレサは活動の内容を話し、薬品と協力が必要だということを話し続けました。彼女は黙って聞いていましたが、結局、何も協力してくれませんでした。でも、彼女の妹が、半分目が不自由な人なのですが、五ルピー差し出してくれました」

彼はそこでちょっと黙った。それから、

「マザーは、ずいぶん落胆したと思いますよ」

と、付け加えた。そしてまた、しばらく黙った。やがてにっこりとほほ笑むと、やさしい口調で言った。

「ご存じですか？　マザーは毎日ここの床を磨いていたんですよ」

当時の様子を知るマイケル・ゴメスも、マザー・テレサが現実的な思考の持ち主であり、合理的に行動をする人だと言っている。興味深いことだと思う。マザーは最初からはっきりした方法論を持っていた。「神の愛の宣教者会」の規則では、シスターたちはイエス・キリストの弟子たちが行なったように必ず二人一組で街頭に出て行き、病院での手伝いやハンセン病患者、路上で倒れている人々の世話をする。時には酔っ払いの世話まですることがある。

「最初は、妻かわたし、あるいは子どもたちの誰かが、マザーについて出かけて行きました。ある日、一番下の娘を連れてスラムに行きました。いつもなら正午ごろには帰って来るのですが、その日は一時を過ぎても戻って来ません。妻が心配しはじめました。午後からは土砂降りの大雨です。午後二時になって、リクショー(自転車で引く二人乗りの車)が家の前に着きました。マザー・テレサと娘のメイベルがようやく戻って来たのです。二人ともズブ濡れでした。マザー・テレサはわたしの妻に、メイベルを濡らせてしまって申し訳ないと言いました。それから、モティジルで訪ねた家が水びたしになっていると話してくれました。屋根が取り払われてしまっていて、雨が容赦なく降ってくる。母親が、ひざまで水につかりながら子どもを背負い上げ、水から守ろうと必死で格闘している。高熱を出してあえいでいる子どもの頭には、雨をよけるためにホウロウのボウルがかぶせてある。そのような状況だったそうです。事情を聞くと、二ヵ月分の家賃の滞納に怒った家主が、腹いせに家の屋根をはずしてしまったということでした。一ヵ月、たった四ルピーの家賃ですよ。二ヵ月で八ルピー！
「メイベルを連れ帰った後、マザー・テレサはすぐにモティジルに引き返して行きました。マザーは嘆いてはいましたが、それよりむしろ、貧しい人々のために何かしなければという気持ちが、ますます強くなっていったようでした。たとえ、たった一人の母親と子どもしか救えなくとも、苦しみは少しでも減っていくと信じているのです。どんなにささいなことでも、そのおかげで世界中の苦しみが少しは消えていくのだと」

マイケル・ゴメスは、マザー・テレサの托鉢に同行するのは少しも嫌ではなかった。そのころのマザー・テレサはいまのように有名ではなかったし、いわゆる修道女の姿でもなかった。

ある日二人は薬局に托鉢に出かけた。薬局の主人は、マイケル・ゴメスをよく知っていたわけではないのに、話を聞いてくれて少しなら薬品を寄付してもいいと言った。

街には、ベンガル地方特有のモンスーンが吹き荒れていた。雨のしぶきが路面電車の椅子にまではねかかり、牛も犬も逃げまどっている。マザー・テレサは電車の窓から外を見ていて、ある男の姿に目を止めた。ズブ濡れの体で、木の下にうずくまっている。あの男を助けたいと、ゴメスに言った。

電車はちょうど停車場の半ばを過ぎたところで、降りることができなかった。帰りに助けて、どこかに収容するしかなかった。二人は薬品の托鉢を大急ぎで行なうと、男が倒れていた木のところまで戻った。しかし、男はすでに息絶えていた。顔が水たまりにつかっていた。そのときのマザーの悲しみは尋常ではなかったという。おそらく死ぬ前に何か言いたいことがあったに違いない。それなのに一人で、孤独に死んでしまった。最後の言葉を聞いてやる人は周りに誰もいなかったのだ。

「人間が人間らしく、尊厳をもって死んでいける、そういう場所さえあれば」

と、マザーはそのとき言ったそうだ。

「この出来事に遭遇して、マザーは死を待つ人のホームをつくりたいと願うようになり、その後カリガートの施設に至るのです」

と、マイケル・ゴメスは回想する。

昔の話をしていると、彼はわたしがいることなど忘れてしまっているかのようだ。目を半分閉じて、まるで自分自身に話しかけているように見えた。わたしは長椅子から立ち上がり、彼の回想の邪魔にならないように、静かに隣の椅子に腰をおろした。

「朝、ハウラー駅まで電車に乗ったことがありました。向かい側に座った人たちが、サリーを着た白人女性に気がついて視線をちらちらおくってきました。そのうちの一人が、彼女はヒンズー教徒をキリスト教に改宗させようとする修道女だと言いました。別の一人が、この外国人はそれをお金のためじゃなく、キリスト教信者を増やすためにやっている、と言いました。彼らは、自分たちがしゃべっている言葉を彼女が理解しているとは思ってもいません。ご存じでしょう? マザーはセント・メリー校の教師をしていたとき、ベンガル語で教えていたのですよ。マザーは、しばらく黙ってみんなの噂話を聞いていました。そして話が途切れて静かになったとき、やさしく、しかしきっぱりとした口調で言ったのです。『わたしはインド人です。インドはわたしの国です』。それを流暢なベンガル語で言ったのですから、聞いた人たちは一瞬あっけにとられていましたね。そして、自分たちの会話が全部理解されていたことに気がつきました。その後ハウラー駅に到着するまで、全員一言もしゃべらず、黙ったままでした」

このときの様子を思い出しているのか、マイケル・ゴメスもしばらく黙っていた。一階の時計の音が聞こえるほど静かな夜だった。道路を走るトラックの騒音が、時折聞こえてきた。訪ねてからすでに二時間もたっていた。そろそろ帰るべきだろう。立ち上がりかけると、彼が口を開いた。

「わたしたちはマザーを、カトリックとかヒンズーとか、そのような視点でとらえることはできません。唯一、人間という視点でとらえるべきでしょう。彼女自身、宗教を区別していません。すべての宗教と人々を尊重しているのです。彼女が敬虔なカトリック教徒ではないということではありません。信仰の厚い人です。しかし、カトリック教だけを崇拝して、他の宗教は排除するなどという考えはまったくないのです。そこにマザーの仕事の偉大さがあると思います。目には見えない精神に、マザー・テレサの素晴らしさがあるのです」

そのときのわたしは、この言葉が理解できなかった。しかし、いつも思い出していた。マイケル・

ゴメスは、マザー・テレサの信仰が「排他的ではない」と言った。それはつまり、活動の対象が、すべての人に広がっているということを意味する。宗教を問わず、あるいはまた、無信心、無宗教であろうとも、マザー・テレサはすべての人に奉仕するということである。

ファン・エクセム神父が同じようなことを手紙に書いてきていた。

「マザー・テレサにとって、信仰は主要なことというより、すべてを意味するのです。神を信じるからこそ、すべての人に愛を与えることができるのです。神への愛が、彼女の命です。そして、彼女は貧しい人々の中にこそ、神を見出しているのです」

マザー・テレサがクリーク・レーンに移ってからほぼ三週間後、最初の協力者があらわれた。スバシニ・ダス、後のシスター・アグネスである。スバシニ・ダスは、セント・メリー校でマザー・テレサの教え子の一人だった。彼女は、自分たちの校長先生がいつの日か学校を去り、新しい修道会をはじめるのではないかと、感じていたのだろうか。

マザー・テレサは七クラスの生徒を教えていた。貧しい人々を助ける奉仕の大切さを教え、授業のない土曜日の午後には、実際の奉仕活動をグループで実践させていた。マザーは、規則によって修道院の外へ出ることはできなかったが、年長の生徒たちには病院での手伝いやスラムの貧しい子どもたちに勉強を教えることを奨励した。

「マザー・テレサは、子どもたちを世話するようにと、わたしたちにお命じになりました。アルファベットや歌を教え、彼らを幸福にしてあげて、とよくおっしゃっていました」

と、シスター・アグネスは記憶を探り出すように静かに言った。

「ある日、わたしはマザー・テレサに言いました。『このような奉仕活動をはじめるのが必要だとおっしゃいますが、わたしたちにはすでにお手伝いする準備ができています。でも指導をしてくださる方が必要です。わたしたちの指導者になってはいただけないでしょうか？』。思わず口に出てしまったのです。マザー・テレサはほほ笑みを浮かべていました。わたしはハッと気がつき、黙ってしまいました。そのとき初めて、何かをお心に秘めておられると気がついたのです。マザーがついにロレット修道会を去られたとき、わたしは驚きませんでした。クリーク・レーンに移られた後、マザーは会いに来るようにと連絡をくださいました。わたしがうかがったのは、三月一日。その日のことは、いまでもはっきり覚えています。マザーは、準備はできていますか、とお訊ねになりました。わたしは、日にちを指示してくださるのをお待ちしていました、と答えました。マザー・テレサは、三月十九日、とおっしゃいました。その日は聖ヨセフの祭日です。わたしはその日を待ちかねました。ようやく新しい生活に踏み出したとき、神に奉仕する幸せを感じました」

マザー・テレサはその日のことを次のように書いている。


三月十九日。素晴らしい日。スバシニ・ダスが入会しました。わたしたちはバイタカーナ教会へ行き、マリア様への奉献を行ないました。この小さな会のはじまりに、喜びと祝福とお力をお授けくださり、お導きくださいますように。スバシニ・ダスは謙虚な心をもっています。神がそのようにお導きくださったのです。

それからまもなく、マグダレーナ・ゴメスがやって来た。彼女もセント・メリー校での教え子だった。スバシニは小柄でもの静かな少女であったが、マグダレーナは背が高く、社交的な性格をしていた。マグダレーナは二番目の協力者となり、シスター・ガートルードという名前が付けられた。

三月二十六日、マザー・テレサは喜びの気持ちを書いた。

素晴らしい日。マグダレーナ・パッティン(ゴメス)が入会しました。彼女は元気がよく、強い意志を持っています。貧しい人々とうまくやっていくことでしょう。わたしたちはバイタカーナ教会へ行き、奉献を行ないました。わたしたちは、マリア様に愛と献身の祈りを捧げました。マリア様はほほ笑みを浮かべて、わたしたちを見ていたに違いありません。

二日後の記述。

わたしたちの修道院では、全員が幸せです。平和に包まれています。若い協力者たちが意欲に燃えていて、わたしはついていくのが精一杯です。

スバシニは、教師の資格を取得するコースを二、三ヵ月残していた。マザー・テレサはそのコースを修了するように指導する。マグダレーナには医者になる勉強を続けるように言った。薬品の知識があり、医者の資格をもつ者がいれば、役に立つことははっきりしている。マザー・テレサはマイケル・ゴメスに、マグダレーナに数学を教えてほしいと頼んだ。そのころの出来事を、ゴメスは覚えていた。

「マグダレーナは、最終試験によい成績をとりました。彼女はとても興奮して家に戻って来ました。マザーに金のメダルを見せて大喜びです。成績優秀者として三等賞をもらったというのです。マザー・テレサは驚いて、そのメダルで何ができるのか、と訊ねていました。マグダレーナは、分からない、と答えました。マザーは、あなたが優秀な成績をとったことはとても嬉しい、しかし貧しい人々の世話をするのにメダルは必要ないのでは、と言いました。メダルは四番目の成績をとった人に譲ったそうです。そういうこともありましたね」

シスター・アグネスに、最初のころは苦労したのではないかと訊ねた。彼女は首を振り、笑顔を浮かべて言った。

「若いときは、情熱にあふれているものです。大変だと思ったことなど一度もありません。いつも神が助けてくださると信じていました。何もかもが不足していましたが、何とかやっていけると思っていました。マザー・テレサはわたしたちの食べ物の心配をしてくださっていました。しかし、わたしたちが途方に暮れることなどはありませんでした。お米がなくなると、マザーはマイケル・ゴメスにメモを渡していました。そうすると彼がわたしたちに何か持って来てくれました。結核にかかっている病人は、わたしたちよりも栄養のあるものをとらなければなりません。ファン・エクセム神父とヘンリー神父は、日曜のミサで喜捨を呼びかけました。これはベンガル人独特の習慣で、少しでも余裕のある家庭では、『手の平いっぱいの米を玄関先に置いておく』のです。それを、レジオ・マリエという信徒組織の人たちが一軒一軒歩いて集めていきます。時折、残飯が混ざっていることがあります。でも、それだって餓死寸前の人たちには貴重な食べ物となります。残飯は、わたしたちの食事対策のプログラムに組み込まれていきました」

それからさらに二、三ヵ月の間に、協力を申し出る少女が次々にあらわれた。ほとんどが、セント・メリー校でのかつての教え子だった。その中には、未来のシスター・ドロシーとシスター・マーガレット・メアリーもいた。会のメンバーは、四人から十人に増えた。部屋もベランダも、狭くなってしまった。

「ある日、一人の少女が水ぼうそうにかかったというメモがマザーから渡されました。隔離が必要なのだが別の部屋を提供してもらえないだろうか、というものでした。それやこれやで、いつのまにか三階のフロアー全部を使ってもらうことになりました。少女たちは、規則をよく守りました。食事も外出も祈りも休憩も、鐘の音に従って規則正しく行なうのです。休憩時間には、綱引きのようなゲームをして遊ぶこともありました。ときには、少女たちの笑い声が通りにまで響いていました。もちろん勉強も熱心にしていました。学業を中断することは許されません。夜になって、マザー・テレサが教えることもありました」

ゴメスの話である。

「わたしたちは修道女として生活していました。しかし、会は正式な修道会とは認められていませんでした。大司教はわたしたちの方法をお認めになっていないということでした。会の憲章も決まっていませんでした。でも、わたしたちは認められる日がきっと来ると信じていました」

これはシスター・アグネスの話だ。

マイケル・ゴメスは、マザー・テレサへの批判的な見方があることも知っていた。彼はそのことについて、遠回しに触れた。

「ある朝、マザーは托鉢に出かけました。朝八時ちょっと前に出かけ、夕方五時ごろに戻って来たのですが、驚いたことに、小麦粉と米の袋が積み込まれたトラックの荷台に、マザーがちょこんと座っているではありませんか。自分で駅まで行って、荷物を受け取って来たというのです。荷物の受取業者に盗まれないように警戒したのですよ。朝から、飲まず食わずで仕事をしていました。マザー・テレサを批判する声は、わたしの耳にも届いていました。たとえば活動をきちんと管理しないとか、手紙に返事を書かないとか、寄付に対して感謝の礼状も出さないとか、経営能力がないとか、そういう声です。そういう批判を耳にするたび、わたしは、盗まれないようにと小麦粉や米が入った袋の上に座っていたマザーの姿を思い出しました。そうやって、活動に協力してくれる少女たちの食べ物を確保していたのです」

青いテープで縁取りされた白いサリー姿の少女たちは、やがて周囲の目になじんでいく。彼女たちの姿はクリーク・レーンだけでなく、モティジルや他のスラム地区でも見られるようになった。そこに住む貧しい人々は、そんな彼女たちを「あたたかく歓迎してくれた」。そうシスター・アグネスは当時を振り返る。シスターたちは午前中は授業を行ない、午後は診療所で働いた。活動は、日曜日を除いて毎日行なわれた。病人を見舞い、必要なら市の病院への入院手続きをとる。しかし、路上で死んでいく人をそのまま見送らなければならないときもあった。

大司教はマザー・テレサの活動の様子を注意深く見守っていた。決断しなければならないときが近づいていた。グループを解散させ、マザー・テレサをロレット修道院に戻すか、あるいはまた、カルカッタ司教区の組織として認めるのか。ファン・エクセム神父は、マザーの霊的な指導者を務めながら、大司教ともひんぱんに連絡をとっていた。

『『ステーツマン』(カルカッタの有力英字紙)に、広告を出した話をしましたっけ?」

ある日、ファン・エクセム神父がわたしに訊ねた。

「マザーがモティジルで活動していることは世間にすぐに伝わりましたが、経済的な手段がありませんでした。米しか食べる物がないということが何日も続くこともありました。わたしの教会やお金や孤児基金で、マザーの活動を援助することは規則でできません。そこで、わたしは『ステーツマン』に手紙を書き、モティジルでの活動を支援する広告の掲載を頼みました。すぐによい返事が来ました。マザー・テレサの活動には感謝しているので、新聞広告を出して支援をつのる、というのです。

新聞社の人は、『マザー・テレサの住所であるクリーク・レーン十四番地は公表せず、あなたの教会を連絡場所にするとよい、その方が信用される』と助言してくれました。

「広告が出てから二、三日たつと、一台の車が教会の前に止まり、役人が降りて来ました。ベンガル州知事B・C・ロイ博士の使いの人で、マザー・テレサの活動に寄付をしたいと申し出てくれたのです。それがまさに最初の援助でした。広告料にいくら払ったのか、さっぱり覚えていないんですけど」

と、神父は言った。

一九五〇年の初め、マザー・テレサのモティジルでの活動をずっと見守ってきたペリエ大司教は、会の活動を認める方向で決断をする。実際のところ、あと一つの条件さえととのえばよかったのだ。新しい修道会のための憲章の制定である。それは四月一日を待たず、ファン・エクセム神父によってすでに大司教に提出されていた。四月、大司教は五通の写しを携えてローマに赴き、布教事業後援会の会長であるビオンディ枢機卿にそれを提出した。最終的には枢機卿が判断を下すのである。

マザー・テレサの活動に関して、ペリエ大司教はかなり重要な役割を果たしている。大司教はベルギー・アントワープの出身である。一九〇六年にまだ若い修道士だった彼は、インドにやって来た。ユーゴスラビアのイエズス会が宣教師をインド・ベンガル州に送ることに同意した背景には、大司教の努力があった。そして、その当時ユーゴスラビアの宣教師たちがベンガル州から故郷に書き送った手紙を、まだ少女だったアグネスが読み、自分もベンガルへ行って布教活動をしたいと思うようになったのである。ペリエ大司教は、すべてに対して注意深く、やや保守的ではあったが、マザー・テレサの活動が確かに神のご意志に動かされたものだと判断すると、その後亡くなるまで力強い支援を続けてくれた。

大司教はファン・エクセム神父に、会の憲章を起草するよう申し付けた。この憲章は現在、二七五条から成り、「神の愛の宣教者会の憲章」と呼ばれている。

「わたしは教会法と他の修道会の憲章を参考に草案を組み立てました。その中で、もっとも大切にしたことは、マザー・テレサがダージリンに向かう汽車の中で神の呼びかけを聞いたこと、そしてその声が黙想の間中響いていた、ということです。そのときの様子を彼女自身が書いています。わたしはそれを一度だけ読んだことがありました。神が何をお望みなのか、よく分かりました。マザー・テレサは修道院を去らなければならなかったのです。そして、貧しい人々とともに暮らさなければならなかった。大きな家や教会を持たず、カルカッタのスラムや路上で仕事をするように、神のご意志が働いています。マザーに大きな家や教会が必要だとしたら、それは弱者を救済するためです。たとえば捨てられた幼児や子ども、ハンセン病患者や死にかけている人たちのための施設が必要なときです。マザーの会は、宗教団体であって、社会奉仕の団体ではないのです。貧しい人の内にいる神へ奉仕をするのです」

憲章の条文のどれかにアンダーラインをして、マザー・テレサにとってもっとも深い意味を持つ文章を選ぶとしたら、それは「わたしは、渇いている」という一文だろう。「神の愛の宣教者会」のセンターや礼拝堂の十字架の上には必ず、その言葉が掲げられている。それはキリストの魂の叫びであり、愛と受容を暗示する言葉である。その言葉はまた、「神の愛の宣教者会」の活動の目的を忘れないためのものでもある。目的というのは、十字架上のキリストの渇きを、日々の祈りと黙想、そして悔悛《かいしゅん》によっていやすことである。憲章の中にある「貧しい者に身をやつしたキリストを愛し、奉仕する」ことは、会の特別な呼びかけである。その意味をより理解する方法として、「神の愛の宣教者会」は、苦しみをすすんで受け、従順を誓い、死さえも怖れず受け入れるという。

信仰と現実の両方の生活に身を置いていると、もはや修道女の三つの誓願「清貧・貞潔・従順」を守るだけでは足りなかった。マザー・テレサはこれらの誓いに加えて、四番目の誓願「貧しい人のなかでも、もっとも貧しい人々への心からの献身」を付け加えた。この誓願は、後に「神の愛の宣教者会」を結束させる誓いとなる。どんなに厳しい仕事であっても、損得で動くのではない。すべて仕事は、心から楽しく行なう。しかし見返りは望まない。献身は、食べ物や服や家など物質的な援助だけではない。病人や死に瀕《ひん》した人々を看護し、世間に見捨てられてしまった人、ハンセン病患者、人生に絶望し、希望の光を失ってしまった人々に精神的な奉仕も行なう。「呼びかけ」と「啓示」を記した文書には、貧しい路上生活者たちにまで献身を行なうことがはっきりと書かれてある。それは修道院の壁の中にいては実行できないことだ。シスターたちは、この四番目の誓願を「わたしたちの道」と呼んでいる。

一九五〇年十月七日、新しい修道会にローマ教皇の正式な認可が降りた。ペリエ大司教自身が奉献したミサで、ファン・エクセム神父は公布された勅書を読み上げた。そのはじまりは以下のとおりである。

「聖マリア修道女会に属する合法的修道院外修道女であるシスター・テレサの指導のもとに集まった若い女性たちの団体は、二年以上にわたり、献身的な活動を行なっている……貧しい者や子供、成人、お年寄り、病人の救済を、この都市で行なっている」

勅書は四番目の誓願を詳述し、さらには要請も付け加えている。

「人間としての尊厳が失われてしまった貧しい人々や困窮する人々への奉仕を、神への奉仕として行なう。ゆえに、修道会に参加する者は、常に町や村など、外に出て奉仕に努めることを決心しなければならない。それがたとえ、汚れた場所であっても、あるいは貧しい人々、社会や家族に見捨てられた人々、弱い人々、死に瀕した人々がいるところであっても……」

「神の愛の宣教者会」の特徴は、四番目の誓願にある。神の愛に戻ることとの決意と、「身をやつした」神を愛することで「慈愛」を象徴する。身をやつした神の姿とは、たとえば社会に見捨てられ、ニューヨーク・センターに収容され死にかけているエイズ患者、カルカッタ・ダパのスラムに隔離されている何千人ものハンセン病患者たちのことである。マザーはわたしに何度も言った。

「もしこれがキリストの体と信じなければ、このような仕事はできないでしょう。どんなにお金を積まれても、できないことです。貧しい人でも、もっとも貧しい人々に心からの奉仕を行なうことができるのは、わたしたちが触れるそのぼろぼろの体が、飢えに苦しむ貧しいキリストの姿だからです。

キリストは言いました。『私のもっとも小さい者のためにすることは、私にしているのである』と」

それからマザーはわたしの手を取り、自分の手の平に乗せた。そして、もう一方の手でわたしの指を一本一本折りながら、

「あなたは、わたし、に、それを、する」

と、ゆっくり唱えるように言った。

マイケル・ゴメスは、二年間で三十名ほどの若い女性が修道会に参加したと記憶している。三階がいっぱいになってしまったうえに、マザー・テレサは屋上にも部屋を急造しなければならなかった。もっと広い場所が必要になった。ヘンリー神父とファン・エクセム神父は、マザー・テレサたちの活動をずっと見守ってきたが、再び自転車に乗って場所探しをはじめている。そのころ、シスターたちは特別な祈りをはじめた。

シスター・アグネスが当時の様子を語ってくれた。ある日のこと、一人の男性がクリーク・レーンの家を訪ねて来て、適当な建物が売りに出ていると告げた。マザー・テレサを、その家があるロアー・サーキュラー・ロード54A番地に案内して、売り主にも会わせたという。

マザー・テレサはその男性とともに、売り主のドクター・イスラムに会いに行った。ドクターはかつて行政官を務めたこともある人物だった。彼は、なぜマザー・テレサが家のことを知っているのかと、驚いていた。家を売ることは、妻としか話しておらず、それ以外に誰も知るはずのないことだった。マザー・テレサを案内してくれた男性は、いつのまにか姿を消していた。ドクター・イスラムは、

マザーの奉仕活動を聞いて、感動したようだった。「お金だけがすべてではありません」と、ドクターはマザー・テレサに言った。

場所も広さも申し分のない家だった。マザー・テレサはファン・エクセム神父と大司教に相談した。神父はそのときの様子をこう言う。

「その場所を見に行きました。ちょうど家の前にイスラム氏が立っていて、家を眺めていました。彼は何かに心を動かされているようでした。しばらくすると、ちょっと失礼します、と言って、近くにあるモスク(イスラム教寺院)に出かけて行きました。わたしは小さな部屋で待たせてもらいました。そこは後に談話室になったところです。彼は戻って来て、再び家の前に立ちました。涙を流していました。彼は、『神がこの家を与えてくださった。わたしはそれを神にお返しします』と言いました。その返事を聞いて、わたしは帰りました。その後は彼の姿を一度も見ていません。彼は家を大司教に売りました。代金は、かなり安かったようです」

大司教はマザー・テレサから家の話を聞き、司教総代理のモンシニョール・エリック・バーバーに家屋の調査を指示している。その家をいくらで買ったのか、誰も知らないので、ある晩わたしはモンシニョール・バーバーを訪ねた。彼の話によると、教会はマザー・テレサに無利子で十二万五千ルピー(一九五三年当時で、約一万ポンド)を貸し与えたということだ。マザー・テレサはそのお金を返却したのだろうか。彼は近くの棚から会計帳を取り出し、彼自身が書き込んだ数字を見せてくれた。それによると、十年間にわたって、毎月千ルピーから三千ルピーが返却されている。

「返却は少しずつ、何度にも分けられて届きました。彼女は一ルピーも残さず、全額を返却していますよ」

モンシニョール・バーバーは笑いながら言った。

一九五三年二月、「神の愛の宣教者会」のメンバー二十七名は、ロアー・サーキュラー通りに引っ越した。この場所はその後の活動の拠点となり、「マザーハウス」と呼ばれるようになった。当時は塀に囲まれた三棟の小さな建物があった。二、三部屋だけのクリーク・レーンの家と比べて、新しい家はあまりにも広い。シスターたちは、戸惑いを感じたかもしれない。そして四十年後、この建物が修道会の中枢となり、キリスト教系の宗教組織としてもっとも輝かしい存在になろうとは、おそらく誰も想像しなかったに違いない。

一般的な言い方をすれば、この修道会は、いろいろな国の人々を会員にもつボーダレスな国際組織に成長したのだ。会員の多くは、世界中のもっとも貧しい人々である。軍事力やコンピュータ、テレックス、ファクシミリの助けは借りない(電話だけは一台ある。マザー・テレサはその経費さえも惜しんでいる!)。しかし、マザー・テレサの仕事は、インドの各地で、世界の百以上の国で、確実な成功をおさめているのだ。

6　マザーハウス

現在のマザーハウスは三階建てである。これといった特徴のない建物だ。住所はロアー・サーキュラー・ロード54A。小さな商店や屋台が並ぶ一角にある。最近になって地名が変わり、アチャリャ・J・C・ボース・ロードとなった。しかし、カルカッタの人々は元の地名を好んでいる。

路地を曲がったところにマザーハウスの玄関がある。車一台がようやく入れる程度の狭い路地だ。玄関の扉に「マザー・テレサ」と小さな表札が掛けられている。その下には、イン(在宅)、アウト(外出)と動かせる表示板が付いている。小さな穴から細いチェーンが出ていて、それを引くと、中で真ちゅうのベルが鳴る。なかなかいいアイデアだと思う。カルカッタでは「電力平均分配」の時間になると電気が停まってしまうので、電気のベルだと使えなくなるからだ。

ベルが鳴ると、修練生が素早くドアを開ける。その動作は、まるでドアのことだけに注意を向けているかのように迅速である。来客を案内する談話室は、小さな部屋だ。木のテーブルと、五、六脚の不揃いの椅子が置いてある。部屋の両側には、木製のベンチが造り付けられている。ペンキで塗られた二枚の掲示板が壁に掛けられて、「神の愛の宣教者会」の活動のリストが貼られている。写真も何点か貼ってある。そのうちの一枚は、マザー・テレサがローマ教皇パウロ二世と一緒に写っているものだ。

談話室は小さな庭に面している。庭では常に誰かが何かの仕事をしている。修練生たちが、使い古したブリキのバケツで地下タンクの水を汲み、修道服のサリーを手で洗濯していることもある。賛美歌を合唱する声が、聖母像のある礼拝堂から聞こえてくる。

「ミサに行きましたか?」

カルカッタを訪ねたある日、マザー・テレサが訊ねた。前に来たときにも誘われたのだったが、わたしは寝過ごしてしまった。そのことを覚えていなければいいが、とわたしは思った。

「明朝、六時にいらっしゃい」

笑みを浮かべながら、やんわりと誘う。マザー・テレサ独特の言い方である。いろいろな面を知ってほしいというマザーの意図は、わたしもよく分かっていた。祈りこそがマザー・テレサやシスターたちの活動力とインスピレーションの源泉であることを、著者としては知っておかねばならない。

翌朝、わたしは礼拝堂に入った。寺院やモスクと同じように、履物は外で脱いだ。最初に感じたことは、いままで見たどの礼拝堂より簡素だということだった。部屋は広い。壁には何の装飾もない。通り側の窓はすべて開けられている。椅子は一脚もない。床には粗末なジュート(黄麻)のマットが敷かれている。祈るときは、その上にひざまずくか、じかに座るしかない。簡素な祭壇の片側には大きな聖母像が安置してある。唯一の装飾は、像の足元に置かれた花瓶だろう。そこには小さな花が生けられていた。

わたしは二十人ほどのボランティアグループの近くに座った。反対側には、百人ほどの修練生たちがいた。彼女たちは白いサリーを着ていたが、青い縁取りは付いていなかった。祭壇に向かって正面に、シスターたちがいた。その最後の列には、壁にもたれて手を合わせ、一心に祈りを捧げるマザー・テレサの姿があった。

マザー・テレサとシスターたちは、いつも午前五時前に起床する。ミサがはじまる前の三十分が、黙想の時間となる。ミサが終わると、それぞれが決められた仕事に取りかかる。料理や掃除、事務処理などだ。八時前には、紅茶とチャパティ(パン)の食事をすませ、街頭へと散って行く。何人かは、すぐ近くにある「シシュバワン(孤児の家)」に歩いて行く。別の何人かは、中古のバンに乗り込み、カリガートへ向かう。二、三人はハンセン病の診療所へ行く。結核診療所や薬局、孤児院、そして看護学級、託児所にも、それぞれのチームが向かう。約二百五十名の修道女や修練生が、街の貧しい地域へ向かって、いっせいにマザーハウスから出かけて行くのである。

彼女たちには、守らなければならない規則がある。日常的なことでもっとも重要な規則は、外出は必ず二人でするということだ。わたしはマザー・テレサに、この規則は彼女たちの安全のためなのか、と訊ねたことがある。すると明快な答がかえってきた。

「福音書の中で、主は使徒を二人ずつお遣わしになりました」

この答の内容を、ファン・エクセム神父にもう少し詳しく聞いた。

「マザーは、困難な仕事に向かう彼女たちに気をつけるよう、注意しています。戦争や暴動が起きている場所(世界各地域)では、ときには物理的な危険が及ぶこともありますから。別の修道院にいる修道女は、単独でも外出します。しかし、『神の愛の宣教者会』では街頭に出たりスラムに入ったりという特別な内容の仕事をしますから、マザーは二人での行動の規則を絶対厳守にしています。それは賢明な方針だと思いますよ」

カルカッタのもっとも貧しい通りでは、シスターたちは防御をする必要はない。彼女たちの姿は、遠くからでも分かるし、貧しい人々の尊敬を集めているのだ。彼女たちは誰よりも貧しい生活をし、貧乏人を差別しないで平等にやさしく遇する。どこへ行こうと、危険が及ぶ心配はないのである。

「サンク・ゴッド。世界のどこへ行っても、トラブルに巻き込まれたことは一度としてありません。特にインドにおいては、聖なるものへの畏敬の気持ちがあふれていますから」

と、マザー・テレサはいつもの口調で言う。

もう一つ重要な規則は、修道院の外や仕事場で飲食をしてはいけないということである。たった一杯の紅茶さえも飲んではいけないという。インドの夏は暑い。外で仕事をして喉が渇かないはずはない。そういうときのために、シスターたちは、水を入れた瓶を持ち歩いている。瓶は安っぽいプラスチックのものか、薬の空瓶である。

「神の愛の宣教者会」の規則には、マザー・テレサの合理的な一面がのぞいている。数年前、初めていくつかの質問をしたとき、わたしはまず、デリーの長官室で出された一杯の紅茶をなぜ断わったのかと訊ねた。そのときの答は次のようなものであった。

「シスターやわたしが出かけた先で、人はその人なりに『ありがとう』と言ってくれます。紅茶を出してくれたり、冷たい飲み物や食べ物を出してくれることもあります。実はそういう人の多くが、貧しい人々なのです。彼らの親切は断わって、金持ちからだけ受けるというわけにはいきません。いっそ誰からも受けない、という方がさっぱりするでしょう？　その方が誰の気持ちも傷つけずにすみますからね」

シスターたちの生活は、貧しい人々と同じように質素である。たとえばどこかへ移動するさいに、ふだんは歩いて目的地へ向かう。遠方なら公共の乗物を使う。カルカッタで、シスターと一緒にわたしも満員電車に乗ったことがある。シスターには、いつも誰かが席を譲ってくれた。世界のどの街へ行っても、彼女たちの行動は身軽である。

シスターに同行してローマの街を歩いたことがある。

「ほんのすぐですよ」

と、二人のシスターはこともなげに言った。しかし、エイズ患者が住む朽ち果てた部屋に着くまで、少なくとも三キロは歩いたと思う。その日は冷たい霧雨が降っていた。シスターたちは歩きながら、祈りを捧げていた。次に訪ねる家にも同行するかと、シスターがわたしに訊ねた。

「五つのロザリオほどですわ」

と言う。わたしにはその言葉の意味がすぐには理解できなかった。何のことか分からず、困った表情をしていると、二人は吹き出して笑った。彼女たちはロザリオの祈りを捧げながら、それで距離も測っているのだと説明してくれた。

昼の十二時ごろ、シスターたちは昼食にもどって来る。午後一時から三十分の休憩。一日中めいっぱい働くので、三十分の仮眠は活力を回復させる貴重な時間となる。マザー・テレサがパトナにいるとき、マザー・ベンガルが授けてくれた助言がいまも守られているのである。一日を二つに分けなければ、シスターたちが元気よく午後の仕事に向かうことはとうてい難しい。午後二時、シスターたちは再び歩き出す。何人かは別の仕事に向かう。仕事が単調になるのを避けるためでもある。仕事は、午後六時まで続く。それから、マザーハウスにもどって来る。その後、一時間の礼拝。そして、団らん、食事となり、食事がすむと、三十分の祈りの時間。午後十時、就寝である。

マザー・テレサの仕事のスケジュールは、シスターたちとは違っている。一年の半分ほど、インド国内や世界に広がる支部を訪問している年もある。当然、各地のシスターたちはマザー・テレサの来訪を心待ちにしている。

「マザー・テレサはいついらっしゃるかしら？」

というのが、毎日のあいさつのようなものである。マザー・テレサが訪ねて行くところには、シスターたちが解決できないでいる問題が山積みされている。

マザー・テレサは、難問の解決のために必要だと思えば、友人のベンガル州知事にすぐに会いに行く。ニューデリーの知事に直接会いに行くこともあるし、首相にも会う。マザー・テレサがそのような行動をするたびに、地元の新聞や雑誌の取材が追いかけて来る。

マザー・テレサは、毎日多忙をきわめている。講演会の招待は毎日のようにある。宗教的な行事もある。病気の人々のお見舞いにも足を運ぶ。新しい施設をつくる建物の視察にも行く。司祭や司教が、マザー・テレサに会うために地方からやって来る。これらの事柄を次々にこなしている最中にも、さらに一般の人々が訪ねて来て、寄付を申し出たり、写真を一緒に撮りたいと言ったり、問題を相談したり、祝福を求めたりするのである。できるだけたくさんの人に、マザー・テレサは「名刺」を手渡している。黄色の小さなカードには、次のような五行の言葉が印刷されている。

沈黙の果実は、祈りである
祈りの果実は、信仰である
信仰の果実は、愛である
愛の果実は、奉仕である
奉仕の果実は、平和である

マザー・テレサ

シスターたちがベッドに入ったころも、マザー・テレサの一日はまだ続いている。小さなオフィスで書類や手紙類に目を通す。わたしがこれまでに受け取った手書きの手紙やメモなどは、このような夜に書かれたものが多い。手紙からはマザー・テレサの誠意が伝わってくる。病気になる前は、電話にも出ていた。電話のベルが鳴るとすぐ受話器を取り上げ、

「はい、マザー・テレサです」

と、きっぱりとした声で応答したものだ。

マザー・テレサは休日をとらないが、シスターたちは木曜日には通常の仕事にはつかないことになっている。その日は、建物の掃除や床磨きなどを行ない、神学の勉強もする。その日はまた、観想の日でもある。一年に一度か二度、ボランティアの人たちはどこか静かな場所へピクニックに行くことがある。この日の仕事は、ふだんから手伝っている修練生たちが代わって行なうことになる。このような手伝いは修練生たちにとってはよい体験となり、修練生同士の信頼関係が深まっていく。

木曜日は、繕《つくろ》いものをする日でもある。シスターたちはそれぞれ三枚のサリーを渡されている。仕事がきついので、サリーはしょっちゅう破けてしまう。マザー・テレサのサリーはその代表例のようなものだ。かぎ裂きを繕う縫い目が、あちこちにある。縫い目はまるで美しいステッチのようにほどこされ、一つの穴も残されていない。美しく清潔なサリーは、貧しい人々と手を携えているという証しのようにも見える。

三枚のサリーの他に、シスターや修練生たちには小さな十字架が渡される(サリーの肩のところにピンで留める)。それから、ロザリオ、金属で縁取りされた一枚の皿、薄いわらぶとん(「死を待つ人の家」で使われているのと同じもの)。それがシスターの持ち物のすべてである。

マザーハウスの談話室には、一台だけ扇風機が置いてある。来客用だが、その扇風機が動いているのをわたしは見たことがない。マザーハウスにいると、不思議に暑さなど忘れてしまうようだ。

現代のような物質主義の時代においては、「生活の向上」という言葉に象徴されるように、物を所有したいという欲望がふくらんでいる。シスターたちの生活はまさにその反対、清貧の極致にある。マザー・テレサが、洗濯機を寄贈したいという申し出を断わっているのもこの清貧の精神からだ。ごく最近では、停電のときにも電源を供給できるようにと発電機の寄贈の申し出があったが、それも断わっている。電話だけは、みんなの説得もあって、ついにその有効性を認めた。一台だけあるその電話は、これまで一度も故障したことがないと聞いて驚いた。この街では、電話の不通などよくあることなのに。

テレビもビデオもファックスもなく、オーブンやトースターも置いていない。台所では、かまどに鍋がかけられ、石炭のほそぼそとした炎でゆっくり料理がつくられている。ラジオは、世界のニュースを知るために必要なのではないかと訊ねてみると、

「いりません」

というマザー・テレサのきっぱりした返事がかえってきた。

「わたしたちには現実があります」

「神の愛の宣教者会」の現実は、厳しいといえる。しかし若い人たちが多いその生活は、驚くほど充実しており、喜びに満ちている。「神の愛の宣教者会」のシスターたちは、どこで奉仕の活動を行な

おうと、幸福そのものといった表情をしている。いつも明るい気持ちでいること。それが、第一番目に大切なことなのである。

「会の人たちは、奉仕活動の中で愛と喜びを感じています」

と、マザー・テレサはいつも言っている。仕事への愛、神への全幅の信頼、そして明るさが、彼女たちの精神の一部となっているのだ。

「わたしたちが神と人々への感謝をあらわす一番の方法は、すべての事柄を喜びとともに受け入れることです」

と、会の憲章にも記されている。

なぜ明るい性格が大切な条件なのか。それは、おのずと分かる。正式のシスターになるまでの訓練期間は長く、しかも厳しいものだ。実際に仕事をしながら、教理や神学などの勉強もしていかなければならない。何十年にもわたって、この訓練の厳しい内容は変わっていない。現実の場面ではさまざまな知識や技術が必要となるし、状況を判断するための知性や常識も必要となる。会に参加しようとする若い女性たちは、家族や愛する人たちとの関係を断たなければならない。両親が亡くなったり、遠くの国に活動に出る場合などに限って、一時帰宅が許されているが、それは十年に一度くらいだ。

そのような厳しい条件があるのに、「神の愛の宣教者会」は、いまやもっとも大きい修道院の一つとなっている。教会に来る人が減っている現在、マザー・テレサの会に入会したいと願う人々が増え続けているのは、驚きである。志願者の多くは、高等教育を受けた良家の子女たちだという。

シスター・アグネスに、両親の反応はどのようなものだったのかと、訊ねてみた。彼女は、マザー・テレサの名前も活動も知られていなかったころの最初の協力者であり、一九四九年から行動をともにしている。

「母は、とても落胆していました。カルカッタに住んでいましたが、一九五三年までわたしに会おうとはしませんでした。母が受け入れてくれるには、長い年月が必要でした」

シスター・アグネスはそう話してくれた。

あるシスターは、修道会を離れるようにという強い説得を両親から受けている。説得は長い間続いたが、娘の安らかな様子を見ているうちに、ようやく許す気持ちになったという。

「親は、自分の子どもを神に差し出すことに喜びを見出します。それは大きな犠牲をともなうことです。しかしその犠牲的な行為は、神に捧げられるものであるかぎり、悲しみをともなうものではありません」

と、マザー・テレサは言う。

マスコミが、修道会を去った女性たちの話を書き立てることがある。二年前には、シスター・エマキューズという修道女が、マザー・テレサの独裁的な行動を批判し、ひどい仕打ちを受けたと告発した。その告発は、ある新聞に掲載された。記事によれば、同じ時期に数人の修道女も退会したということだった。

数週間たったころ、わたしはカルカッタに行き、その話に触れた。カルカッタに住む共労者が知らせてくれたその新聞記事で、マザーは明らかに傷ついていた。そういう名前のシスターは実在しません、とマザーは言った。記事の内容はまったくの作り話。そればかりではなく、「神の愛の宣教者会」が事実を書いて新聞社に送った手紙は掲載されなかったという。

「まったくひどい。新聞は、わたしたちの共労者の手紙を掲載すべきです」

と、マザー・テレサは言った。

「新聞の売り上げを伸ばすためにそのような記事を掲載したのなら、残念なことです。どうしてそんなことにわたしたちの名前を使うのでしょう?」

しかし、修練生やシスターの退会がまったくないわけではない。会を離れたければ、いつでも退会できる。たくさんの少女が修道会を訪れ、召命が自分にとって本当のものかどうかを知るために、二、三週間あるいは二、三ヵ月の体験生活をする。生活が厳しいと感じる人もいるし、家族のもとに戻りたい、あるいはやはり結婚を選ぼうと思う人もいる。しかし、誓願を立てた修道女が去って行くケースは比較的少ない。これはたぶん、マザー・テレサのもつカリスマ性や修道女たちの結束力に関係していると思われる。修道会は大きくなり続けているが、それがこれからも続くかどうかは誰にも分からない。いまのところは去る人よりも入って来る人の方が多い。現在は世界中に約四千人のシスターと修練生がいる。

シスターに志願する条件としては、心身が健全であること、学習能力があること、常識がゆたかであること、ほがらかな性格であることがあげられている。訓練期間のスケジュールとしては、まず六ヵ月の志願期間、さらに一年間の猶予がもうけられている。志願期間が終わると、修練期間が二年。それが終わったときに、最初の誓願が許される。修道立願をしたシスターは五年間を、通称「ジュニオレイト」として活動する。その間は毎年、誓願を改めていく。六年目の誓願は、第三修練期の誓願と呼ばれ、その後に終生誓願を立てることになる。終生誓願を迎えたシスターは、その前に三週間の帰宅が許されている。終生誓願後の生活は、大変厳しいものになる。最後の決定をする少女たちを家に帰し、修道会に残るのか、あるいは去るのか、もう一度よく考えるようにというマザー・テレサの配慮である。

ローマで、エイズ患者の家を訪問している二人の「テルティアン」(第三修練期生)に質問をしたことがある。一人はアイルランド人、もう一人はスイス人だった。二人とも年齢は二十代後半。手織り木綿のサリーの上に、質素なオーバーコートを着て、丈夫な靴をはいていた。ローマの街を一緒に歩いていたとき、最新のファッションに身を包んだおしゃれな少女たちとすれ違った。その少女たちが通り過ぎた後、わたしは二人の修道女に、きれいな服を着たり化粧をしてみたくならないかと訊ねた。二人とも、わたしが何か面白い冗談でも言ったかのように、ほがらかな笑い声をあげた。そして、そういうことはもう十分に楽しんだと言った。若い時代よりいまの方が精神的に充実している。そのことは、わたしにも伝わってきた。

シスターたちが、現代の伝道者であると言うつもりはない。イタリアはカトリック教の国である。改宗の必要はない。インドでは、十八世紀以降存在してきた伝道者の役割は、一九四七年に結実した独立運動の中に組み込まれていた。

マザー・テレサは、死者の数を数えたり、洗礼をほどこしたり、死の床で改宗をすすめるといったことの必要性はもはや感じてはいない。キリストとともに生き、貧しい人々の世話をすることによって神への奉仕を行なう。マザーは神とともにいるのだ。

「わたしはイエス・キリストと結婚しました。あなたに妻がいるのと同じようなものですよ」

ある日マザーはそのように説明をはじめた。彼女が言いたいことは明らかだろう。

彼女のこのような態度に批判的な人々もいる。

「わたしは改宗させてあげますよ」

と、笑って言ったことがある。そのような批判に対してマザーはどう思っているのか、気持ちを聞いたときの返事である。

「わたしは、あなたをヒンズー教徒にもカトリック教徒にも、イスラム教徒にもジャイナ教徒にも仏教徒にも改宗させてあげますよ。もしそれで、あなたが神を見つけることのお役に立つのなら。もし神と出会えたら、あなたが何をするか、それはあなた次第です」

「シシュバワン」の赤ん坊たちは、両親がキリスト教徒でないかぎり、あるいはキリスト教徒の家庭に養子になる場合でないかぎり、洗礼を受けることはない。実際、たいていの子どもは、ヒンズー教徒の家庭に養子になっていく。そのような子どもに洗礼をほどこすことは、思慮を欠くばかりでなく、罪深いことだと、マザー・テレサは考えている。

同様に、カリガートでは、死者はイスラム教徒あるいはキリスト教徒とはっきり分からないかぎりは、すべて火葬にされる。

わたしはこれまでただの一度も改宗をすすめられたことはない。マザー・テレサがよく口にするのは、

「もうお祈りをはじめた?」

という言葉だ。マザー・テレサにならお祈りを捧げることができると言ったら、彼女は笑って言った。

「それなら、いいのよ。わたしがあなたのためにお祈りをしましょう」

それから真面目な顔で、

「わたしの神への祈りは、あなたが捧げなくてはならないのよ」

と、付け加えた。

けっして変えてはならない原則が一つだけある。それは「神の愛の宣教者会」のメンバーは、街頭に出て仕事をしなければならないということだ。

「見たでしょう? ハンセン病患者が、ダパやチタガールやスラム街からわたしたちのところに来るのが、どんなに大変なことか。わたしたちの方から、彼らのもとに行かなければならないのですよ。塀の中に閉じこもっていてはだめなのですよ」

と、マザー・テレサは言った。

マザー・テレサが建設を許している施設は、子どものための施設、(カルカッタのプレムダンのような)精神障害者の施設や、ハンセン病患者のための施設、死を待つ人の施設だ。これらは、施設がないと治療ができないということで、特別なカテゴリーに入るものだ。これらの施設を運営しているのは、ごく少数のシスターたちである(修練生とボランティアの助けも借りている)。

シスターたちは、自分たちが必要とされているスラムや各地域に出かけて行く。これはマザー・テレサの基本的な考え方であり、修道会の基本原則である。

「『神の愛の宣教者会』は、現実のキリストである貧しい人々や身分の低い人々に心を配ることで、この地上で常に正しい位置にいることができるのです」

マザー・テレサは、定期的な収入となる基金の申し込みを辞退し続けている。あるとき、地方の金持ちが多額の寄付を申し出た。条件としては、元金には手をつけず、利子だけを使うというものだった(それでもかなりの額である)。もし、必要とされる状況があっても使えないのだとしたら、そのお金の意味はどこにあるのだろう、とマザーは思っている。

「わたしはビジネスのために仕事をしたいとは思いません。愛という仕事をしているのですから」

必要なものは神が与えてくださる、という彼女の信念はゆるぎない。

「わたしはお金のことで思いわずらうことはありません。いつも必要なだけ入ってきます。わたしたちは神のためにできるだけのことをし、神はわたしたちを守ってくださる。もし神が、わたしたちに仕事をさせたいとお考えなら、必ずその手段もお考えくださいます。もし手段をお示しにならないときは、その仕事はたいした意味を持たないものなのでしょう。忘れてしまいます」

マザー・テレサは政府や教会の救済的な援助を受けようとはしない。なぜなのか、その理由は明快である。両方とも、帳簿を付けて提出しなければならないからだ。現在、「神の愛の宣教者会」の支部は世界中に四百六十八ある。帳簿を付ける作業に、少なくとも一人のシスターが携わるとなると、そのために四百六十八人が各自の本来の仕事から離れてしまう。孤独に悩み、苦しんでいる多くの人人を慰めることができなくなってしまうのだ。それでは会計係の集団をつくるだけのことになってしまう。

マザーハウスの小さな事務所では、三人のシスターたちが古いタイプライターに向かい、まるでハンマーでたたくかのような猛烈な勢いでタイプを打ち続けている。百以上の国々と連絡を取り合って、毎日忙しく事務に追われている姿を見ていると、シスターの「本来の仕事」ではないと嘆くマザーの気持ちがよく分かる。

ノーベル賞を受賞する以前、マザー・テレサの名前はその活動も含めてあまり知られていなかった。しかしそのころには、「神の奇跡」がたびたびあらわれていたという。

デリーの「シシュバワン」で食べ物がまったくなくなってしまったときのことを、マザー・テレサが話してくれた。食べ物が不足していた。一番安いダール(ひら豆)を買うお金も残っていない。シスターたちは、米をゆでる用意をはじめた。わずかなお米と塩でしのぐしかない。ちょうどそのとき、インディラ・ガンジー首相の家から車が到着した。車には長男の妻、ソニアがよこした新鮮な野菜がたくさん積まれていた。

「その日、子どもたちとシスターたちは、たっぷりと食べましたよ」

と、マザー・テレサはくすくす笑った。

本来の仕事を忘れないためにも、マザー・テレサは基金の申し出を断わってきた。いまも基金集めをすることは事実上禁じられている。共労者たちも、会のためにお金を調達することは許されていない。受け取った寄付は、教区の上長者に渡され、使い道が検討される。それから、必要とされるホームなどに配られるのだ。基金を設立して、投資を行なうというようなことはない。

「お金を銀行に預ける必要はありません。わたしは人々のために使うお金が必要なだけなのですから」

と、マザー・テレサは言った。

寄付金は、すぐに薬品(主にハンセン病や結核のための)や食べ物、粉ミルクを調達するために使われる。寄付金が、途方もない金額にのぼることもある。最近の大口の寄付の中には、一件三百万スイスフラン(約三億円)というものがあった！ そのお金は、当時一番必要と考えられた東ヨーロッパ地域に送られた。しかし、注目すべき点は、どんなに多額のお金が集まろうとも、どんなにお金の重要性が分かっているとしても、マザー・テレサが資金の調達を熱心に進めようとはしないということである。マザーが使うのは、「神に捧げられたお金」だけなのだ。

マザーハウスにあるマザー・テレサの部屋では、薄暗い照明しか使われていない。

「もっと明るい照明を取り付けることはできないんですか？」

わたしはからかい半分で、そう訊ねた。そのときのマザーの返事は、いつもと違って大真面目なものだった。

「わたしがいただいたお金は、ビジネスのためのものではありません。神に捧げられたお金です。お金を寄付してくれた人々は、たくさんのものを犠牲にしているのです。彼らはなるべく安い服を買い、食事も切り詰めているのですよ。ヒンズー教徒の若いカップルの話をしたことがありましたっけ？」

と、マザーは言った。わたしが首を振ると、彼女は続けた。

「彼らはお互いにとても愛し合っていて、その愛と喜びをわたしや貧しい人たちと分かち合いたいと願っていました。二人は結婚式のために高価な服を買うことをやめ、ふつうの服を買いました。祝宴もなく、高価なサリーもありませんでした。そうやって節約したすべてのお金を、わたしにくださったのですよ」

翌日、わたしは談話室でマザー・テレサの横に座って話していた。何人かの人が、部屋に入って来た。その中に、スイスの銀行家と大きなスーパーマーケットチェーンであるミグロスの重役がいた。十八か十九歳のカルカッタの少年も恥ずかしそうに立っていた。二人のスイス人は、マザー・テレサに名刺を差し出した。マザーも、すばやく名刺を渡した。そして、

「さぁ、お祈りしましょう」

と言った。それからわたしの方に向き直ると、

「あなたも一緒にね」

と、笑いながら嬉しそうに言った。

マザーの大きな笑い声につられて、全員が一緒に笑い出した。銀行家は、長い間ヨーロッパのマザーハウスに寄付をしていることを告げた。

「サンク・ゴッド」

と、マザーは言った。ミグロスの重役は、会社の方針として、店全体の利益の一パーセントを毎年慈善事業に寄付しているということを話した。二人とも、マザー・テレサの仕事を手伝いたいと申し出た。マザー・テレサはその申し出を受けた。

「最近、ルーマニアにホームをつくりました。みんな貧しく、寒さに耐えながら暮らしています。すぐにでも、食べ物と服が必要なのです。ルーマニアのシスターに直接物資を送っていただけますか?」

重役はできるだけ早く物資を送るよう、手続きをすると約束した。

マザーは若いベンガル人のスボルト・ミトラに声をかけた。彼は何か言いたそうにもじもじしていたが、言葉がなかなか出てこない。マザーはやさしく語りかけた。最初は口ごもっていたが、やがてタンバリンをたたくようにすらすらと言葉が出てきた。彼は一時間以上も外で待っていた、と言った。子どものころからマザー・テレサの名前を聞いていたが、マザーハウスを訪ねるのは初めてだという。昨日、初めての給料六百ルピーをもらった。それを本当に貧しい人々のために使ってもらいたい。マザー・テレサに渡すように助言したのは、母親である。それだけを一気に話すと、青年は封筒をマザーの足元に置いた。マザーは、ひれふす彼の頭にやさしく手を触れ、体を起こしてやった。そして、祝福をほどこした。中流階級の家庭にとって、給料がどんなに大切なものか、マザーはよく知っている。親にとっては、長い間の苦労のたまものである。一瞬、マザー・テレサは感謝の気持ちに身を委ね、わたしたちのいることすら忘れているようだった。

談話室には、「神の愛の宣教者会」の世界での活動を記した手書きの組織表が掲げられている。社会的な活動として、児童福祉や教育施設、家庭訪問、託児所、食事の配給、アルコール中毒者のための家、宿泊所、家族計画センターなども含まれている。医療活動としては、診療所、ハンセン病の治療施設とリハビリセンター、社会に見捨てられた者や身体障害者、知能障害のある子どもたち、未婚の母、ひん死の病人、そしてエイズ患者のための家の建設がある。教育活動としては、さまざまなスクールの他に、裁縫や手工芸や商業を教えるクラスもある。使徒職の名前の下には、刑務所慰問や家庭訪問、教理学習クラス、活動グループや日曜学校の名前が書かれている。

活動の内容はしだいにふくらんできている。最初の十年間は、会の活動はカルカッタの中だけに限られていた。十年間は、司教区から出て新しいホームを開設してはならないという教会法があるためである。マザー・テレサは、この規則を忍耐強く守らなければならなかった。マザー・テレサを見守っていたペリエ大司教は、この点だけは絶対に譲歩しなかった。一九六〇年になってはじめて、カルカッタ以外の場所にホームを開設することを許された。最初の家はランチという町につくられた。そこは、インドの少数民族の居住地域である。二つ目のホームはデリーにつくられたが、ネール首相自らが開設式を行なっている。

「首相は病気で寝ていました。それなのにわざわざ出席してくれたのです。わたしは自分の仕事について説明しようとしました。すると首相は、『マザー、説明は不要だよ。あなたの仕事のことはよく知っている。だからわたしはここに来たのだ』と言いました」

ネール首相は、マザー・テレサをインドの最高の賞であるパドマシュリー賞に推挙した。一九六二年、大統領から賞が贈られた。その賞がインド人以外の人物に贈られたのは、初めてのことだった。

新しいホームが、次々と開設されていく。一九六〇年には、ジャンシとアグラ。一九六一年には、ハンセン病センター「シャンティナガル(平和の村)」の土地が確保された。アムバラ、バガルプール、アムラバティ、ゴア、ボンベイで、ホームが開設された。パトナとダージリンでも開設された。こうして一九六〇年代の終わりにはインドに二十五のホームができ、一九八〇年代の終わりには八十六に増えている。一九九一年現在では、百六十八のホームがつくられており、その数はいまも増え続けている。

海外での活動も広がっていった。海外での最初のホームは、ベネズエラのカラカスで開設された。一九六五年のことだった。開設に至る経過は、少し複雑である。当時、修道会はカルカッタの大司教の管轄下にあった。マザー・テレサはペリエ大司教に活動の報告を行なっていた。大司教は、マザー・テレサの活動があまりにも急速に展開していくことを心配していた。ましてや、地球の反対側にある遠方の国で、ホームを開設することを許すはずはなかった。

しかし、ベネズエラでのホーム開設の話を持ちかけたのは、ニューデリー在住の教皇大使、ノックス大司教だった。ローマで開かれた会議に出席したとき、教皇大使は、ベネズエラにいるアフリカ移民が家がなくて困っているという話を耳にした。そのとき教皇大使は、あなたならその人たちを救う手段を知っていると告げられた。マザー・テレサと「神の愛の宣教者会」のことをほのめかされたことに、教皇大使は当然のことながら気づいていた。

ペリエ大司教としては、教皇大使の申し出を断わることは難しい。一九六五年二月になって、「神の愛の宣教者会」はバチカンが直接管轄することになった。教皇庁が決定権を持つことになったのである。ベネズエラのホーム開設の計画が具体的にはじまった。

ベネズエラの司教の招待を受け、マザー・テレサはまず現状視察に訪れる。このような手続きの踏み方は、後にホームを開設する際の基本的な方法となる。すなわち、ホームを開く予定の教区の司教がまずマザー・テレサを招待する。それを受けて、マザーが現地に赴き、状況を把握するという方法である。

マザーはベネズエラの窮状を見て、会のシスターを派遣する必要性があると判断した。最初に派遣された四名のシスターは、すべてインド人である。一行はマザー・テレサとともにベネズエラへ向かう途中、バチカンに寄り、教皇の祝福を受けた。やがて、派遣されたシスターの数は三百名ほどにのぼる。それだけの人数が必要とされるほど、状況は困難であった。

一九六八年には海外で二つ目のホームをローマに開設し、一九六九年にはオーストラリアにも二ヵ所開設した。オーストラリアのホームは、一つはアルコール中毒者とドラッグ中毒者のためのホームで、もう一つは先住民であるアボリジニのためのホームである。

一九七〇年には、ロンドン、ヨルダン、そしてベネズエラにはさらに二つのホームが開設された。その後、数ヵ所で実に迅速にホームが開設されている。ニューヨークのブロンクス地区、バングラデシュ、北アイルランド、イスラエルのガザ地区、イエメン、エチオピア、シチリア、パプアニューギニア、フィリピン、パナマ、日本、ポルトガル、ブラジル、そしてアフリカのブルンジである。さらに、英国やアメリカ合衆国、旧ソ連、北アフリカ、そして東ヨーロッパの各地で、ホームの開設が実現した。マザー・テレサが生まれた国、アルバニアにも開設されている。

このようにたくさんの国々でホームの開設を実現していくことは、たやすいことではない。旧ソ連での開設は、困難をきわめた。マザー・テレサは、ゴルバチョフ書記長(当時)にあてて何通も手紙を書いた、と話してくれた。返事がもらえなくとも、つぎつぎに手紙を書きおくった。さりげなく催促するため、ゴルバチョフ氏にカードもおくったが、前述したように、その日はなんと「聖ミカエルの日」だった! マザーはにこにこしながら、そんな話をしてくれた。

ついに許可が降りたちょうどその日、大災害が起きた。一九八八年十二月七日、アルメニアで大地震が発生したのだ。マザー・テレサは薬品や衣類など必要な救援物資を携え、シスターたちとともに飛行機に乗り込んだ。その実績で、後の活動がやりやすくなったという。現在、旧ソ連には十のホームが開設されている。

南アフリカでの活動には、わたしもいささか貢献できる機会があった。インドは、南アフリカとは外交上の関係を持っていない。つまり、インド政府が発行する外交官パスポートを持つマザー・テレサは、入国できないのである。マザーはわたしに言った。バチカンからもパスポートが支給されているが、いつものようにインド国のパスポートを使いたい。もし、パスポートが理由で入国できないのなら、行かないことにする、と。そのときすでに六人のシスターがナイロビに到着していて、南アフリカへの入国許可が降りるのを待っていた。六人のうち、四人までがインド人だ。わたしは、ニューデリーにいる大臣秘書官のB・J・デシュムク氏に連絡を取り、パスポートの問題を相談した。問題は二、三時間で解決した。マザー・テレサは、一般のパスポートを手に入れることができた。このパスポートを使えば、外交上は何の問題もない。南アフリカ政府は、マザー・テレサとシスターたちに即座にビザを交付した。デリーに戻って来たマザーは、ケープタウンに初めてのホームが開設できたと、満足そうに報告してくれた。

一九八八年にバチカンでホームを開設したときの興味深いエピソードがある。ローマの労働者階層の地域には、すでに三軒のホームが開設されていた。しかし、マザー・テレサはいまだに貧しい人がいるバチカンに四番目のホームをつくることの意味深さを確信していた。ある日、バチカンに滞在していたマザーは、教皇パウロ二世にそのことを告げた。教皇は身を乗り出すようにしてマザー・テレサの話に耳をかたむけた。次にバチカンを訪ねたとき、マザーは再び教皇にその話を切り出した。教皇はすぐに適当な家を見つけるようにバチカンの担当者に指示を出した。家探しは、簡単ではなかった。バチカンは狭い土地である。余っている場所などはない。数ヵ月がたった。マザー・テレサが再びバチカンにやって来るという。来れば、おそらくやんわりと催促をすることだろう。教皇は担当者に進行状況を訊ねて、次のように言った。

「マザー・テレサはわたしに会うと、すぐに催促してきますよ」

四度目の催促がある前に、バチカンは準備することができた。マザーに催促されたときのために、その家の鍵を預かっていたい、と教皇は言ったそうだ。

マザー・テレサがバチカンにやって来た。教皇は祝福を授けるとすぐ、新しい家の鍵を差し出した。その家は、バチカンの古い建築物で、集会に使うホールのすぐ近くに立っている。マザー・テレサは笑顔を浮かべて喜んだ。

「貧しい人々の居場所がようやくバチカンにできました。わたしたちの(貧しい)人々は、チケットを買わなくともバチカンに入って行くことができる唯一の人々です」

「マリアの家」と呼ばれるこのホームには二つのダイニングホールがあり、それぞれ六十人分の席が用意されている。また、高齢の女性のための寮もある。夕飯の配給を受ける人々は、午後四時から列に並ぶ。六時になるとドアが開けられ、最初の配給がはじまる。空腹のままで帰る人はいない。

食べ物は買って調達しているのかと、責任者のシスター・バロッティに訊ねてみた。彼女は笑って答えた。

「わたしたちは何も買う必要がないんですよ。当初はマーケットに行って、野菜や魚、肉などの食べ物の托鉢を行ないました。いまでは、みなさんが持って来てくださるのです」

設備のととのった大きな台所では、たくさんのボランティアが働いていた。その中に、五十二歳のルチアナと二十五歳の娘のベンチュレッラが、野菜を切ったり、洗ったりしていた。

「家で料理をするのはおっくうなのに、ここではちっとも嫌ではないわ」

と娘が言った。三十五歳のリカルドは、食事の配給係をしていた。アリタリア航空でスチュワードの仕事をしているという。どうやってボランティアの時間を捻出しているのか、訊ねてみた。

「フライト勤務の間に、二、三日の休みがあるんですよ。休日になると、こうして来てるってわけです」

と、笑顔を見せた。

ある肌寒い冬の午後、「マリアの家」にいると、玄関のベルが鳴った。わたしはシスター・バロッティと一緒に玄関に行った。雨の中で寒そうに立っていたのは、十六歳の少年だった。防寒服を持っていない様子である。モーリシャスから来たのだという。玄関の横を見ると、誰かが置いていった大きなキャリア・バッグがあった。中を開けて見ると、たくさんの衣類が入っていた。一番上に、暖かそうな白いジャケットがあった。シスターはそれを指差して、着てみて、と言った。少年の顔が嬉しそうに輝いた。大きさもちょうどよかった。シスター・バロッティも嬉しそうにほほ笑んでいた。この出来事をマザー・テレサに話すと、深くうなずいて言った。

「そういうことが、一日に何度も起きるのです。いつものことなのですよ」

バチカンでの話をしながら、「神の愛の宣教者会」の運営がうまくいっている理由について、マザー・テレサの考えを聞いてみた。インドから遠く離れている場所で、すぐに活動が開始できるのはなぜなのだろうか。マザー・テレサは、なぜそのような質問をするのか不思議、とでも言いたげな表情で聞いていた。そして、

「わたしたちは経験が豊富なんです。そう思いませんか？　もう三十六年間もこの仕事をしているのですよ」

と答えた。

わたしたちはお互いに顔を見合わせて笑った。マザーは続けて言った。

「どこで何が起きようと、人々が何を求めているのか、わたしたちが何をすべきなのか、即座に判断します。後は、それを実行するだけです。洪水が起きると、シスターはまず食べ物を準備します。それを政府がヘリコプターで運んでくれます。たくさんの団体がやって来て援助活動がはじまると、シスターたちも手伝います。全員の活動体制がととのったら、シスターの仕事は終わりです。会には、立派に仕事をしてくれるシスターが大勢いるんですよ」

会の運営は絶妙にうまくいっているが、すべての権限がマザー・テレサに集中しているという弱点はある。すべての事柄をマザー・テレサが掌握しているのかどうか、訊ねてみた。

「わたしたちの会には、たくさんのシスターがいます。ホームにはそれぞれ上長者がいます。さらに、いくつかのホームを管轄する地域上長者がいます。それぞれの地域上長者は、たとえば西ヨーロッパやアメリカなどといった管区の責任者となっています。さらに四人の顧問総長を置いています。わた

したちの会は、宗教団体です。教会法があり、それにのっとって活動を行なっています。教会の法と規律は、神の愛の中でどう生きるかを教えてくれますし、わたしたちの生活を指導し、指示してもくれます。そうでなければ混乱が起きてしまいますから。どの国に行っても、わたしたちの活動の方法はまったく変わりません。シスターたちは床に座り、貧しい人々と同じ食べ物を食べ、同じ生活をしています。マザー・テレサは同時にすべてのホームにいられるわけではありませんが、仕事は尽きず活動は続いています。神がなさる仕事は、正しく行なわれなければなりません。もしその仕事をお金のためにできるなら、神への愛のためにやれないはずはないでしょう?」

もしマザー・テレサが亡くなったら、「神の愛の宣教者会」はどうなるのだろう。多くの人が、会の将来を知りたいと思っている。わたしは失礼を承知で訊ねてみた。マザーは天を指差して言った。

「わたしが召されるまで、待って」

それから、かなり真剣な表情をした。

「将来もわたしたちが貧しい人々とともにあり、裕福な人々が奉仕することを心がけるようになれば、すべてはそれでよいのです」

宗教団体である「神の愛の宣教者会」には、細かく定められた憲章と規則があり、すべての状況に対応できるようになっている。総長と四人の顧問総長は、六年ごとに選挙によって選ばれる。投票を行なうのは約百人のメンバーで、すべての地域上長者と管区の代理人が含まれる。メンバーは、一九六七年から六年ごとに集まって会議を行なっている。最近行なわれた会議は通常より一年早く、ローマの特別許可を得て、一九九〇年に行なわれた。選挙は無記名投票、圧倒的な多数票を得なければならないことになっている。

ファン・エクセム神父によれば、マザー・テレサが引退をほのめかしたことは一度ならずあったという。最初は一九七三年、マザー・テレサは六十三歳だった。二度目は、地域上長者の会議があった一九七九年。そのときマザー・テレサはシスターたちに言った。

「わたしは年をとり、疲れました。もう仕事を続けることが難しくなりました。若いシスターに代わってもらいましょう」

一九八三年、七十二歳のときにマザー・テレサは重い病気にかかってしまった。そんなことは初めてだった。ローマのホームにいたときで、ある夜ベッドから出ようとして倒れてしまったのだ。

「幸運なことに、それはMC（神の愛の宣教者会）のベッドでした」

と、ユーモラスに言った。

「低いベッドでしたから、ひどくならずにすんだのです」

わき腹に強い痛みがあった。肋骨が折れているかもしれないので、とにかく医者に診てもらうことになった。骨は折れていなかったが、心臓病が見つかった。すぐに入院の手続きが取られた。

「打撲で病院に来ることになって幸運だったと言われました。発見が遅れていたら、ひどい心臓発作に襲われたかもしれないということでした」

彼女はその後数回にわたって入退院を繰り返すことになるのだが、最初の入院は世界中の人々が心配して見守っていた。入院先のサルバドール・ムンディ病院には、たくさんの手紙と電報が寄せられた。インド大統領をはじめアメリカ大統領や、友人のジョティ・バス(西ベンガル州の州知事)が電報を送ってきた。ベルギー国王夫妻は、ローマにお見舞いに駆け付けた。

ある一通の手紙が、入院中のマザー・テレサの心を動かした。それはカシミールに住むヒンズー教徒の男性からの手紙だった。手紙には、マザー・テレサの病気が回復するように自分にその病気をうつしてくださいとカーリー神に祈ったと、書かれていた。

一九八九年十二月、マザー・テレサはめまいに襲われて倒れた。もしシスターの手助けがなかったら、マザーハウスの階段から転げ落ちてしまっただろう。二、三年前に入れたペースメーカーが交換された。カルカッタの病院で休んでいるマザー・テレサのやつれた姿を見て、胸がつまってしまった。ひどく長く、何度も襲ってくるめまいがようやくおさまったとき、マザー・テレサはバチカンに手紙を書いた。憲章にのっとって、選挙メンバーを招集する許可を願い出たのである。一年早い招集だったが、マザー・テレサの後継者を選ぶためにバチカンは同意し、彼女の引退を認めた。選挙は一九九〇年九月の最初の週に開かれることになった。

シスターたちは、最上長者も含めて、全員がマザー・テレサの引退に反対していた。

選挙の前に八日間の黙想が行なわれることになっていたが、その直前にファン・エクセム神父は、二人の上長者の訪問をうけた。シスター・アグネスとシスター・ニルマラである。二人は、マザー・テレサを再選してはいけないのかどうか、バチカンの意向を知りたいと言った。

「わたしは、マザー・テレサの引退をバチカンが認めたことは知っているけれども、マザー・テレサに投票しないようにという命令をバチカンが下すとは思えないと言いました。二人は戻って、そのことをシスターたちに報告しました。マザー・テレサの再選が満場一致で可決されましたが、マザーはおそらくこの結果を喜ばなかったのではないかと思います。地位にしがみついている人ではありませんから。しかし、『奉仕されるより、する方がいいですね』と、手紙に書いてきました。彼女はすべてを受け入れたのです」

ある日、マザー・テレサがポツリと言った。

「わたしはもう自由になりたいと思いました。けれども、神は別の計画をお持ちなのです」

選挙のことである。マザーは天を指差した。

「これは神の仕事です。わたしのものではありません。わたしたちが神と結婚し、貧しい人々とともにいるかぎり、仕事は正しく行なわれることでしょう。わたしなど、重要ではないのです」

7　ブラザーと共労者たち

　ある夜、カルカッタのハウラー駅で、不良グループが警察に検挙される事件があった。スリやアル中、売春斡旋、麻薬の売人など、小さな犯罪を繰り返している少年たちが、駅舎のホールに一晩拘束され、翌日判事の裁きを待つことになった。

　その中に、一人の若いブラザーがいた。彼は警官に自分の身分を告げようとしたが、その声は、抵抗する少年たちの怒鳴り声にかき消されてしまった。彼は、犯罪グループの一味に間違われ、収容された。蒸し暑い夜だった。蚊に刺され、ねずみにかじられた。最悪なのは、いっしょに拘束された少年たちが彼をひどくからかうことだった。

「やぁ、ブラザーさんよ。自分のことも助けられないで、どうやって俺たちのことを救済するんだい？　あんたの言う神様は、いまどこにいるんだい？」

と、少年たちはからかった。

　彼には答えられなかった。目に涙があふれてきた。膝を折り、なぜこんな仕打ちを受けなければならないのかと、神に祈った。これが背負うべき十字架なのだろうか。

この若いブラザーは、「男子神の愛の宣教者会」のメンバーである。彼はハウラー駅やシアルダーのスラムにしか住む場所がない若い浮浪者たちや貧しい少年たちの世話をしていた。そういう少年たちは駅の周辺だけでも何百人となくいた。彼らは荷物運びや靴みがきや使い走りをして、何とか生活していた。ブラザーも若く、彼らを救済しようという情熱に燃えていた。近くの運動場でフットボールをしようと何度も呼びかけた。しかし、日曜日に予定していたゲームを少年たちが喜んでいたとは思えない。スラムや街頭で活動するうち、駅の中やその周辺で犯罪を繰り返す若者たちがいることを知った。何か仕事を覚えて生活できるようになれば、少年たちの犯罪が防げるのではないか。ブラザーはそう思い、活動のプログラムに組み込んでいこうとした。

あの夜、何人もの少年たちに嘲笑された。彼はそのことが忘れられない。「男子神の愛の宣教者会」のブラザーは修道服を着ていない。もし修道服を着ていたら、間違って検挙されはしなかったろう。ブラザーが着ている服は、インドでは誰もが着ているシャツとズボンである。遠くや人混みの中では、一般人と見分けがつかないから、マザー・テレサの「神の愛の宣教者会」のメンバーであるとは誰も思わない。面と向かい合えば、シャツの肩の部分に小さな十字架がピン留めされているのに気づく。しかし、インドでも、神父や修道士といえば修道服を着ているのが普通だ。ロザリオか十字架を身につけているというだけでは、それが宗教者あるいは宣教活動をしている修道士だとは思わないだろう。

修道服を着用するかどうかについて、マザー・テレサとブラザー・アンドリュー(「男子神の愛の宣教者会」の初代総長）の間に意見の相違があったことはあまり知られていない。ブラザー・アンドリューは、一九八六年にすでに引退している。

「マザー・テレサは、ブラザーは修道服を着るべきだと信じていました。多くのブラザーたちも、修道服を着ることを望んでいました。それが、ブラザーであることの証明になるからです。わたしは、修道服を着ない方が貧しい人々と同じように見えると信じていました。シャツに十字架をピン留めする方が質素でいいのではないかと思っているのです」

ブラザー・アンドリューは、シスターが修道服を着る必要性を理解している。その方が安全で、万が一のときの危険が防げるからだ。しかし、もしブラザーだと認められないために、ブラザー自身に危険が及ぶのだとしたら、どうしたらいいのか。

「そのときは仕方ありません」

と、ブラザー・アンドリューは言った。ブラザー・アンドリューに会った数ヵ月後、マザー・テレサに同じ質問をしてみた。マザーの返事は、ブラザー・アンドリューと同じようなものだった。

「その若いブラザーは、たった一晩、屈辱に耐えなければならなかっただけです。貧しい人々は、毎日毎晩そのような屈辱に耐えているのです」

そう話すとき、マザーの目は悲しそうだった。

若いブラザーの話は、ブラザー・アンドリューにはしなかった。けれども、ブラザーが着用する服をなぜそのように問題にするのかと、訊ねてみた。しばらく考えてからブラザー・アンドリューは答えた。

「この点ではわたしは間違っているかもしれません。いまでも、マザー・テレサはブラザーが修道服を着ることを望んでいます。将来、規則が変わるかもしれませんね」

「男子神の愛の宣教者会」は、一九六三年にスタートした。仕事の範囲や種類が広がり、男性に向いている仕事が次第に増えてきたころである。設立のきっかけは、一九六一年のある日、アサンソールで教区司祭をしていたファン・エクセム神父のもとに、マザー・テレサが突然あらわれたことにはじまる。マザーは、「シシュ・バワン」の子どもたちが成長していくにつれ女手では世話が難しくなってきたこと、ハンセン病患者の世話をするにも体力の必要な仕事は男性の方が向いているのではないか、ということなどを説明した。そして、男子修道会を発足させたいと話した。ファン・エクセム神父から大司教の許可をいただけるよう計らってもらえないだろうか。そうマザー・テレサはお願いした。

名案である。ファン・エクセム神父は、アルバート・ビンセント大司教に話をするために、早速カルカッタに向かった。

「この大司教は、新しい考えをいつも拒んでおられたペリエ大司教とはまったく違う思考の持ち主でした。ペリエ大司教がどんなことにでも必ず、『それが神のご意志だと、どうして分かるのかね？』とわたしに言っていたことを覚えているでしょう？　わたしは、ビンセント大司教にマザー・テレサの考えを伝えました。すると大司教はしばらく黙ったままでいました。ずいぶん長い沈黙でしたよ。やがて、言いました。『インドにおいては、神父とシスターの使命を認識していましたが、ブラザーの使命については認識していませんでした。ブラザーの使命も重要です。修道会は必要でしょう。準備をはじめるように、マザー・テレサに言ってください』」

話は五分で決まった。

マザー・テレサは喜んだ。そして、若いブラザーを何人か選んでもらい、できるだけすぐにホームによこしてもらいたいと、ファン・エクセム神父に頼んだ。二、三週間もたたないうち、新しい活動をはじめる数人の若いブラザーたちがカルカッタにやって来た。

「彼らは『シシュバワン』の仕事についたと、記憶しています。相手は、まだ赤ちゃんでしたがね」

と、神父は大笑いした。

「それから、何でもできるシスター・ガートルード(医者)に、大工仕事を教えてもらったのですよ。面白いでしょう?」

ファン・エクセム神父は当時のことを思い出して笑い続け、しゃっくりがとまらなくなってしまった。水を一杯口にして、ようやく落ち着いた。

「やがて、マザー・テレサがわたしに言いましたよ。『ほらね、神父様、彼らはやっぱり男ですよ。少々鍛練が必要な人もいますけれど。そんな人には、毎晩バレーボールの練習をするように言ってあるんですよ』」

小柄なマザー・テレサが、屈強な青年たちを率いてバレーボールのコートにいると想像するだけでおかしい。ファン・エクセム神父は、もう一杯水を飲んだ。

修道会がきちんとした形で機能していくには、いくつかの問題が残っていた。正式な組織と認められるまで、他のブラザーは協力するのをためらっていた。しかし、ローマから正式な会として認可を得るには、メンバーの数や組織化された活動の実体が必要である。もう一つの問題は、カトリック教会が男子修道会の責任者に女性が立つことを許可していないということだった。これらさまざまな問題を解決するために、さらに一年以上の時間が必要だった。

マザー・テレサは、ユーゴスラビア・イエズス会のガブリック神父にカルカッタに来てもらえないだろうかと願いを出した。ガブリック神父とは旧知の間柄である。しかし、イエズス会では、彼を送り出す準備ができていなかった。次に、フランス人のファン・アントワーヌ神父に打診をしてみたが、自分の修道会から離れることを望んでいないことが分かった。結局、イアン・トラバース゠ボールという名前のオーストラリア人が選ばれた。その若い修道士はインドで働くことを熱望しているという。マザー・テレサにとっては、まったく未知の人物だった。イエズス会も了承した。修道名は、ブラザー・アンドリューといった。

ブラザー・アンドリューにはカリスマ性がある。話し方はやわらかいが、決して迷ったり躊躇《ちゅうちょ》したりはしない。明晰な頭脳の持ち主。身長は百八十センチ以上もある。

「わたしは一九五四年にインドに来ました。イエズス会の若いメンバーの一人でした」

と、彼は言った。

「ビハール州の石炭採掘場で仕事をしていたときに、貧しい人々に関心を寄せるようになりました。

わたしは、マザー・テレサのホームで、一ヵ月ほど体験してみたいと思いました。将来の仕事に、役に立つだろうと思ったからでした。マザーは青年のグループを組織していて、そのリーダーを探していました。ちょうどそういうとき、わたしが静かに歩み寄ったというわけです」

ブラザー・アンドリューがマザー・テレサに会ったのは三十八歳のときだった。

ある晩、ブラザー・アンドリューの話をじっくりと聞いた。会の本部が置かれているのは、マンサタラ・ロウ七番地。清潔とはいえない地域に、小さな建物がある。訪ねた夜、中はひどく騒々しく、時折歓声と拍手がわいていた。ちょうどレクリエーションの時間なのだと、ブラザー・アンドリューは静かな声で説明した。ブラザーたちもゲームに参加して、熱中していた。

「もしわたしたちが独立したグループとして活動したいなら、『シシュバワン』からは離れるべきだと、ずっと信じていました。それが男性にありがちな独立心なのか、イエズス会での修行によるものなのかは分かりません。とにかく、ブラザーは自分のリーダーシップを発揮し、独自のやり方で活動すべきだと考えていたのです。マザー・テレサからはインスピレーションと援助をいただきながら、組織としては独立している必要があると思っていました。マザーもそのことに同意してくれました。この家を見つける前、わたしたちはキダーポアに場所を借りて活動していたのですが、当時は約十五人のメンバーがおりました」

会を創設したころの話である。それから意味ありげに、こう付け加えた。

「男性が集団生活をする場合、女性とは違うライフスタイルが必要になります。たとえば、規律と秩序にそった共同生活にはなりません。シスターたちは仕事以外には外出しませんが、ブラザーは散歩にも行きますし、日曜日の午後にはフットボールをしたりレスリングの試合を見たりします。家事などへの対応も、違ってきます。すべてにわたって、シスターと同じ生活をすべきだとは思っていませんでした」

現在の会長であるブラザー・ゲフは、シスターとブラザーの仕事に基本的な違いはないと信じている。しかし、ブラザーの場合、シスターのように集団で仕事をすることはそう多くはない。むしろ単独で人に会うことが多く、外部との接触も多い。そういうわけで、ブラザーの会ができた当初から、シスターたちとは違う方法で活動をしている。修道院の塀の中に閉じこもるのではなく、地元の人々や地域の文化活動とも積極的に交流していく。だから同じ国にいても、シスターとは異なる地域で活動を行なうことになる。ブラザーの活動地域は小規模だし、施設をもっているブラザーは少ない。

最後にブラザー・ゲフは言った。

「もう赤ちゃんたちの世話はしていませんよ」

ファン・エクセム神父は、ブラザーたちは「シシュバワン」の仕事からスタートしたと言っていた。ブラザー・ゲフのその言葉は、まるでファン・エクセム神父が言ったことへの補足説明のように聞こえた。

初めのうち、ブラザーたちはハウラー駅を中心に活動をはじめた。大きなほら穴のような駅の屋根の下で、何百人もの少年たちが寝起きをしていた。多くは孤児である。家出をしてきた者や保護観察を逃れて来た者もいた。石鹸を与え、体を清潔にするように注意したが、子どもたちの間には伝染病が広がっていた。医師の治療がすぐに必要な子どももいた。ブラザーは、彼らを一人ずつ助けていった。

夕飯の配給をはじめた。これで、子どもたちは少なくとも一日に一回は栄養のあるあたたかな食事をとることができる。二、三人の少年がマンサタラ・ロウにある施設に収容され、そこで職業訓練を受けた。やがて「シシュバワン」に収容されていた年長の少年たちとともに、カルカッタ市内と近郊につくられたホームに移されて行った。

最初のホームは、浮浪者や障害者のためにハウラー駅につくられた特別な施設で、最初は「ナボ・ジーバン(新しい生活)」と呼ばれていた。その後、職業訓練施設をつくることになり、ダム・ダムにラジオ修理の作業場がつくられた。少年たちは簡単な修理技術を覚え、適当な仕事先を見つけることができた。

結核にかかっている者や精神的に病んでいる少年たちのためには、カルカッタから三十数キロ離れたところに農場を手に入れた。ここでは簡単な農作業の仕事をしている。

さらにブラザーたちは、ハンセン病を救う活動を続けていく。最初は移動診療所の手伝いであった。後に、カルカッタの大規模なハンセン病センターに定期的に行って、患者の世話を手伝うようになった。続いて、チタガールにいるシスターたちの手助けもはじめる。鉄道線路の片側にあるハンセン病施設の問題点は、仕事そのものにではなく、女性は管理に不向きだと思われていることにあった。ブラザーがその仕事を肩代わりすることになり、問題はすぐに解決した。

インドで活動をはじめて十年がたった。ブラザー・アンドリューは戦争で荒廃したベトナムに、初めての海外支部を開く。そこはシスターが活動していない地域である。ブラザーが海外でホームを開くときには、シスターが一人もいない国や都市を選ぶことになっているのである。ブラザーは小さな家を借り、戦争で孤児になったベトナムの子どもたちなどを対象に救済活動をはじめた。

二年後、米国カリフォルニア州のロサンゼルスに、海外で二軒目の家を借りた。メキシコ系アメリカ人が多く、犯罪が頻発する貧しい地域に、アルコール中毒者と麻薬中毒者のためのホームを開いたのである。

ブラザー・アンドリューは、世界中にブラザーを派遣していく。ブラザーたちは、香港や日本、台湾、韓国、グァテマラ、フィリピン、エルサルバドル、ドミニカ共和国、ハイチ、ブラジル、マダガスカル、それにフランスに赴任した。危険な事件が起きている場所が多く、エルサルバドルではブラザーが誘拐されるという事件も起きた。彼は三ヵ月後に解放されたが、誘拐者との仲介に立ったエルサルバドルの大司教は批判勢力によって数ヵ月後に銃撃された。

ブラザーたちの仕事の大半は、すでにやり方が決まっている。たとえば家のない少年たちやアルコール中毒者、麻薬中毒者のための収容施設をつくる。食事の配給所をつくる。そういうときに手伝ってくれるのは短期のボランティアである。二、三週間あるいは二、三ヵ月、仕事を手伝ってくれるボランティアを、ブラザー・アンドリューは「カム・アンド・シーズ(見学体験者)」と命名した。

「カム・アンド・シーズ」は修道会に所属する必要はないし、誓願を行なうように強制もされない。

マザー・テレサもこの呼び方が気に入り、すぐに使いはじめた。「神の愛の宣教者会」で体験生活をする若い女性たちも、いまは「カム・アンド・シーズ」と呼ばれている。台湾やハイチ、ブルンジ（アフリカ）、ペルーなど遠方の地で活動する「神の愛の宣教者会」や「男子神の愛の宣教者会」のメンバーも、当初は「カム・アンド・シーズ」として参加することからはじめたのである。

一九八六年、ブラザー・アンドリューは自分と同じオーストラリア出身のブラザー・ゲフを後継者に選び、引退した。そして翌年、修道会から去って行った。

ブラザー・ゲフは、会の活動の内容や方法を多少変えた。その変化は、マザー・テレサが本来考えていた会のあり方により近づいたもの、と言えるかもしれない。「男子神の愛の宣教者会」の組織は、現在変わりつつある。もしかしたらシスターの組織と同じようなものになるかもしれないが、活動そのものに大きな変化はないと思われる。

このところ、ブラザーに志願する人は減っているという。いくつかの理由が考えられるが、そのひとつに、人々が昔ほど〝多産〟ではなくなっているということがあげられる。唯物論的な考え方や小家族主義が、子どもの数を減らしているという理由もあげられる。修道会としては学校の先生が必要なので、優秀な人材を選抜していきたいと考えている。

ブラザーの修道会は、シスターや司祭よりも、召命に対する意識はそう強くはない。彼らは資格をとる方に関心があるからだ。

「ええ、たしかに会を離れて行く人もいます」

と、ブラザー・ゲフは言う。

「一時的な誓願を行ない、その間に自分の適性を見分けていくのが普通のプロセスです。終生誓願をした後で会を離れていく人は稀ですが、どこの会にも何人かはいるものです。もうひとつ、現代人にとっては、人と人とが親密な関わりをすることの価値が薄れているのです。それで、簡単に離れて行くのですよ」

ブラザー・ゲフは、過去十年間で会の組織が急速に大きくなり、広がりすぎたことも、志願者が増えない理由だと思っている。各地のホームにいるブラザーの数は、九十四人をピークに八十一人(一九九一年現在)に減少した。そのうちの四十五人がインド国内におり、他の三十六人が世界の二十五ヵ国に派遣されている。

駅に拘留され、屈辱の一夜を過ごしたブラザーは、実はわたしの友人である。あの夜から二十四年がたった。わたしは、選んだ道を後悔していないか、会を離れようと思ったことはなかったかと、訊ねた。答えたくなければ答えなくてもいいとも、付け加えた。

「別に答えにくい質問ではありませんよ」

と彼は率直に言った。

「会に入る前、わたしはいろいろな問題を抱え、心細い状態でした。幸せではありませんでした。なぜ神は、わたしのようなみすぼらしい生きものまで助けようとしてくださるのか、そのことばかり考えていました。神がこの生活をお与えになったのです。もう、わたしは『男子神の愛の宣教者会』を離れようなどとは一瞬たりとも考えることはありません。困難な問題があればあるほど、わたしは使命を強く感じます。そして、それだけ神に近づいていけるのです。絶対に会を離れることなどありません」

ブラザーは、自分の心の中で起きた「神の呼びかけ」を深く信じている。

ブラザーと話していた小さな談話室を出ようとして、ドアの近くに掛けられた額が目に入った。そこにはヒンズー教のことわざが書かれていた。

もし、あなたが
ふたつのパンをもっていたら
ひとつは、貧しい人に差し出しなさい
もうひとつは、売りなさい
そして、ヒアシンスの花を買いなさい
あなたのこころを愛で満たすために

＊

文化的なロンドンからはるかに離れた英国のある街の一角に、荒廃した教会が立っている。貧しい人々が住む地域である。壁のペンキははげ落ち、窓ガラスはこわれていて、無人の雰囲気がただよっていた。補修には多額のお金がかかるため、扉の鍵はかかったまま、何年間も放置されていた。

いま、その扉は午後六時になると開かれる。鍵を開けるのは、サリーを着た女性たち。マザー・テレサの「神の愛の宣教者会」のメンバーだ。二、三人のボランティアと数人の共労者たちもいる。

百人ほどの人々が、足を引きずるようにして歩いて来る。多くは白人の男性だが、若い人も混じっているのには驚いた。集まって来るのは、アルコール中毒か麻薬中毒にかかっている人々。浮世離れした様子をしている。女性たちは、こころが病んでいるように見える。顔中に刺青をほって険しい表情をした男がいる。みんな無言のままホールに入って来ると、テーブルの前の椅子に座る。祈りの後に、あたたかな食事が支給されるが、彼らは一言もしゃべらず、食べ終わるとまた足を引きずるようにしてどこかに消えていく。

彼らに支給する食事は、まったくの無料で提供されたものである。今日の夕食は、どこかの高級病院の残り物。病院専属のシェフがつくった特別メニューで、手つかずで残った物が集められた。病院のシェフは、マザー・テレサの共労者なのである。

食事の材料を、お金を出して買うことはめったにない。有名な食料チェーン店からは、売れ残りの野菜や果物が送られてくる。共労者たちは、肉屋やパン屋にも声をかけている。

「食べ物をどうか捨てないで。マザー・テレサに送ってください」

ホールの中では、六名ほどのボランティアが食事の世話や後片付けをしていた。彼らは、共労者とは呼ばれない。その中に、まだあどけなさの残る若い男性がいた。英国のパブリックスクール、ウインチェスター校の新入生で、弁護士をめざして勉強中という。

「ボランティアも生活の一部なんです。それに、みんなやシスターたちと話ができて楽しいですよ」

屈託のない笑顔で、彼はそう言った。

この教会の名前は、キュー・ロード教会という。そこへわたしを連れて行ってくれたのは二人の共労者である。一人は共労者会の秘書をしているブリジット・イコット、そしてフェイ・ラーキン。

「英国人は、地域の人々や隣人のために何ができるかということに、初めて取り組んでいると言えるかもしれません。わたしたちのグループは、英国北東部の地域で、救済に必要な道をつくっていこうと考えています。マンチェスターやバーミンガム、リバプールなど内陸部の都市では、身体障害者たちの世話をし、別の地域では、こころの病気に悩む人々の手伝いをしています。それから、体は元気でも、社会の底辺で孤独な暮らしをしている人々も何千人となくいるのです。マザー・テレサがよく言っているように、西洋社会における精神的な貧困は、カルカッタより悪い状況にあります。孤独は、薬では治せません。社会で必要とされなくなった〝シャット・インズ(孤独な人)〟や、誰からも忘れられてしまった〝ノーバディ(他人)〟。わたしたちは、そのような人々のこころに少しでも明るさをともしていきたいのです。そして、彼らが〝サムバディ(隣人)〟と認められ、孤独ではないと感じることができるようになればいい、とマザーもわたしたちも考えているのです」

フェイは、一気に自分たちの活動の目的を話してくれた。

町の真っ只中に住んでいるのに、誰からも相手にされない人たち。彼らは、段ボールの箱に住み、橋の下や公園や地下鉄の駅などにたむろしている。お棺よりちょっと大きめの段ボールの家で、冬の凍えるような寒さをしのぐのだ。シスターと共労者たちから受ける笑顔だけが彼らの慰めである。

週二回、夜十時ごろにあたたかい食事の配給がはじまる。このときばかりは、彼らの間にもほがらかな会話や笑い声が飛びかい、気持ちもなごんでいる。

〃共労者〃という名前は、五十年前にマザー・テレサがマハトマ・ガンジーから借りたものである。彼女は、ガンジー翁には会ったことはないが、とても尊敬している(ガンジーは、マザーが活動をはじめて間もなく暗殺された)。

ガンジーは、自分の仕事を手助けしてくれる人々を共労者と呼んでいた。共労者はインドの上層のカーストに属する人々が中心だった。女性の地位向上やハンセン病撲滅、教育の普及、「ハリジャン(不可触賤民)」への差別撤廃などの社会運動に参加し、成果をあげた。

共労者という表現は、マザー・テレサが心に抱いていた何かに響いたに違いない。現在の「共労者会」には、世界中の男性、女性、若者、子どもたちが、宗教や宗派、社会的地位に関係なく集まっている。

「カーストや宗教を問わず、貧しい人々の中でももっとも貧しい人々への奉仕を通して、仲間とともに神への愛を見出していく。そして、祈りと献身の心とともに、マザー・テレサと『神の愛の宣教者会』の仕事に結びついていく」

これが共労者の仕事である。

最初の共労者はマイケル・ゴメスとその家族だった。マザーの「呼びかけ」にこたえて無料で診療奉仕をしてくれた医者や歯医者、そして看護婦たちも、ある意味では共労者だ。

一九五〇年代、カルカッタで社会奉仕活動を行なっていた英国の夫人グループは、マザー・テレサの素晴らしい魅力に引きつけられていく。そういう動きの中で、「共労者会」は少しずつふくらみ、次第に組織化されていった。

英国ビジネスマンの妻であるアン・ブレイキーは、「ステーツマン」紙の記事を読んでマザー・テレサの活動を知った。その記事は、世界で初めてマザー・テレサの活動を伝えたものだった。興味を持ったアンは、一九五四年七月のある朝、マザー・テレサに会いに行く。協力を申し出たアンは、すぐにおんぼろのバンに乗せられた。着いたところは、カリガートにある「死を待つ人の家」であった。

その夜、家に帰り着く前に、アン・ブレイキーの人生に大きな変化が起きた。七月二十六日、アンはカルカッタで「共労者会」を発足させたのだ。それから数ヵ月の間、グループのメンバーはがむしゃらに活動した。「シシュ・バワン」とスラムの子どもたちのクリスマスプレゼントにと、衣類をかき集めた。活動は実を結んだ。クリスマスが終わったとき、ようやくゆっくりと椅子に腰をおろすことができた。マザー・テレサはすぐにやって来て、彼らの努力にお礼を言った。しかし、ゆっくりしている暇はなかった。イスラム教とヒンズー教の大事なお祭がせまっていた。子どもたちは、着るものが届くのをこころ待ちにしているという。このときから、アン・ブレイキーにはうしろを振り返っている暇はなくなった。

一九六〇年、アン・ブレイキーは英国に戻った。サセックスの近くに、ジョン・サウスワースが住んでいた。彼もカルカッタに滞在していたことがあり、ハンセン病撲滅運動に関わっていた。二人は連絡を取り合った。カルカッタ滞在中にマザー・テレサの仕事を手伝っていたという人が他にもいることが分かった。しかも、全員がお互いに半径数キロ以内のところに住んでいる。やがて、「マザー・テレサ委員会」が設立された。サウスワースが委員長、アン・ブレイキーは副委員長になった。一九六〇年十一月、マザー・テレサの英国訪問を機に、彼らの活動はさらに広がっていく。

「共労者会」はカルカッタでひっそりとはじまり、英国に根を張った小さなグループだったが、やがて「神の愛の宣教者会」がホームを開設した国でも組織化されるようになる。現在の人数ははっきりしないが、英国だけで約三万人、アメリカには一万人の共労者がいると見られている。ヨーロッパの各国にはわずかに二、三百人がいるだけだ。

わたしは、インドで何百人もの共労者に会ったが、グループそのものの運営はあまりうまくいっていないようだった。はっきりしていることは、キリスト教徒の共労者一人に対し、非キリスト教徒の共労者(主にヒンズー教徒)が少なくとも十人はいるということだ。

宗教や宗派の違いがあってもひとつの組織として活動ができるのは、各地域で「リンクス(共労者)」と呼ばれる人たちが集まり、運営をしているからだろう。二人から十二人程度が集まって、まず小さなグループをつくる。それらのグループが集まって、また別の大きなグループをつくっていくのである。集会のときは、ノンアルコールの飲み物だけを用意することになっている。集会場が金持ちの家であろうと貧乏人の家であろうと、同じようにくつろげるようにという配慮からだ。「共労者会」の存在を知る人は、おそらく少ないのではないだろうか。広報活動をしたり、寄付をつのることなどは禁じられているから、知られていないのは当然かもしれない。唯一の広報活動は、「会報誌」だけである。

この会報誌はもっとも安価な紙に印刷され、「共労者会」のメンバー全員に配布されている。集めた古着の収納場所をわざわざ借りたりしないのと同じように、印刷物を出すためにオフィスを借りたり、スタッフを雇ったりするような無駄なことはしない。マザー・テレサは、一番安上がりな謄写版印刷でつくってほしいと思っているぐらいだ。オフィスや倉庫となっているのは、メンバーの家の地下室やガレージ、空き部屋などである。

「家の隅々までマザー・テレサに送る衣類でいっぱいになってるから、自分たち用にもう一軒家を探さなければならないと、夫がこぼしてるわ」

フェイ・ラーキンは笑いながらそう言った。

無一文から商売をはじめ、いまでは大金の寄付を送り続けている女性もいるという。子どもがお小遣いを節約してつくった少額の寄付もある。さまざまな額の小切手が、途切れることなく「共労者会」に送られてくる。

送られたお金は、すぐさま何か必要なことに役立てられる。定期的に必要なのは、薬品類、粉ミルク、プロテイン、衣類などである。「共労者会」はそれらをまとめて買い、各地のシスターのもとに送る。この活動は、アントワープにある「救済物資国際連絡会」が行なっている。

船で運ばれる物資は、どのくらいあるのだろうか。たとえば一九九〇年だけで、粉ミルク一千七百万ベルギーフラン(約六千八百万円)分、プロテインビスケット二十万オランダギルダー(約千六百万円)分が購入され、アフリカや中南米そしてアジアの国々へ送られた。さらに、小売価格の十分の一で購入された衣類三百万ベルギーフラン(約千二百万円)分が、西アフリカの九つの国々へ送られた。一九九一年には、状態のよい古着がコンテナ二十四個分と、生活必需品である毛布と包帯が、アジア七ヵ国に向けて船で送られた。これらすべての物資は、英国の「共労者会」が一軒ずつ家を回って集めたものである。

マザー・テレサは、「共労者会」がつつましい仕事の大切さを忘れないようにと、会報誌の中でいつも注意をうながしている。目の不自由な人のために手紙を代筆してあげたり、年老いた隣人のために部屋を掃除してあげたり、あるいは洗濯をしてあげるとか、どんな仕事も大切なのである。大きな仕事は、誰か他の人に回しなさいと、マザーは繰り返し言っている。隣人に親切にすることは大きな仕事ではないけれども、大切な仕事だ。家族も誰も訪問して来ない「シャットインズ(孤独な人)」は、身近に何千人となくいるのだ。

西洋の貧困について、マザー・テレサがかつて話をしてくれた。ロンドンの貧民街にあるアパートに一人で住んでいる女性の話である。身寄りがあるのかないのか、訪ねて来る人は誰もいない。手紙も届かない。しかし彼女は、近所の人にそう思われないように、自分にあてた手紙を書いて投函しているというのである。マザー・テレサが共労者に頼むのは、このように悲しく孤独な人々を元気づけてほしいということだ。

「共労者会」の憲章には、マザー・テレサのゆるぎない信念が反映されている。

「マザー・テレサの共労者は認識する。心と生命を与えられ、出生も教育も恵まれていることを。自分に与えられたすべてのものは、神からの無償の贈り物であることを。飢餓のため、またさまざまな物資の不足のために死んでいく人がいるかぎり、余分な富を持つことは許されないことを。貧しい人のためにボランティアを行ない、生活のぜいたくを放棄し、世の中の不公平を正す方法を追求していくことを」

マザー・テレサと共労者は、アッシジの聖フランチェスコの祈りの言葉で一つにつながっている。この祈りの言葉を、マハトマ・ガンジーも好んでいたそうだ。

主よ、あなたの平和を人びとにもたらす道具として、わたしをお使いください。

……

絶望のあるところには希望を
くらやみには光を
悲しみのあるところには喜びをもっていくことができますように。

（全文は三一二〜三一三頁に掲載）

「共労者会」は、元気な人だけの会ではない。身体の障害や病気、または高齢のために活動的な仕事ができない人々も、特別な形で参加している。「神の愛の宣教者会」や「男子神の愛の宣教者会」の仲間と、「第二の自分」という形で精神的に結びついているのだ。

その「病める人、苦しむ人の共労者会」の唯一の仕事は、抱えている痛みや悩みを元気な仲間に話し、祈ることである。元気な仲間は、「第二の自分」がしてくれた〝仕事〟へのお返しとして、外での仕事をする。そして祈りを捧げる。お互いが誰かの「第二の自分」になることで、痛みの中で生きることの意味を知る。苦しみや悩みを受け入れ、分かち合うのである。

＊

マザー・テレサが深い信頼をおいているジャクリーヌ・ド・デッカーも、「病める人、苦しむ人の共労者会」の一人である。「マザー・テレサ国際共労者会」が、一九六九年三月二十六日にバチカンから認可されたとき、病弱者連絡係として国際共労者に指名されたジャクリーヌ・ド・デッカーは、それ以来ずっと事務所を開いている。彼女は、「宣教者会」と病気で苦しんでいる人々との橋渡し役を長い間熱心に務めている。自らも病気の痛みに苦しみながら、自分の手で何千通もの手紙を書いてきた。一九七九年にマザー・テレサがノーベル賞を受賞したさいには、マザー・テレサの「第二の自分」としてオスロの会場に姿を見せている。

「二週間前、ケララ州トリバンドラムの聖ヨセフ教会でサリーを着たヨーロッパ女性に会った」と、あるジャーナリストが地元の雑誌に書いた。一九四八年八月二十五日付である。

「最初は特別な印象を持たなかったが……エキセントリックで風変わりな感じがした。彼女はベルギー生まれ。裕福なカトリック信者の家庭で育ったという。ルーバン・カトリック大学で社会学を専攻。看護法と救急診療法の資格も取得。大学を卒業すると、看護婦として六年間働き、戦争で負傷した人や捕虜の介護に従事した。しかし、彼女の大いなる目的は、インドで貧しい人々や下層階級の人人の地位の向上に力を尽くすことにあった。わたしが会ったとき、ド・デッカー嬢はインドに来てまだ一年しかたっていないということだった。しかしすでに、インド式の食べ物や服装に慣れていた。サリーを着て床に座り、スプーンやナイフ、フォークを使わずに食事をするし、ベッドを使わずに床で寝ている。ベッドや他の便利な道具は、貧しい人々と同様の暮らしをしようと思っている人には必要ないのである」

このジャーナリストは、ド・デッカーが困っている人々を助けたいと思っていることや、貧しい人人のためにマドラスの便利な場所にホームをつくりたいという話を聞いて、感動したという。

ジャクリーヌ・ド・デッカーが、自分の進むべき道を確信したのは十七歳のときだった。数年後、イエズス会の神父に出会ったことをきっかけに、インドで社会福祉と薬学を教える学校をはじめたいと思うようになる。しかし、戦争が起き、すぐには実行できないでいた。戦争が終わり、旅立ちの準備をはじめた。船に乗るとすぐ、一通の電報が届いた。神父の死。案内役であり、相談役でもある神父がいなくなってしまったのだ。だが彼女はそのまま計画を続行することにした。インドに着いて、わずかなお金の持ち合わせしかなく、援助してくれる人もいなかった。できるだけ質素な生活をすることにした。それでインド式の生活となったのである。

　彼女は、マドラスで会ったイエズス会の神父から、パトナにいる一人の修道女の話を聞いた。その修道女も西洋式の習慣を捨て、サリーを着用しているという。ジャクリーヌは、自分と同じようにインドの貧しい人々のために働いているそのやさしい魂の持ち主に会いたいと思った。すぐに汽車に乗った。パトナまでは汽車で相当な時間がかかった。

「パトナの医療宣教修道会に着いたのは、午後五時でした。わたしはその時間をはっきり覚えています。『ロレットから来ているシスター・テレサ』への取り次ぎをお願いすると、『五時ですね。ということは礼拝堂にいますよ』と告げられたからです。言われたとおり、彼女は礼拝堂にいました。『最初にあなたに会ったとき、あなたは背中を見せていたのよ!』と、あとで冗談を言いましたわ」

　二人はすぐに親しくなった。共通する点がたくさんあった。貧しい人々への愛。インドへの愛。主への愛。シスター・テレサは、ジャクリーヌに最初の協力者になってほしいと頼んだ。ジャクリーヌも、すぐにはじめたいと言った。協力者になることが、自分の願いでもあった。ところが、ジャクリーヌはどうしてもベルギーへ一時帰国しなければならなくなってしまった。脊椎に起きたひどい痛みを治療するためである。回復すればすぐに、カルカッタのマザー・テレサの仕事に加わるつもりでいた。

「わたしは、シスター・テレサに活動の方法を訊ねました。答はとても簡単でしたわ。『十二月にカルカッタに行きます。そして街頭に立って、何ができるかを見るつもり。方法は、神が教えてくれますよ』」

ジャクリーヌを診療した医者たちは、脊椎の進行性萎縮麻痺と診断した。萎縮を止めるために、脊椎を移植して何度も手術する必要があった。非常に痛みのともなう大手術である。数回にわたる手術の後、医師の一人がジャクリーヌに言った。

「こんな大手術は初めてでした。これまでにやったことがありません」

さらに手術が必要だと告げられた。それは夢の終わりを意味した。話を続けながら、彼女は繰り返した。

「わたしの人生は、失敗ばかりです」

ジャクリーヌ・ド・デッカーはベルギーの旧家に生まれている。祖父はブラジルにコーヒー園をもち、インドネシアではゴム園を経営するという裕福な実業家だった。小さいころは、祖母のお城の中にある広々とした別荘で過ごしていた。ところが、突然起こった物価変動により、父が全財産を失うという非運に見舞われた。ジャクリーヌは看護婦として働きはじめた。戦争中、アントワープに駐留していた英国軍の負傷兵を看護する仕事もした。

現在ジャクリーヌはアントワープの小さな部屋でつつましく暮らしている。部屋には、本や書類、手紙類が束になって積まれていた。机のうしろに、優雅なイブニングドレスに包まれた母親の写真が大きく引き伸ばされて貼ってある。部屋のあちこちに置かれた美術品が、ありし日の富裕な生活を物語っていた。

彼女は、首にギプスをはめている。体は鉄のコルセットで包まれていた。歩くには、松葉杖が手離せない。美しい顔立ちの、優雅な女性である。アントワープの部屋で会っているとき、彼女の口からは「痛い」という言葉は一度も出なかった。痛みのために、幾晩も眠れない夜を過ごしているはずなのに……。

「病める人、苦しむ人の共労者会」がつくられていく過程は、マザー・テレサがジャクリーヌにあてて書いた手紙を読むとよく分かる。古くて色あせた手紙の数々は、当時のマザー・テレサの仕事を伝える意味でも、ユニークで珍しい記録となっている。個人的な事柄が書かれている部分は削除した。

最初の手紙は、一九四九年五月二十九日付。

親愛なるド・デッカーへ

あなたのやさしいお気持ちとたくさんの贈り物に、神の御恵みがありますように。わたしを助けるために、ずいぶんと無理をしてくださっているのでしょうね。でも、きっと神がお返しをしてくださいますよ。

喜んでください。わたしには三人の仲間ができました。みんな熱心ですごい働き者です。五ヵ所のスラムに、二、三時間ずつ働きに出かけます。人々の渇きや苦しみは、神の姿そのものです。シスターたちが来ると、彼らがどんなふうに喜んで顔を輝かせるか。あなたにも見せてあげたい。着るものがなく、体は裸で汚れているけれど、心は愛情で満ちています。

親愛なるシスター、どうぞ勇気を持って、明るい気持ちを忘れないで。大変なときには「神の愛の宣教者会」を思い出してください。そうすればともに神のご意志で結ばれることができるのです。神の御恵みがありますように。いつも神とともにありますように。

神とともに
マザー・テレサ

六ヵ月ほどたって、マザー・テレサは再びジャクリーヌに手紙を書いた。手術が終わり、回復に向かっていたころだ。一九四九年十一月十九日の手紙。

親愛なるジャクリーヌへ

一九四九年十一月八日付の手紙を、昨日受け取りました。快方に向かっているということで、とても嬉しいです。それに健康に良さそうな場所……。

そう、ここではやることがたくさんあります。いまは五人で活動しています。もっと増えてくれればいいと思います。そうしたらカルカッタの周囲に活動を広げ、ここを本部に使ってもっとたくさんのスラムに行くことができます。そうしたら(神の)愛が、カルカッタ全体に広がっていくのに……。

診療所で活動してくれている医師や看護婦たちの仕事ぶりも、素晴らしいんです。診療を受けている人々は、まるでどこかの国の王子様のように手厚い看護を受けているのですよ。

親愛なるジャクリーヌ。この小さな修道会とシスターたちのために、もっともっとお祈りをしてください。みんなはそれぞれの試験を受ける準備をしています。もちろん仕事も貧しい人々のことも愛しています。スラムにいれば、あなたにも子どもたちの歌う声が聞こえることでしょう。どうぞ勇気と明るい気持ちと、お祈りを忘れずに。

イエス・キリストとともに
マザーM・テレサ

その後の二、三年間、ジャクリーヌは何度も大手術を受けた。ちょっと動いただけでも、鋭い痛みが体に走る。起き上がっていても、特別なギプスを首につけ、コルセットで体を包まなければならなかった。もう「神の愛の宣教者会」に参加できる望みはない。あるとき、マザー・テレサに新しいアイデアがひらめいた。手紙からは、そのときの興奮が伝わってくる。

一九五二年十月二十日の手紙。

親愛なるド・デッカーへ

その後、快方に向かわれていると思います。いつもあなたのことを考え、あなたと近くにいたいので、あなたの痛みを思いながら仕事をしています。今日の手紙を読めば、きっとあなたも喜んでくれるはず。「宣教者会」に入ることを望んでいるあなたの心は、いまも深く会を愛してくれています。それなら、精神的にわたしたちの会に飛び込んで来てはいかがですか？　わたしたちの仕事はスラムなどで働くこと。あなたの仕事は、苦しみを受けることと祈り。わたしたちは、功績と祈りと仕事を分かち合います。ここでの仕事はたくさんあります。わたしは働く人を必要としているのですよ。あなたのような仕事をしてくださる人が必要なんです。わたしの精神的な姉妹となって、「宣教者会」の一員になってくださいませんか？　体はベルギーにあっても、魂はインドにあるのでしょう？

いまメンバーは、二十四人になりました。さらに五人が申し込みをしています。全員にあなたのことを話しました。いつもあなたのことを話しているのですから。もし参加されたら、あなたにはたくさん祈っていただかなくてはなりません。

お元気ですか？　まだ、ベッドから離れられないのでしょうか？　あとどのくらい、そのままでいなければならないのですか？　神は、自分の苦痛をあなたに差し出し、あなたへの愛を示しているのに違いありません。あなたは幸せな人ですね。神はあなたを選ばれたのです。勇気を失わず、明るい気持ちを忘れずに。たくさんの祈りを捧げてください。あなたのために、わたしも祈ります。

神とともに

M・テレサ　MC

次の手紙で、マザー・テレサの考えはさらにはっきりした。一九五三年一月十三日の手紙。

愛しのジャクリーヌへ

あなたが「神の愛の宣教者会」の〝苦しみを受けること〟の一員になってくれるというので、とても嬉しく思っています。会の目的は、スラムに住む貧しい人々を救済し、清めることで、十字架にかけられたキリストの愛の渇きをいやすことにあります。あなたのようにひどい苦しみを受けている人ほど、この仕事にふさわしい人はいないでしょう。キリストの渇きをいやすために、わたしたちは愛をそそぐカリス(聖盃)を持たなければなりません。あなたやあなたと同じように苦しむ人たち、男性、女性、子どもたち、老いた人、若い人、金持ち、そして貧しい人々、すべての人のために、カリスをつくってほしいと願います。その仕事は実際に痛みを感じながらベッドにいるあなたの方が、走り回っているわたしよりも、適任でしょう。あなたとわたしは、神の力を授かりながら、何でもできますよ。

もし聴罪師の許可が得られなければ、誓願を行なう必要はありません。わたしたちに必要なのは、精神だけです。神にすべてを委ねること、信頼し、いつも明るさを保つこと。このことさえ守れば、あなたは「神の愛の宣教者会」のメンバーとなります。神の愛を運ぶ「神の愛の宣教者会」に入りたいと思う人は、誰でも歓迎されます。わたしは特別に無力な人や障害者、不治の病に悩む人にこそ入ってほしいと願っています。シスターはそれぞれに「第二の自分」をもつことになります。外で活動するかわりに、祈り、痛みを感じ、考え、手紙を書く「第二の自分」……。

あなたはわたしの「第二の自分」となってくれました。神に感謝します。
わたしのシスターに、神のご加護がありますように
神とともに
マザー・テレサ

一九五三年二月、マザー・テレサはシスターたちとともに、ロアー・サーキュラー通りに引っ越しをした。そこで、手紙を書いた。一九五三年三月十五日付。

親愛なるシスターへ
わたしたちはついに自分たちの修道院にいます。きっと、ここの様子を見たいでしょうね。写真ができたら、すぐ送ります。
しばらく手紙を書きませんでしたが、いつもあなたのことを思っています。何か問題が起きたときなど、あなたがわたしのために祈り、苦しみを受けているのだと思うと、わたしの魂に勇気が満ちてきます。気持ちがおだやかになり、神への笑顔が戻ってくるのです。あなたには手紙を書くことさえ大変なのでしょうが、それを続けてくださっている。あなたがくださるものすべてが、わたしにとって必要なものなのですよ。シスターたちも、「第二の自分」のシスターに対して同じように思っています。ただ、彼女たちには手紙を書く時間がありません。修道立願の準備

をしているところなのです。まず十人が、四月十二日に誓願を立てます。一年間の誓願です。同じ日に、わたしは終生誓願を立てます。

一九五六年一月九日、苦しみの共労者たちにあてた手紙。

親愛なるブラザー、シスターへ

新年おめでとう。今年も愛と喜びに満ちた年になりますよう、心からお祈りします。

シスターやわたしから手紙が届かないからといって、落胆しないでくださいね。わたしたちの愛は、消えることはありません。むしろどんどん熱烈なものになっています。ある日、あなたがたとわたしたちとの交流がどんなに親密であるかに気がつき、きっと驚きますよ。一九五五年は実りの多い年でした。学校にいる生徒の数は、千百十四人に増えました。日曜学校には、千四百十六人が来ています。四万八千三百十三人の病人の手当をしました。千五百四十六人を看取りました。あなたがたが受けている苦痛は、そのようなたくさんの人の役に立っているのです。この成果の半分は、あなたがたが成し遂げたものです。

神のご加護がありますように
イエスとともに
M・テレサ

一九五六年七月十八日、マザーは初めて「ジャクリーヌ・テレサ」と宛名を書いた。

しばらく手紙を書かずにいましたので、きっと落胆しているのではないかと案じています。どうぞ許してください。毎日、働きづめなのです。わたしに寄付をくださる方々のために、感謝をしてください。お金は修道院のために使われます。……シスター・ガートルードは、MBBS(薬学士号)コースの試験に受かって、三次試験にまでこぎつけました。シスター・フランシスコ・ザビエルは、ベンガル州のDMS(医学博士号)の二次試験まで来ました。二、三年以内に、わたしたちは自分たちの医者がもてるようになるはずです。

一九五八年五月二十一日、走り書きの短い手紙。

現在七十六人になりました。もうすぐ八人増える予定です。みんなそれぞれに変わった方法で、インドのあちこちからやって来ます。いつか、ヨーロッパや他の国々からも来るようになるでしょう。

わたしたちがハンセン病の救済活動をしているのは聞いているでしょう？　センターの八台の自動車で、巡回診療しています。ハンセン病患者を収容する施設をつくりたいと考えているのですよ。

次の手紙は、一九六一年三月十日、アグラで書かれた。一年間ほど手紙が書けなかったが、その間、マザー・テレサは四つのホームを新しく開設している。

親愛なるジャクリーヌ・テレサへ

わたしに何が起きているのかと、心配だったでしょう? 大丈夫。シスターたちが片時もわたしを離してくれないだけなのですから。いまでは、シスターが百二十七人になりました。デリーとランチ、アグラ、ジャンシ、クリーク・レーンそしてカルカッタに新しいホームをつくりました。来月は、シムラーに行きます。

あなたの近況を詳しく知らせてください。アグラでも、たくさんの仕事を抱えています。デリーにいるシスターたちも、とてもよく仕事をしてくれています。イギリス人やドイツ人、アメリカ人、マルタ島出身の修道女もいますよ。ベルギー人が来るのは、いつかしら? いろいろ助けてくださいね。

神のご加護がありますように

M・テレサMC

ジャクリーヌ・ド・デッカーは、一九六五年までに、五十回は必要な手術のうち、およそ半分が終わっていた。一九六五年四月二十二日の手紙に、マザー・テレサはこう書いた。

あなたの手紙を受け取ってから、ずいぶん時間がたってしまいました。いつもあなたのことを思っています。「第二の自分」がひどい苦痛に耐えているおかげで、わたしは成長し、活動を続けることができるのです。あなたはまたベッドの中。手術の回数だけ、わたしたちのホームが増えていきます。……あなたは病気の苦痛に耐えている。わたしは三等車*に乗り、あちこちへ仕事に出かけます。現在、二百三十五人のシスターがいます。あと三十人の少女が参加してくる予定です。

一九七二年十二月十六日、マザー・テレサはジャクリーヌの病状を心配した手紙を書いた。

親愛なるジャクリーヌ・テレサへ

いつもあなたを思い、祈りを捧げています。大変な痛みをともなう体で、あなたはお母さんのことまで気遣っているのですね。健康な人だって、そのような気遣いをする人は少なくなっているというのに。わたしを力づけてくれるのは、あなたの犠牲的な生活です。あなたのお母さんは、苦悩の姿のキリストその人。お母さんを気遣うあなたの心は、「ニルマル・ヒリダイ」にいるわたしにも伝わってきます。誰もが手厚い看護を望んでいます。あなたが手術を受けている間、あなたに代わって、お母さんのお世話ができたらと思います。わたしたちの時間は、まるでパンのように、人々に食べつくされています。手紙を書く時間がとれません。わたしは午前二時に寝て、午前四時四十分には起きます。シスターたちには、わたしの真似をしてほしくはありません。わたしには手紙を書くゆとりさえないのですから。

当時のマザー・テレサは、しょっちゅう移動をしていた。一九七三年七月二十六日付の手紙では、旅行のことに触れている。

あなたの手紙を嬉しく読みました。そして、力づけられました。あなたのおかげで、わたしは八日間も汽車に乗り続け、日中も働き続けることができるのです。

忙しい日々が続いていた。マザー・テレサの健康に少しずつ変化があらわれる。仕事が多すぎて病気がちとなり、行動力も前ほど活発ではなくなっていく。ジャクリーヌへの手紙も、間遠《まどお》になった。マザー・テレサは本部に電話を引くことをついに許可した。それから、マザーもジャクリーヌも、手

*当時のインドでは、三等車がもっとも安い乗車料金であった。現在は、一等車と二等車の汽車しかない。

紙を書く回数がますます減っていった。一番新しい手紙は、一九九〇年三月十三日付のもので、ジャクリーヌが重体になったときである。ジャクリーヌを元気づけようとするユーモアが感じられる。

耳鳴りがやまないで一晩中眠れず、鎮痛剤もまったく役に立たないなんて、ほんとにお気の毒に思います。あなたをちっとも楽にしてくれないなんて、神は友だちとどんなおつき合いをしているのでしょう。歯とあごの手術がうまくいかなかったと知って、ほんとうに残念です。また手術を受けなければならないのですね。神は手術と苦痛に耐えるご褒美に、百もの教会を用意しているに違いありません。(1)アルバニア(2)レニングラード(3)ルーマニアなどいかがでしょうか。でもわたしは、そんなに早くご褒美をあげないようにと神にお願いしなくては。だって、ほんとうに休養が必要になるのは、もっと後でしょう?

神のご加護がありますように
M・テレサMC

マザー・テレサの「第二の自分」は、約五千人の「病める人、苦しむ人の共労者会」となり、それは五十七ヵ国にまで広がっている。この数字には、すでに亡くなった二千五百人は加えられていない。二人の共労者が、同じシスターに手紙を書く場合もある。共労者の数が多いところをあげると、イギリス四百人、フランス三百人、アメリカとカナダがそれぞれ二百人となっている。

アントワープに滞在していた最後の夜、わたしはジャクリーヌの部屋を訪ねた。彼女はその日届いたばかりの何通かの手紙を読んでくれた。アメリカから届いた手紙は、特別に心にしみる内容だった。

わたしは三十歳です。二十二歳のときに多発性脳脊髄硬化症にかかりました。それ以来、何回となく入退院を繰り返しています。医者は、もうすぐ車椅子が必要になり、ゆくゆくはベッドから起きられない体になるだろうと言っています。しかし、神こそが病気を治してくれる医者であることを、彼は知らないのです。

ベッドに寝たきりでいる間、わたしは他の人たちを励ますために手紙を書き、祈りを捧げます。そうやって数えきれない時間を過ごしてきました。そして、八年が過ぎました。たとえ、この世界がわたしを受け入れてくれなくても、わたしは神の恩恵を十分にいただき、神のご意志を感じ取っています。

わたしは仕事ができないけれど、健康な体の人が仕事をするために、祈りを捧げます。そして、わたしもその場に参加していたいと願っています。マザー・テレサのために祈ります。

ジャクリーヌが読んで聞かせてくれた手紙は、その他にもあった。苦悩の中で書かれた手紙もあったし、希望に満ちた手紙もあった。それぞれの手紙は、一本の長い鎖のように結びついている。マザー・テレサのとっさの思いつきが、大きな効果を世界中にもたらしているのである。わたしがいとまを告げて椅子から立ち上がると、ジャクリーヌが言った。

「マザー・テレサにお願いしていることがあります。もしわたしが死んだら、サリーで体を包んで、『神の愛の宣教者会』に埋めてくださいと伝えてあるのです。この世ではかなわなかったことを、死がかなえてくれる。ささやかな願いです。わたしの魂は、インドにあるのですよ」

8　シシュバワン

一九七五年一月の早朝。カルカッタの街はまだ暗く、肌寒かった。一台のリクショー（自転車で引く二人乗りの車）がロアー・サーキュラー通りにある「シシュバワン（孤児の家）」の前で停まった。三十歳くらいの女性が小さな男の子を腕に抱いて降りて来る。子どもは四、五歳ぐらいだろうか。ショールにくるまれた男の子の体を、母親はこれが最後とばかりに力強く抱きしめていた。ほんの一瞬ためらって、彼女は玄関ドアにつけられた古めかしいベルを鳴らした。横のドアがすぐに開いて、シスターがあらわれた。母親は、玄関近くにある小さな部屋に案内された。彼女は自分の身に起きた出来事を話しはじめた。

息子は、難病を持った子どもとして生まれた。夫とともに、公立病院や診療所を訪ねて歩いたが、はかばかしい治療を受けられないまま、二年前に夫が事故で死んでしまった。難病の息子と二人で生きていかなければならない。医者たちは、治療をあきらめている。彼女は早朝から何軒かの家を回り、洗濯婦として働いているが、その間、子どもを預けておく場所が見つからない。仕方なく、孤児院に預かってもらおうと相談をしたが、病気の子どもの責任は取れないと断わられた。困っていたところ、仕事先の奥さんが、マザー・テレサの「シシュバワン」に預かってもらってはどうかと教えてくれたという。先週のことだった。哀れな母親は最後はマザー・テレサにすがるしかないと、ようやく決心して訪ねて来たのだ。

シスターたちは一目見て、バピ（子どもの名前）の病気が多発性硬化症であると判断した。この病気にかかると、手足が動かなくなり、最後には体を寸分たりとも動かすことができなくなってしまう。バピはそのときすでに寝返りもうてず、自分の手を動かすことさえできなかった。耳も聞こえず、口もきけない最悪の状態だった。意志を伝える方法は、瞳の表情だけ。嬉しいときには黒い瞳が大きく輝く。悲しいときには顔が赤くなり、涙がほほをつたって流れた。何かを伝えようと、口を大きく開き、とぎれとぎれに息を吐くこともある。シスターたちはバピの〝言葉〟を理解しようと努めた。バピが起き上がりたいときや横になりたいとき、トイレに連れて行ってほしいときや車椅子に乗せてほしいときなども、彼の表情から分かるようになっていった。シスターたちは、小さな子どもを扱うように、やさしくていねいにバピの世話をした。

わたしが初めてバピに会ったのは彼が八歳のころだ。まつ毛が長く、美しい顔立ちの少年だった。シスターが、注意深くゆっくりと流動食を食べさせていた。三十分たって、わたしがその部屋を立ち去るとき食事はまだ続いていた。二年後、彼に再会した。彼はシスターたちに〝話しかける〟訓練をしていた。彼の体は大きく痙攣しているかのように動き続け、車椅子から落ちてしまうのではないかと、わたしをはらはらさせた。母親は、もう面会に来ていないということだった。シスターたちは、母親は生きてはいないのではないかと話していた。その後、年に二、三度、バピに会った。何年か通う間に、バピが輝くような表情をするのを見ることがあった。彼はにぎやかな人声が聞こえる二階の部屋で過ごしていた。シスターたちが、小さな子どもたちを看病する部屋である。

一九九一年十月、「シシュバワン」へ写真を撮りに行った。いつもの場所に彼の姿が見えない。バピが死んだと、そのとき知らされた。ひどい咳と熱が出てしまい、ミルクをほとんど受け付けなくなってしまったのだそうだ。医者たちもついには治療をあきらめざるを得なかった。バピは七月二十八日の朝、亡くなった。シスターはバピが写っている写真を何枚か見せてくれた。最後の一枚は、遺体がカリガートに運ばれ、火葬にされる直前のものだった。バピはヒンズー教徒だった。写真の中で、マリーゴールドの花輪で飾られた遺体を囲むように、シスターと「シシュバワン」の子どもたちがたずんでいた。わたしは十四歳の誕生日の直後に会っていたが、そのときが最後になってしまった。

バピの人生は、わたしの記憶に生々しく残っている。

「シシュバワン」には、いつも悲しい出来事がつきまとっている。しかし、けっして悲しみだけの場所ではない。むしろ反対に、部屋には明るい雰囲気があふれている。更紗模様のカーテンが下げられ、壁には色とりどりのポスターが貼られている。床にはおもちゃが散乱し、子どもたちが元気いっぱいに遊んでいる。子どもたちが着ているのはお下がりの服だが、それぞれの体型に合わせてうまくリフォームされている。笑い声がいつも部屋にこだましている。子どもたちの世話をしているのは、一人か二人のシスターと修練生、あるいはボランティアの人たち。訪問者たちが来たときに見せるよちよち歩きの赤ん坊たちの行動はそれぞれに個性的だ。いきなり写真を撮ろうとしたり、抱き上げようとすると、ある子はチラリとも見ずに、そのまま行ってしまう。別の子は、あわてて近くにいる大人のドレスやサリーの陰に隠れる。

マザー・テレサの他の施設と違って、「シシュバワン」にはかなり豊富に物がある。これはおそらく、親のない子どもたちのためを思うマザー・テレサの心配りだろう。

「シシュバワン」は、「神の愛の宣教者会」がインド国内で開設している子どものための施設の総称である。未熟児や病気の子どもの看護の必要から、たいていは会の建物の近くに設けられる。収容される子どもの数は、その建物の形と大きさによるが、大体二十人から二百人。年齢は、幼児から七歳までとなっている。たとえばデリーには、二軒の「シシュバワン」がある。古い方は小さなバンガローで、約五十のベビーベッドが置いてある。新しい方は、二、三年前にある企業家がマザー・テレサに贈った建物で、ここには二歳以上の子どもたちが約二百人住んでいる。スペースの余裕があれば、幼稚園が付属している「シシュバワン」もある。たいていの場合、子どもたちは近くの幼稚園や小学校に入ることになっている。制服や本なども含めた教育費は、すべて「神の愛の宣教者会」が負担する。

マザー・テレサは、ハンセン病センターにも「シシュバワン」を開設しようと懸命な努力を重ねている。

西ベンガル州のシャンティナガル(平和の村・ハンセン病センター)にある「シシュバワン」には、

のどかな雰囲気がただよっている。ここの責任者であるシスター・アルバートは、ハンセン病患者の親が面会に来ることをすすめているのだが、子どもたちへのキスは禁止している。そのような注意は、親の身になればつらいことだろうとわたしは思っていた。

あるとき、マザー・テレサがシャンティナガルの近くに住む女性の話をしてくれた。その女性は自分の子どもの背中に小さな斑点を見つけ、すぐに五キロほど離れたハンセン病センターに連れて来た。このこと自体は珍しいケースではないが、彼女自身が重症のハンセン病患者であり、義足をつけていた。

「子どもの斑点がハンセン病と分かり、母親は『シシュバワン』に子どもを預けることに同意しました。彼女は毎日面会にやって来ました。子どもに手を触れ、抱きしめたい、キスをしたいという衝動にかられることはしょっちゅうだったと思いますよ。しかし、してはならないことなのです。彼女は差し出した手を、そのまま下におろしていました。わたしは、そのときに母親の深い愛情を感じました」

マザー・テレサは、しみじみとそう言った。

ジタという女の子がいた。彼女は、まったく笑うということを忘れてしまっていた。シャンティナガルの「シシュバワン」で、ベビーベッドから立ち上がっている姿を、わたしも見たことがある。赤ん坊がベビーベッドにいることは、別に不思議な光景ではない。しかし、ジタはすでに三歳であった。他の子どもたちは床の上を走ったり、おもちゃで遊んでいるのに、ジタは壁に向かって立っているだけ。わたしたちの方へ振り向くことはなかった。

シスター・アルバートがその理由を説明してくれた。二、三年前、近くのダムカという町で、大きな火事があった。何人かが死亡し、その中にジタの両親も含まれていた。まだ赤ん坊だったジタは消防隊員の手で救出され病院に運ばれたが、数週間も危篤状態が続いた。危機を乗り越え、生命は助かった。しかし、顔には大きなやけどの傷痕が残った。親戚は貧しく、ジタを引き取ることができない。病院も出なければならなくなり、シャンティナガルに引き取られたのだという。

ジタは再手術を受けなければならなかった。ある医者が、口を完全に開ける手術と指の手術を無料でやってくれた。しかし、顔を元通りにするにはさらに高度な整形手術を受ける必要があるという。

「ジタの心は深く傷ついていて、もうどんな痛みにも耐えられないのですよ。わたしたちも、様子を見守って待つことしかできません。まずは、心の傷が治るように助けてあげたいと思います」

と、シスター・アルバートは言った。

未熟児で生まれたり、妊婦が麻薬中毒のために流産して助からない赤ん坊はたくさんいる。ひん死の赤ん坊が「神の愛の宣教者会」に運び込まれることはたびたびある。

すぐに死んでしまう運命の子どもたちのために、「宣教者会」が貴重な時間と物資を使うことに果たして価値があるのかどうか。マザー・テレサはそのような質問をしばしば受ける。シスターたちの努力を、もっと有効なことに活用できないものだろうかと、質問する人たちは思うのだ。

「わたしには理解できません。たとえ数分で死んでしまう子どもでも、誰にも世話をされずに一人で寂しく死んでいくことなどあってはならないと、わたしは思っています。たとえ小さな子どもでも、人間の愛情を感じていたいものです。死にかけている子どもに、愛情をかけ、最後を看取ってあげるのは当然のことなんですよ。カルカッタにはこんな冗談があります。『マザー・テレサは家族計画のことを話すけど、本人はちっとも実行しないね。毎日毎日、子どもを増やしているよ』。カルカッタの人はみんな、わたしが喜んで子どもを引き取ることを知っています。わたしは、いつも言っているんですよ。もしも望まれない子どもがいたら、どうぞわたしのところに連れて来てください。けっして死なせてはいけませんよ、ってね」

マザーは憤然としてそう言った。

「神の愛の宣教者会」から各市の病院や助産院にあて、定期的に手紙が送られている。手紙には、重度の障害児や未熟児を含めてどんな子どもでも引き取る用意があると書かれている。しかし、「宣教者会」がそのように申し出ていても、中絶手術を行なう病院は減っていない。

妊娠している貧しい女性は、子どもが生まれるまで、「宣教者会」のどこかの施設に身を寄せることができる。

「彼女たちが路上で寝起きしなくともよいようにしたいのですよ」

と、あるシスターが言った。子どもが生まれた後、もしその母親が育てることができないなら、「神の愛の宣教者会」が子どもを引き取る。ここは最後の楽園なのである。

「本当の母親がそそぐような愛情を子どもにそそぐことは、わたしにはできません。しかし、わたしは子どもを引き取ることを拒否したことはありません。まったく、一度もありません。どんな子どもも宝ものです。みな、神の手によって造られたのですから」

と、マザー・テレサは言う。

マザー・テレサは世界中の望まれない子どもたちをすべて引き取りたいと言うが、それは事実上不可能だ。「シシュバワン」の収容能力にも、もちろん限界がある。だが、この活動はけっして一方通行ではない。何百人もの子どもたちが、インド国内で養子縁組されて引き取られている。そしてその数は増え続けているのである。養子となるには年かさが増した少年たちは、「男子神の愛の宣教者会」が運営する少年の家に引き取られていく。そこで、学校教育や職業訓練を受け、就職先が見つかるまで援助を受けることができる。

「養子縁組が成立しない子どもたちの場合、兄弟や姉妹は離れ離れになることがないように、教育資金を援助してくれるスポンサーを探すことになります。現在、インドや海外でスポンサーから教育資金の援助を受けている子どもたちはすでに数千人にのぼっています」

と、マザー・テレサは言った。

子どもたちは健やかにのびのびと育っている。大学に進む子どもも多い。進学しない女の子たちは結婚する場合が多い。マザー・テレサは、結婚が決まった少女には、ささやかだが持参金を持たせることにしている。ここにもマザー・テレサの現実的な一面があらわれている。花嫁の家で持参金を用意するのは、インドの慣習である。ヒンズー教徒なら守らなければならないもので、持参金がなければ結婚は難しいのが現実なのだ。結婚のために用意されるのは、二、三枚のサリーや生活道具、家具、そして少女の名義で銀行に預けられた少しばかりの現金である。マザー・テレサはインドの慣習を理解し、実際的な面での心配りをおこたらない。

「シシュバワン」で育ち、幸せな結婚生活を送っている女性は、かなりの数にのぼる。カルカッタに住む女性たちは、実家である「マザーハウス」にしょっちゅうやって来る。とくにお祭りや祝日のときは、にぎやかだ。娘たちの訪問を歓迎し、祝福を授けるマザー・テレサ。たくさんのシスターたちに迎えられ、まずどのお母さんに挨拶しようかと迷う娘たち。シスターたちの間には、こんな冗談がささやかれている。

「義理の母が一体誰なのか、将来花婿になる人は、よーく見ておかないとね。そうじゃないと、いくつもの借金を背負うことになってしまうわよ」

中絶や避妊に関して、マザー・テレサの考えを非難する声は多い。マザー・テレサが活動している国々の人口増加が深刻な問題であることを取り上げ、社会学者たちの間からは厳しい批判の声があがっている。望まれない子どもたちを引き取るといった程度のことでは、問題の解決にはならないというのだ。家族計画と福祉事業を同時に進行していくことが必要なのであって、中絶も避妊も認めるべきであるという意見である。マザー・テレサの影響力を使って、産児制限を進めていくべきだという意見も多く出されている。

これらの意見に対するマザー・テレサの返答は頑として変わらない。禁欲や自己規制によって、自然に受胎制限を行なうべきだという〝自然な家族計画〟の主張を繰り返している。この方法こそが「お互いの愛と尊敬の気持ちを守る」ものであり、そして実際に何千もの生命が助かっていると、マザー・テレサは信じている。

一九八九年の年間統計によると、六十九の「自然産児制限センター」が開設されている。自然な避妊方法による限界を指摘する声も当然あがっている。この方法は生理の周期が定期的であるという前提に成り立っているわけだし、周期の中の安全日を知らないために避妊が失敗することもある。このような原則を知らないで、あるいは知っていても、安全日に妊娠する場合も考えられる。貧しい人々にとっては、セックスは無料の娯楽のひとつである。自分でコントロールするのが難しい場合もある。

もちろん自然産児制限は、未婚の母や少女たちを堕落させるために考えられているのではない。マザー・テレサにしても、インドの多くの家庭が抱える悩みに対して明快な答を持っているわけではない。未婚の母は、保守的な社会の中で大きな問題となっている。とくに地方では、未婚の母から生まれた赤ん坊は、その家族にとっての恥であるばかりでなく、村全体の不名誉ともなるのだ。

アジアや南アメリカ、あるいはアフリカ諸国の人々にとって、堕胎は簡単ではないし、料金も安くはない。しかし、未婚の娘が妊娠していることを知った家族は、何とかして子どもが生まれないようにしようとする。比較的裕福な家庭の娘ならば、二、三ヵ月の休暇と称して、どこかに滞在させ、その間に生まれた赤ん坊を里子に出す手配をする。そういう赤ん坊は、「神の愛の宣教者会」のような施設に預けられることが多い。しかし、貧しい少女たちはモグリの中絶〝病院〟に行くことになる。

粗末な一台のベッドに二人も三人も寝かされ、非衛生的な状態で手術を受け、そこで敗血症や二次感染で死んでしまう少女も多数いると推測される。正確な数字が分からないのは、娘の不始末を恥や罪と思う家族が、真実を報告することはまずないからである。

しかしながら、どんな事実も、マザー・テレサを躊躇《ちゅうちょ》させることはない。

彼女はカトリック教の産児制限の憲章に絶対の服従を誓い、「中絶」という言葉を嫌悪している。これまでにも米国やヨーロッパで、中絶反対の講演を何度も行なってきた。一九七九年のノーベル賞授賞式で行なった講演の中でも、平和を破壊するものは戦争ではなく中絶だとはっきり述べている。中絶は「戦争」である。母親自身が手を下す殺人だ、と言っている。

「栄養失調や飢えで死んでいくインドやアフリカの子どもたちには、高い関心が寄せられています。しかし、実際はもっと多くの子どもたちが、母親の意志で殺されているのです。もし母親が自分の子どもを殺してもいいと認めたら、後に何が残りますか？」

国連の四十周年の祝典で、マザー・テレサの活動を描いた映画が上映された。上映が終わった後、マザー・テレサが短いスピーチを行なった。彼女は、愛と助け合いの尊さに触れ、日常生活の中でもっと祈りが必要だと話しはじめた。

「わたしたちは核戦争を怖れています。わたしたちは新しく発見されたエイズという病気を怖れています。しかし、罪のない子どもを殺すことを怖れてはいません。中絶が、現代の平和破壊となっていると、わたしは感じているのです」

彼女のこのような見解は、会場に出席していた国連関係者を不愉快にさせたはずだ。というのは、国連はＵＮＦＰＡ（国連人口活動基金）を組織して、中絶を支持する立場にいるからである。各国の代表者たちも、そのスピーチは場にそぐわない不適切な内容と受け取ったようだ。彼女が活動する国々の多くが人口増加に悩み、深刻な状況に陥っているのが現実である。そういう状況をふまえて、マザー・テレサは中絶反対のスピーチをすべきではないと、彼らは考えていたのだ。一方では、マザー・テレサの活動方法は多少強引なところはあるものの、良識のある人物だと受け止めた人もいた。聖人といわれる人物であっても、個性があって当然と解釈する人もいた。

マザー・テレサは中絶に関する自分の見解が、全員に受け入れられるものではないことを十分に承知している。とくに各国政府や報道機関、知識人には受け入れられないということを知っている。また他の宗教団体が、必ずしも中絶に反対する立場をとっていないこと、さらに、カトリック系の団体でも、彼女の意見に賛成ではないところもかなりあるという事実もよく認識している。米国やヨーロッパで投票が繰り返され、カトリック教徒の多くが、避妊と中絶を認める結果も出ている。このような状況に囲まれても、彼女の信念は少しもゆらがない。マザー・テレサはわたしにたびたび言っている。

「貧しい国ほど、生まれてくる子どもを殺さざるを得ない状況にあるということ。彼らは、食事を与える子どもが増えることを怖れています。その分、自分たちはささやかな楽しみを味わいたいのですよ」

毎日のように「神の愛の宣教者会」の各センターに子どもが連れられて来る。

「警察が連れて来ることが多いんです。未婚の母が自分の子どもを連れて来るケースもあります。病院から電話が来て、赤ん坊を引き取ってくれないかと頼まれることもあります。昔より減ったとはいえ、わたしたちが街頭で孤児を保護することもたびたびあります。赤ん坊が『宣教者会』の玄関に置き去りにされていることも少なくありません。そういう赤ん坊は、たいてい重度の身体障害児か精神障害児なんですよ」

と、「シシュバワン」にいるシスターが言っていた。

「奇跡ですよ。毎日、一組か二組の家族がやって来て、子どもを養子にしたいと申し出てくれます。その中には、カーストの高いヒンズー教徒もいます。ヒンズー教の戒律によれば、養子であっても、財産の相続権が法律的に認められているのです」

と、マザー・テレサは言った。

養子がほしいと思う人々の意識も、最近は変わってきた。

「数年前なら、養子に望まれるのは男の子だけでした。しかも肌の色が薄く、鼻の形のよい子に限られていました」

と、あるシスターが笑いながら言った。

「いまでは、見た目で判断しないで受け入れる人たちも多くなりましたし、女の子でもいいという人も増えていますよ。数年前なら、養子をもらうことを秘密にしておきたいと、わざわざ奥さんが産院に入院し、わたしたちが赤ん坊をひそかに『運んだ』こともありました。二、三日後に退院して、夫婦の子どもとして世間に見せるという手の込んだことをしていました。いまはずいぶんオープンになりましたね」

男子を好むという傾向は、インドではまだまだ根強い。伝統的なヒンズー教の社会では、女子は「他人の財産」と考えられている。女子は、いずれ他家に嫁入りするからである。このごろは、中流階級の人々が女子を養子に受け入れはじめている。とくに行くあてのない身体障害児たちを、一般の人が積極的に受け入れようとしているのだ。

「わたしたちの施設も、障害児のための環境をととのえていこうとしていますが、一般の人に頼る部分がいまはまだ多いのです」

と、シスターは付け加えて言った。

海外との養子縁組については、常に批判がつきまとっている。子どもを世話する家庭については報道されないのに、「子どもの売買」についての記事は世界中の新聞雑誌で取り沙汰される。これらの記事が、誇張されたものとは限らない。世界の金持ちの中には、白い肌で障害のない「完璧な」子どもを得るため、莫大な金額を支払う人もいる。南米には、そのような子どもたちを取引する「バザール」がある。「完璧な」赤ん坊に対する需要は多く、養子縁組を仲介するエージェンシーでは、赤ん坊が足りなくて困っているところもあるそうだ。またエージェンシーの中には、仲介手数料として五十パーセントも取るところがある。公立病院から新生児たちが盗まれるという事件も多発している。

海外との養子縁組を見直す声が起きるのは、当然のことである。また養子対策そのものも検討される必要があるだろう。

報道されたさまざまな記事の影響を考えて、マザー・テレサは養子縁組を中止したことがある。彼女が完全に打ちのめされた雑誌の記事がある。それは、第三世界の国々の障害児たちがヨーロッパに送られているが、養子というのは表面上の手続きにすぎない、というセンセーショナルな内容だった。実際には、子どもたちは医療実験に使われているというのだ。マザーはその記事を読み終わるとただちに、カルカッタからデリーに飛んで来た。そして、わたしが運転する車で、雑誌に指摘されているその国の大使館を訪ねた。大使はすぐに会ってくれて、マザー・テレサの訪問の意図を理解してくれた。雑誌の編集者に手紙を送り、その記事の内容が中傷的で歪曲されたものであることを訴えた。後に詫び状が届いたが、マザー・テレサが受けた心の痛手は深く、なかなか立ち直れなかった。

「フランス人、スイス人、カナダ人は、偏見が少ないですね。彼らは小児麻痺やサラセミア病〔訳註・地中海型貧血〕、ひどい身体障害のある赤ん坊でも喜んで引き取ります。子どもの美醜を基準にして選んだりはしません。自分が生んだ子どもがいるのに、身体障害児の子どもを引き取ってくれるのです。もし、あなた（筆者）がヨーロッパか北アメリカを訪ねることがあったら、それらの家庭をぜひ訪問してください。彼らは、喜んであなたに会いますよ。きっと、何か得るところがあるはずです」

と、シスターの一人が言った。

しばらくたって、わたしはスイスに出かけた。そのときにいくつかの家庭を訪問する機会があった。以前に、「神の愛の宣教者会」と密接な協力関係を持ち、活動を続けている養子縁組の会に手紙を出したことがあった。ジュネーブに住んでいるジョー・ミラーは、その一つの「ディワリ養子サービス」の創立者である。彼女に、スイスの家庭を紹介してもらった。

ジョー・ミラーとわたしは、国連の各機関が立ち並ぶ一角にあるカフェテリアで会った。

「ところで、わたしの〝息子〟がこの店でシェフをしていますの。会ってくださいます？」

と、話の途中で彼女が言った。二、三分後、シェフがわたしたちのテーブルにやって来た。若いインド人だった。ミラー夫妻には四人の実子と一人の養子がいると、そのときはじめて知らされた。養子のバブルーは、九歳のときにミラー夫妻に引き取られたという。父親は、カルカッタから五百六十キロほど離れたシリグリ駅でポーターをしていたが、バブルーが七歳のときに結核で死んでしまった。地元のシスターに引き取られたが、体が衰弱していて一人では起き上がれないほどだった。現在の彼は、ジュネーブのフットボールチームのメンバーになるほど、元気ではつらつとしている。二年前には、スイス人として故郷のシリグリに旅をした。彼がヨーロッパ人としての人格を身につける前に、自分のルーツを知っておいた方がよいという新しい両親の助言があって、その旅は実現したのだった。

ジョー・ミラーは宣教者ではない。障害児たちの里親を見つけてあげようとする熱意と思いやりにあふれた人物である。養子を受け入れた家庭の相談を受け、後々の面倒を見ていくという誠意のあるやり方で、マザー・テレサの信頼を得るスイスの機関となっている。

「子どもを預ける家庭を決める前に、わたしは相性をじっくりと考えます。場合によっては、一人の子どものために五十軒の家庭を検討することもあります」と、彼女は言った。彼女が世話をした養子が、おおむね幸せな生活を送っているのは、そのような努力のたまものだろう。わたしはその様子を自分の目で確認したいと思い、訪問する家庭を、カルカッタでシスターから受け取っていた養子リストから適当に選ぶことにした。スイスでの滞在期間は限られている。ジュネーブに近い家庭を選ぶことにしてリストを見ていくと、経済的に裕福な家庭は、むしろ少ないことが分かった。

翌朝、ジュネーブ近くの村に住むルダツ家を訪ねた。三十八歳のオリバーは、コンピュータ会社勤務、妻のマルグリットは仕事を辞めて家庭に入っていた。この若い夫婦は、日の光がよく入る小さな家に住んでいた。おもちゃがあふれる部屋で、子どもたちが遊んでいた。自分の子どもがいるのに、なぜ養子をもらおうという気持ちになるのだろうか。マルグリットが答えた。

「人間はみな平等であるはずなのに、世界にはたくさんの貧しい人々がいます。それって、不公平でしょう？　自分の子どもだけを生み育てるというのは、エゴイズムだと思うんですよ」

ルダツ夫妻が最初に養子にしたのは、ユーゴスラビア生まれの女の子である。二年後、ジョー・ミラーからダドゥーの話を聞く。当時、四、五歳だったダドゥーは、インドの中央部にあるライプールという町の街頭で拾われ、シスターたちの手で育てられていた。ダドゥーの両手両足は小児麻痺にかかっていた。ルダツ夫妻は、ジョー・ミラーにダドゥーの写真を見せてもらった。「シシュ・バワン」が作成した治療報告書も添えられていた。報告書には、ダドゥーは歩けるようにはならないだろうと書かれていた。ルダツ夫妻は彼を養子にすることに決めた。ジョー・ミラーはインドで繁雑な手続きを行ない、数ヵ月後ジュネーブに少年を連れて来た。ルダツ夫妻が空港まで迎えに来ていた。

「彼は到着した瞬間から、自分の周囲にあるものにすごく興味があるようでした」

と、オリバーが言った。

「特に車には興味を示しまして、〝ガリ〟という言葉を連発していましたよ。ガリというのは、ヒンディー語で車という意味だそうですね。すぐに彼は手術を受けました。二ヵ月間、ギプスをはめたままでした。医者たちは彼がみるみる回復していくのでびっくりしていましたよ。車椅子が必要だと言われたのですが、いまでは松葉杖があれば自分で歩ける望みさえ出てきました」

マルグリットがそう付け加えた。

「彼は頭のいい子ですよ。学校が好きでね。フランス語をたった二ヵ月で覚えたなんて、信じられますか？」

ダドゥーの髪をなでながら、父親は満足そうに言った。

二人の子どもだけでは足りなかったようで、ルダツ夫妻は、三歳の男の子アレクシスも養子に迎えた。彼も軽い小児麻痺にかかっていた。さらにもう一人、カミールは重度のサラセミア病にかかっていた。養子になったのは一歳のとき。あとわずか一年しか生きられないと医者たちに宣告されていた。わたしが会ったとき、彼女は五歳になっていて、すでに病気は完治していた。美しい少女に成長していた。医者たちの説明によれば、彼女自身の成長が、母の遺伝を乗り越えたということだ。

わたしの目には、彼らは完璧な家族に映った。宗教を信じているのかと、彼らに問いかけた。マルグリットがほほ笑んだ。

「わたしもオリバーも、宗教を信じているわけではありません。教会にもめったに行かないんですよ」

インドから養子を受ける場合、マザー・テレサのホームからという家族が多い。彼らは自分たちのことを「ディワリ」家族と呼ぶ（ディワリというのは、ラーマが勝利を得て王国に戻り、十二年にわたる長い亡命生活に終わりを告げたことを歓迎するインドの伝統的な祭で、この日はどんなに貧しい家庭でも明かりをともして祝い事をする）。

この伝統にのっとって、わたしはローザンヌにあるスイス人の可愛らしい家であたたかいもてなしを受けた。居間のテーブルの上には、歓迎の明かりがともされていた。匿名を条件に会ってくれたこの中年夫妻は、養子を迎える決意を固めたちょうどそのころ、突然二人の娘を授かった。しかしそれでも、養子を迎える考えは変わらなかった。調べてみると、いろいろな国から養子を選べるということが分かった。チリ、コロンビア、インドなどが候補にあがったが、「ディワリ」家族の話を聞いて、彼らを訪ねて行った。そして、ジョー・ミラーの存在を知ったのである。

「わたしたちは彼女にたくさんの質問をしました。病気の子どもたちのことを知りたいと思っていたのです。そして、ついに気持ちの準備がととのいました」

彼らが養子に決めた男の子は、三週間に一度輸血をしなければ、半年しか生きられないという状態だった。彼は生まれながらにして難病のサラセミア病を背負っていた。血液中の鉄分が過剰に減ってしまうのを防ぐためには、定期的に治療薬を投与する必要があった。地元の医者は、子どもにあまり愛情をかけすぎない方がいいと警告した。

「彼がいつまで生きられるのか、分かりませんよ」

そう警告されたのは、数年前のことだった。いま、その男の子には、普通に生きられる望みも出てきたという。

子どもを受け入れたために、家族が犠牲になることもある。養父は運転手をしていて、それなりの収入があるけれども、息子の治療費がかさんできた。

「銀行預金もなくなってしまいました。それで車を売却することにしました。別にどうということもありません。命の方がもっと大切ですからね。妻やわたしにとって、子どもたちの存在は何ものにも替えがたいほど大切なものです」

父親はしばらく黙っていた。それから再び口を開いた。

「わたしたちを変人扱いする人たちもいます。そういう人には、われわれは子どもたちに投資をしているのだと言ってやるんです」

マザー・テレサにとってけっして忘れられない子どもは、プリンスと呼ばれる男の子だ。彼は一歳半のとき、ジュネーブに近いシエルに住むボールストラッツ家にやって来た。ボールストラッツ氏は、障害児の専門家である。プリンスにはおしりや両足がなく、両手は背中から下がっていた。この家にはたくさんの障害児が引き取られていて、プリンスが背負う障害が特別に重いというものでもなかった。彼の顔は美しく、性格はおっとりしていて明るかった。自分の部屋に向かうとき、最初の一歩は苦労するけれども、螺旋《らせん》階段を上手によじ上っていく様子は、見ていて嬉しかった。最近になって、専門家たちが彼の胴の部分を型にとった。義足をつくるためである。まだまだ実験段階ではあるけれども、プリンスは喜んでその実験に協力している。その様子を、わたしは写真に撮った。彼は、電動式の車椅子に乗って、あちこち動くことができる。車椅子はまるでおもちゃの自動車のようにデザインされていた。学校へ行くようになったら、彼はその自家用車で通うことになるのだ。

プリンスは、ボールストラッツ家の六番目の家族である。夫妻にはすでに三人の実子がいたが、あと二、三部屋なら増築できる土地の余裕があった。そこで、二人は養子を仲介するエージェンシーを訪ね、子どもたちの写真を見せてもらった。まるで、通信販売で商品を買うようなやりとりだった。不愉快な気持ちをいだいた夫妻は、早々にその事務所を立ち去った。しばらくして、二人は「ディワリ」の話を聞いたのだった。

夫妻は、最初にサビタという二歳の女の子を引き取った。彼女は心理的な障害を負っていた。その後マヤという七歳の女の子も引き取った。マヤはネパール生まれ。カルカッタの街頭で浮浪児となっているところをシスターたちに救われた。「シシュ・バワン」に引き取られて、小さなサビタの面倒を見るようになった。マヤとサビタは、姉妹のように生活していたのである。二人の仲がよいので、一緒に引き取ってもらえる家庭はないだろうかと、シスターはジョー・ミラーに頼んでいた。ボールストラッツ夫妻は、二人の子どもを引き取ることに同意した。しかし、カルカッタの市長は、マヤの書類が不備であることを理由に、サビタと一緒に出国することを許可しなかった。マヤの出国は、半年後に許可された。そのとき二人は正式に姉妹であると認可された。

その後、ほとんど目が見えないサルジャン、サリドマイドの赤ん坊サプナが引き取られた。ボールストラッツ夫妻は、これでもう部屋のスペースはないと考えた。少なくともプレム・クマリの話を聞くまではそう思っていた。

この美しい少女は、十三歳。数年前にインド北東部の山中で発見された。彼女には両手両足がなかった。サプナとは異なり、誕生時の事故ではなかった。隠さなければならない事故で、手足が切断されたのだろうと噂された。ボールストラッツ夫妻がプレム・クマリの話を聞いたとき、彼女はすでに十歳になっていた。養子にするには年齢が高いといわれたが、自分たちが引き取る以外にないと確信した。

「まるで、神の啓示のように思えました。その子の話を聞いたとき、彼女を家に迎えようとすぐに思いました」

ボールストラッツ夫人は言った。

わたしは、ラニと呼ばれる子どもの話を、マザー・テレサから聞いていた。彼女はシエルの町からさほど遠くないマチョウド家に引き取られていた。マチョウド家を訪ねると、明るく自由な雰囲気があふれていた。夫妻はラニの他に六人の養子を迎えていた。最初は、戦争孤児の二人の少年だった。

それから異母兄弟のラジとスラジ。二人は七歳と五歳で、ダージリンに住んでいた。四人の少年を迎えた後、さらに三人の少女を引き取った。六歳のギータは、おそらく誰も引き取りたがらないような女の子だ。肌の色が黒く、ひどく人見知りする。三人目の女の子は、三歳のビンドゥ。耳が聞こえず口もきけない子で、デリーの路上に捨てられていた。

「ビンドゥが家に来たときには、ほんとにひどい状態でした。おなかがすいていても、寒くても、何かほしいものがあっても、それを人に伝えることができないのです。服を着せたり、食べさせたりするのに、何時間もかかるんですよ。そのときからいままで、長い道のりでした」

と、マチョウド夫人は言った。かたわらにいる少年たちは手話を使って、母親が何を話しているかをビンドゥに伝えていた。子どもたちはみんなほがらかで、時折大きな笑い声をあげていた。

マチョウド家の太陽は、赤ん坊のときダージリンで拾われたラニである。彼女も耳が聞こえない。四歳のときに養子になったが、実際の年齢の半分にしか見えなかった。わたしが会ったときはすでに十歳になっていたはずだが、どうしても六歳以上には見えなかった。医者は、彼女の身長が一メートル以上になることはないだろうと言っているそうだ。しかし、それはどうでもいいことだろう。いまは、愛情にあふれた家族と一緒に過ごしているのだ。彼女がほほ笑むのをながめ、部屋中に響く笑い声を聞いたなら、マチョウド家のみんなにとって、彼女の存在がどれだけ大切なものかがよくわかる。

＊

かつて、養子となっていく子どもにマザー・テレサ自身が同行していた時期があった。しかし旅行の費用がかさむ。倹約家の彼女は、自分の旅費を払うことを渋った。たまたま同じ飛行機に乗っていたとき、どうやって飛行機の運賃を無料にしてもらったのかと、マザー・テレサに聞いてみた。彼女は愉快そうに笑い、そのいきさつを話してくれた。

「仕事が増えて旅費がかさむので、わたしとシスターたちに飛行機の無料パスを渡してほしいと、何度もインド政府に手紙を書き、お願いしました。ついには、わたしが乗るときはスチュワーデスになって働く、と書いたのですよ。そうしたらすぐに返事が来ましてね。まずエア・インディア(国際線)が無料パスを一枚くれて、それからインディアン・エアライン(国内線)が二枚、さらにアリタリアとパンナム、それからエチオピア航空が無料の航空券をくれました」

そう話す彼女の瞳は、嬉しそうに輝いていた。

マザー・テレサがスチュワーデスをしている姿を想像しただけで、楽しくなってしまう。飛行機の中で何か仕事ができるとしたら、他の乗客にサインをすることだけだろうか。マザー・テレサのその提案は実現しなかった。

マザー・テレサは、かなりの影響力をもっている。そのことを実感させられる出来事がある。ある日、彼女がローマから戻って来るというニュースを聞いた。夕方遅く、デリーの空港に到着するという。何ヵ月も会えなかったので、デリーにどのくらいいるのか分からないけれど、とにかく空港で彼女を出迎えることにした。ローマからの飛行機は、十五分遅れで到着した。ターミナルに彼女が姿を見せたとき、時刻は午後七時半になっていた。

「来てくれて嬉しいわ。今晩中にカルカッタに戻れる飛行機に乗りたいけど、大丈夫かしら」

と、彼女は笑顔を見せて言った。

不可能だとわたしは思った。カルカッタへ向かう飛行機は、国内線のターミナルから出発する。その飛行機の出発時間は、午後八時となっていた。ローマから飛んで来たエア・インディアの飛行機から荷物を降ろす作業は、まだはじまっていない。このころのわたしは、マザー・テレサの決意が引き起こす現象というものを知らなかった。やると決意をすると、どんな場合でも解決の道が開けていく。それがマザー・テレサの力なのである。

「カルカッタの『シシュバワン』に、死にかけている子どもがいるんです。わたしが預かってきた薬を使えば、その子の命は助かるかもしれない。飛行機に乗れるように、どうぞ助けて」

と、彼女はおだやかに言った。そして、いつも持っている古い布袋からロザリオを出すと、祈りはじめた。その姿を見て、わたしの心配はつのってきた。時刻はすでに七時四十五分。カルカッタ行きの飛行機は、すでに搭乗を開始している。

何人かの人がマザー・テレサがいることに気づきはじめた。祝福とサインを求めて、近くに寄って来た。わたしは気づかなかったのだが、カルカッタに死にかけている子どもがいて、マザー・テレサが来るのを待っていることが、いつのまにか人々の間に伝わっていた。そして、空港の責任者からポーターにいたるまで、空港スタッフの全員が、カルカッタ行きの飛行機に乗ってもらおうと、マザー・テレサのために走り回っていた。突然ベルトコンベアが動きはじめ、マザー・テレサの荷物が最初に運ばれてきた。段ボールが六個。そのうちの五個に薬品が入っていた。誰かがカルカッタ行きの搭乗券を彼女に手渡した。

そのころ、管制塔は、カルカッタ行きの飛行機が国際線の滑走路に移動しているという報告を聞いた。その飛行機の機長は、カルカッタ出身だ。管制塔は、飛行機を少しでも動かすことは危険だと警告した。警告を無視して、機長はマザー・テレサが乗れるように飛行機を準備した。

わたしは自分の車で、飛行機の入り口まで送って行こうと考えていた。しかし、二、三分後に飛行機は国際線に現れた。霧の中からタラップが降ろされ、マザー・テレサは六個の箱とともにカルカッタ行きの飛行機に乗り込んで行った。

十日後、マザー・テレサはデリーにやって来た。わたしが最初に聞いたことは、もちろん「シシュバワン」の子どもの容体だった。彼女は笑顔をいっぱいにして「間に合った」と答えた。子どもは回復に向かっている。

「あの夜の出来事は、第一級《ファーストクラス》の奇跡だったんじゃないかしら？」

と嬉しそうに言った。

9　チタガール

インド内外にあるハンセン病センターを訪問すると、必ず大変な苦労を乗り越えてきたという話を聞く。設立し、運営をしていく上で、常に困難がともなっている。朽ちかけた肉体に生命力を吹き込み、新しい生活をはじめるためには、それなりの勇気も必要である。チタガールにある「ガンジー・プレム・ナイワス（愛の家）」は、そのような勇気を思い起こさせるハンセン病センターの一つである。マザー・テレサは、チタガールでの「男子神の愛の宣教者会」の活動について、たびたび話をしてくれていた。ある日カルカッタに行ったとき、わたしはチタガールを訪ねてもよいだろうかとマザーに訊ねた。彼女はすぐに、責任者であるブラザー・マリアダスにあてた紹介状を書いてくれた。

「行って見て来てください。ハンセン病患者の皆さんは、素晴らしい人たちですよ。ハンセン病にかかったということは、神からの贈り物をいただいたということです。そうやって神は、ご自分の近くに彼らを引き寄せているのですよ」

と、マザーは言った。

チタガールはカルカッタ郊外の工業地域である。二月の早朝、カルカッタからチタガールまで、車で一時間以上かかった。時速二十五キロほどのゆっくりしたスピードで、ガタゴト揺られながら走り続けた。いろいろな機械の騒音にまじって、ガヤガヤと人々の声が飛びかうにぎやかな地域に入ると、わたしはすぐに迷ってしまった。野菜市場や小さな店がひしめき合い、消火栓のそばでは子どもたちが水浴びをして遊んでいた。洗濯された色とりどりのサリーが、ロープに吊るされて風に舞っていた。店先には巧みに編まれたカゴが並んでいた。インドの初代首相であるネールの像の前を通り過ぎた。すぐ隣りにはクリシュナ神が祀《まつ》られており、人々がお参りをしている。道路にそってイスラム教寺院が建っている。寺院のドームには磁器のかけらが美しくはめ込まれ、太陽の光を受けて大きな真珠のように輝いていた。やがて、煙突の前に出た。以前は、紙工場が操業していたという。道を訊ねようと、車を停めた。

「この道は、ハンセン病のホームに行きますか？」

と運転手が道を歩く男たちに聞いた。

「ああ」

と、一人が答えた。彼は道の先の色あせた黄色のビルを指差して言った。

「マザー・テレサ」

チタガールのハンセン病センターは、一九五八年に「神の愛の宣教者会」によって設立された。現在、「宣教者会」では、アフリカや中東、アジアにおいて百以上のセンターを運営しているが、チタガールもそのうちの一つである。ここの施設が、インドの自由の象徴であるマハトマ・ガンジーにちなんで「ガンジー・プレム・ナイワス」と名づけられたのは偶然ではない。マハトマ・ガンジーは、四百万人ものハンセン病患者のために、社会の差別と闘った人である。

わたしはブラザー・マリアダスの手があくまでの数分間、センターのホールで待っていた。ホールには何枚かのポスターが貼られていた。そのうちの一枚には、一九四八年一月三十日は反ハンセン病の日だと告知されていた。マハトマ・ガンジーが銃で暗殺された日である。セワグラムのアシュラムで、ガンジーが二人の患者の世話をしている様子を、別の患者が鉛筆でスケッチしたポスターもあった。その他にもいろいろなポスターが貼られていた。ポスターをながめていると、髭をたくわえた若い男性がこちらに向かって歩いて来た。やわらかな物腰と柔和な目が印象的だ。彼は、大きく手を広げてわたしを歓迎してくれた。

ブラザー・マリアダスは、わたしを小さな部屋に案内してくれた。質素な机と椅子が二脚あるだけの殺風景な部屋だ。壁には、マザー・テレサと「男子神の愛の宣教者会」の共同創立者であるブラザー・アンドリューが写っている写真が貼ってある。その下には、こんな言葉が書いてあった。

「ハンセン病患者はいない。あるのはハンセン病という病気だけだ。そしてそれは治癒できる」

「プレム・ナイワス」は、マザー・テレサの決断の成果である。この地域には鉄道の線路が敷かれ、かつてはその両側に粗末な小屋が密集していた。ハンセン病に感染し、社会から見離されたたくさんの家族が、病気と貧困と罪の意識の中で暮らしていたのである。生活状態はあまりにもひどく、〝普通の小屋〟の住人も寄りつこうとはしなかった。彼らは町はずれに追いやられ、最後には線路のそばのじめじめとした湿地に住むことになったのである。町の人々も、役所の人も感染を怖れた。警察もこの付近には近寄ろうとはしない。密輸や密造酒づくりなどの犯罪も、ハンセン病患者の間で起きているかぎり、黙認された。この一帯では、暴力沙汰がひんぱんに起き、殺人事件も一度ならず起きていた。

ハンセン病患者に治療を受けさせようとは、誰も思わなかった。医者たちも診察したがらない。どんな治療が必要な患者がいても、診療を受け付けようという病院はなかった。

患者が一人でも出れば、家族全員が感染する。栄養状態が悪いこともあって、あっというまに感染した。ハンセン病は、前兆なしに広まっていく病気だと説明してくれる人もいなかった。静かに神経に入り込み、知覚を麻痺させる。そして手足の感覚をなくしてしまうのである。注射をしても、痛みを感じない。潰瘍や敗血症を引き起こす。やがて、指先やつま先が溶けてなくなり、さらには鼻も眉毛もなくなっていく。

あるとき、何人かの感染者が薬を探しにカルカッタにやって来た。そこで、マザー・テレサの移動診療車のことを知った。エントーリのロレット修道院の壁の外で、毎週水曜日になるとハンセン病の診療をしてもらえるという話を聞いたのだ。

シスター・コレットが、三人の若いシスターの助けを借りて、毎週百人以上の患者の診療にあたっていた。この移動診療車は、高価な薬やビタミン剤を使い、診察料は無料である。栄養不良の患者には、食べ物が入った袋も配られた。やがて、チタガールの何組かの家族が、移動診療車に毎週やって来るようになった。

しかし、多くの患者たちは、バスや電車代の工面がつかないために毎週は来られない。彼らは時々無賃乗車を試み、見つかると次の駅で降ろされてしまっていた。病気の感染は新生児にも及んでいた。母親が子どもを連れてチタガールから来るのは大変なことである。患者たちはマザー・テレサに、チタガールにも診療所を開設してほしいと懇願した。

マザー・テレサはチタガールを訪問して、すぐにセンターを開設しようと決心した。二、三ヵ月後、線路の近くに小さな診療所を開く。二、三人のシスターが、困難な仕事をするためにやって来た。この診療所で、解決しなければならない問題ははっきりしていた。ヘビが生息する沼地と、患者の不衛生な生活状態を何とかしなければならない。排水や下水の施設はないし、飲み水も電気もなかった。モンスーンの季節に降る大雨を防ぎ、一月の早朝の寒さを防ぐ屋根もなかった。ここでの仕事は、男性に向いていることが多い。マザー・テレサは、「男子神の愛の宣教者会」にまかせようと考えた。

ブラザー・クリスト＝ダスとアシスタントの若いブラザー・マリアダスは、彼らの生活状態の改良に取り組みはじめた。しかし、地元の暴力団グループが邪魔をする。地域の住民は、生活改良派と反対派に二分され、険悪な雰囲気になった。「男子宣教者会」に向かって、石を投げる者もいた。ブラザーと一緒に働いてくれたのは、村の若い人たちだった。

最初のステップとして、改良派は新しい家を造るためのブロックづくりに取りかかった。家の建設には、二、三ヵ月かかったが、ブラザーたちの真意が理解されるようになり、仕事を手伝ってくれる人が増えてきた。家が出来上がるころには、抵抗する人はいなくなっていた。暴力団は逃げ出し、住民の間にあった悪意や疑念は消えた。それからは、男性も女性も子どももいっしょになって、建設工事に参加するようになった。沼地の中に二つの大きなタンクを造った。沼地の埋め立てには、掘り出した土を使った。それから、中心となる建物の工事をはじめた。最初は住宅部分の工事で、それから線路にそって細長いバラックの建築に取りかかった。緑の扉と窓がついたこの建物は、現在はリハビリセンターや作業場として使われている。

次に病院の建設がはじまった。男女別々の棟と、カフェテリアや小さな建物が造られた。建物は線路にそって、チタガール駅からカルダー駅の近くまで、えんえん一キロ半以上もあった。

プラザー・マリアダスは、線路を横切ってリハビリセンターに案内してくれた。線路には歩道橋も地下道もついていない。わたしたちは、線路を前に左右を見て、汽車が来ないかどうか安全を確かめてから渡った。センターの玄関には、小さな掲示板がある。そこには建設にかかわった患者たちへの感謝の言葉が記されていた。

センターに入ると、まず目に入るのは中央の建物だが、それは途方もない長さになってつながっていた。建物は、どこまでもどこまでも長く続く。そしてホールの両側には、たくさんの織機が並んでいた。そこにはハンセン病患者たちが、「宣教者会」のシスターが着る白いサリーを織っている。昨年は四千枚のサリーがこのセンターから送られ、インド国内と海外の「神の愛の宣教者会」に届けられた。床に座った数人の女性が、糸紡ぎ車を操っている。この紡ぎ車は、外国資本から脱してインド経済の自立を主張したガンジー翁が、自らも使った道具である。ガンジーは、外国の高価な服を輸入したり着用したりするかわりに、貧しい人の中でももっとも貧しい人々が手で紡いで織った質素な木綿の服を着ることを奨励し、推進した。この運動は、インド国民に広く深く影響を及ぼしていった。紡ぎ車は、何百人もの人々に仕事を与えるきっかけとなったばかりでなく、インド独立運動の象徴ともなっていったのである。

紡ぎ車を前にして、床に座っている患者たちの頭は、白いサリーでおおわれていた。その姿には静かな威厳がただよい、病気や障害を克服しているように見えた。

センターから病院へ向かった。よく磨き込まれた廊下を通ると、強い防腐剤の臭いがした。百以上のベッドに、インド各地から移送された患者が横たわっている。薬、手術、看護、食事など、入院にかかる費用はすべて無料である。高価な薬品類は、海外の篤志家から寄贈される。物資が足りなくなった場合には、地元で調達される。治療が中断されて、余病が併発するのを避けるためである。

家族が住む地域は、蜂の巣箱のようににぎやかだ。いくつかの家で出会った人たちの中には、身体が変形している人もいたが、糸を紡いだり家事をこなしたりするのに支障があるほどではなかった。ある年老いた男性は両手の指はまったくなかったが、義足をつけて特製のミシンのペダルを踏み、器用に仕事をこなしていた。

ブラザー・マリアダスは四方八方から伸びてくる子どもたちの手で、もみくちゃにされていた。子どもたちは、ちょうど町の学校から戻って来たところだった。

「ブラザー！　ブラザー！」
と口々に叫びながら、子どもたちはブラザーの腕を引っ張る。ブラザーは一人ひとりの名前をわたしに紹介しながら、手は子どもたちの鼻や耳をつねったり、引っ張ったりしていた。

ブラザーは、何人かの大人も紹介してくれた。その中に、まるで老婆のように真っ白な髪をした女性がいた。

「サンバリです」
と、ブラザーは言った。

「彼女も最初はわたしたちに石を投げた一人でしたが、建設の女性チームのリーダーになり、いまではここの中心人物となっています」

サンバリは、自分の小さな家をわたしに見せてくれた。きれいに片付いていて、小さな庭にはヒマワリと紫色のダリアが咲いていた。立っているこの場所が、かつては沼地だったとは想像できないほど、美しい眺めだった。

ブラザーたちが住んでいる所も見せてもらいたいと思った。ちょっとためらう気持ちもあったが、ブラザーに頼んでみた。ブラザーの住まいは、五キロも離れたところにあった。車で一緒に行ってもらうことにした。ブラザーの家でお茶をいただきながら、生活の様子を聞いた。

「朝は、四時半に起きます。五時半から七時までは、黙想と祈りで過ごします。六時にミサがあります。ミサが終わると約三十分間、家の掃除をします。手伝いはいません。八時から午後一時までと午後の三時間は、『プレム・ナイワス』で仕事をします。時々休憩をとることもありますが、そのときの患者の数によりますね。六時半からは、夜の祈りの時間。それから、夕食。八時半には、再び祈りの時間を過ごします」

所持品について訊ねた。シスターたちが二枚のサリーと予備の一枚を持つように、ブラザーも質素な木綿のシャツ二枚とズボン二本を持ち、〃特別な時のための〃予備の一組を持っていた。誓願の内容は、ブラザーもシスターと同じである。

固い木のベッドの上に、木綿の薄いマットレスが敷いてあった。その上には、彼のすべての持ち物がきれいにたたんで置かれていた。彼の質素な生活ぶりを見て、わたしはちょっと驚いた。わたしの気持ちを察したのか、彼は小さな笑みを浮かべて言った。

「貧しい人々のことを知るためには、それよりもっと貧しい暮らしをすることですよ」

それは、マザー・テレサがいつも言っていることである。

二、三ヵ月後、わたしはそのときのブラザーの言葉を思い出していた。もう一つのハンセン病センターである「シャンティナガル」を訪ねようと決めていたときである。マザー・テレサはよくこの平和の村のことを話しているが、そのときの声の調子には一段と熱がこもっていた。「シャンティナガル」は、元はジャングルだった場所で、十四万平方メートルほどの広さがある。ビハール州との州境にあり、カルカッタからは汽車で約四時間、さらに車で二十五キロほどの距離にある。

「ブラザーを一人同行させましょう」

マザー・テレサがそう言ったまさにそのとき、ブラザー・マリアダスがマザー・テレサに会うために階段を上って来た。わたしたちは、旧知の仲のように挨拶をかわした。その様子を見ていたマザー・テレサは、ブラザー・マリアダスに同行できるかと訊ねた。彼はすぐに承知してくれた。

わたしたちは午前六時十分発のアサンソール行き急行「ブラック・ダイヤモンド」号に乗るために、翌朝早くハウラー駅で待ち合わせをした。彼はチタガールからやって来る。そのことに後で気づいたわたしは、待ち合わせの場所で出会ったとき、夜はどこに泊まったのかと心配して訊ねた。

「駅ですよ」

と、彼はほほ笑んだ。彼のチケットはわたしが持っていた。二等車専用の待合室のベッドを使うためには、そのチケットが必要である。どうやってそこに入ることができたのか、わたしは不思議に思った。ブラザー・マリアダスが答えた。

「清貧の誓願を立てたからには、ホテルに泊まったり、待合室のベッドを使うことは許されません」

わたしはまさかと思いながら、ではどうしたのかと訊ねた。

「プラットホームにいたのですよ。カルカッタには真夜中近くに着きました。市内にあるブラザーの家に行くにはもう遅すぎましたので、駅で一晩過ごすことにしたのです」

当然のように、彼は言った。一月のカルカッタの夜は、かなり冷える。地べたに直接横になっては寒いので、ブラザーは靴みがきの少年が置いていった段ボール箱を四枚広げ、ベッドをこしらえた。そこで朝まで休んでいたというのである。

車内は暖房がきいて、あたたかかった。わたしがあれこれ考えているうちに、ブラザー・マリアダスは心地よさそうに眠ってしまった。

汽車はゆっくりとアサンソール駅についた。ブラザー・マリアダスは、ウトウトしていたわたしを起こしてくれた。「シャンティナガル」へどうやって行くかを彼が言い出す前に、わたしはタクシーをつかまえた。時間を節約するため、と彼には納得してもらった。実際、わたしたちはその日の夕方の列車でカルカッタへ戻らなければならないのである。タクシーの運転手に行き先を告げると、運転手は分からないという表情をした。ベンガル語やヒンディー語、英語、さらにジェスチャーまでまじえて、ようやく通じた。

「なぜ最初に、『ハンセン病ホーム』と言わなかったんです?」

と、運転手が聞いてきた。しかし、運転手なら「シャンティナガル」を知っているはずではないのか、とわたしは問い返した。彼は、ここ何十年で数人の訪問者があっただけですよ、と説明した。

「過去十年でわたしがあそこへ行ったのは、たった一回きりですよ。誰もハンセン病のホームには行きたがらないんです」

と、彼は言った。

運転手は、ラムという名前だった。話をしていくうちに、彼の気持ちがみるみる変わっていくのが分かった。タクシーの運転手という孤独な仕事に飽きていて、好奇心と渇きが彼の心の中にあったのかもしれない。彼の中で、何かが変わったようだった。

到着すると、シスターたちが食事を用意してくれていた。ゆでた米とダール（豆の入ったカレー汁）、それにサラダが少しついていた。ベンガル地方でももっとも質素な食事である。最初、ラムはシスターたちがつくってくれた昼食を断わった。近くのどこかの食堂で食べるつもりでいたようだ。しかし近所には何もないと知ると、渋々台所に入って来た。彼にも、わたしたちと同じ食事が出された。湖で釣ったばかりという魚が出されると、彼は、おいしいと言った。それから、自分がハンセン病の施設で食事をしたことを家族や友人たちに知らせたら驚くだろうとも言った。この日ラムは、ハンセン病は初期に手当を受ければ必ず治るものであること、伝染を怖がる必要はないという初歩的な知識も身につけた。

その日の午後は、シスター・アルバートの楽しげな笑い声が、まるで寺院の鐘の音のように響いていた。

彼女の説明によると、施設のある十四万平方メートルの土地は、一九六一年に西ベンガル州政府からマザー・テレサに与えられたものだという。三十年間の貸与という形になっていて、一年に一ルピーずつ支払うという条件だった。しかし、事実上は州政府知事からの寄贈である。知事は共産主義にも深く共鳴する政治家で、清廉潔白な人柄で知られている。カルカッタでは有名な話だが、知事は、この小柄な修道女と彼女の率いるシスターたちの求めに対して、一度も「ノー」と言ったことがないそうだ。なぜなら、彼女たちの要求がけっして自分たちのためではなく、人道的な目的、それも普通なら無視するか、その存在すら忘れられている最下層の人々を救うための要求だからである。

「シャンティナガルは奇跡です」

と、シスター・アルバートは言った。マザー・テレサの辞書では、〃奇跡〃というのはほんのちょっとしたことで起こされるもののようだ。物事が思いどおりに運んだときなど、シスターたちは嬉しそうに、一日に何度もこの言葉を口にする。

シャンティナガルでの仕事にも、困難がつきまとった。

「一九六一年、このあたりはジャングルのように未開の土地でした」

と、シスター・アルバートは話を続けた。ここに、ハンセン病センターをつくり、自給自足できる家を建てるという夢をマザー・テレサはもっていた。しかし、その夢を実現するためのお金はまったくなかった。

このとき〃奇跡〃が起きる。一九六四年、パウロ教皇六世が国際聖体大会に出席するためにボンベイを訪れたときのことである。あるアメリカ人から、最高級車リンカーン・コンチネンタルが寄贈された。教皇はボンベイ滞在中、その白いリムジンを使用した。マザー・テレサの「死を待つ人の家」を訪問したときも、そのリムジンに乗って出かけている。教皇は、「神の愛の宣教者会」の活動に深い感銘をうけ、インドを離れるとき、マザー・テレサにリムジンを贈った。

マザー・テレサにとって、車そのものはまったく無用のものである。売ってお金に替えることを考えたが、もっとたくさんのお金が得られる素晴らしいアイデアがひらめいた。マザーは、車を商品にして宝くじを売ることを思いついた。そして新聞でそのことを広報してもらったのである。アイデアは大成功。相当な額のお金を手にすることができた。お金は、さっそく「シャンティナガル」の病院の建設費用にあてられた。ドイツの子どもたちからの寄付も贈られてきた。

数年前、わたしはどうやって宝くじのアイデアを思いついたのかとマザー・テレサに訊ねてみた。すると彼女は、この無神論者の目をのぞき込み、声の調子を落として言った。

「祈ってごらんなさい。そうすればあなたもすぐに思いつきますよ」

一九六八年、ほがらかなシスター・フランシスコ・ザビエルが、この未開の地にやって来た。彼女はマザー・テレサと同じユーゴスラビア出身。パイオニア精神にあふれていた。数人の有能なシスターが手助けをした。若いシスターたちはてきぱきと仕事をこなしていく。水は、近くのメクハン・ダムから引いた。やがて美しい花が咲きはじめ、いろいろな果物の木が植えられた。マンゴーの果樹園もつくられ、麦や野菜も育てられた。大きな池には魚が放流された。魚は貴重な蛋白源となって、栄養不足を補うことになる。これらの準備が終わってから、患者たちの受け入れがはじまった。センターが開設されたとき、ある程度の自給自足体制はすでにできていた。

二年たって、主な建物の建設が終了した。リハビリセンターやハンセン病患者の住む家は、患者自身の手で造られた。それから病院も完成した。

ハンセン病患者の家族も経済的に独立する方がよいと、マザー・テレサは当初から考えていた。そのためには、宗教や階層の区別なく、すべてのハンセン病患者と家族にとってオアシスとなるような空間が必要である。患者は治療を受けながら、まだ残っている手や足を使って何か仕事をして、少しでも収入が得られるようにする。身体を大事にいたわり、残りの人生を平和で尊厳に満ちたものにできるよう手助けする人も必要である。

新しい住民たちも、れんがのつくり方を習い、住宅の建設に加わった。建物のデザインは土地になじむようにと、きわめてシンプルなものとなった。

次に、感染している両親から隔離するために、子どもたちの家「シシュバワン」が造られた。さらに、小さな病院も建てられた。そこには義足や義眼をつくったり、視力を矯正する設備をととのえた。住民たちは米をつくり、鶏を飼った。カゴを編み、果樹園の手入れをした。村としての体制をととのえるために議会をつくり、村長を選んだ。

「シャンティナガル」ではすべての物が活用され、無駄を出さない仕組みになっている。家畜の囲いのそばにはガス・プラント(ハクセン)と呼ばれる草が使われているが、その草は燃やされて、台所やコミュニティセンターのガスとして再利用される。臭いや色のないガスである。近くの町から引かれているガスが時々供給不能になるため、重宝しているようだ。

ココナッツの木が、何百本も植えられている。ココナッツからは滋養豊かなミルクがとれるし、殻の繊維を活用して粗末なマットをつくることもできる。チークの木は、やがてたくさんの〝家〟を建てる材木として使われることだろう。

その日の午後に畑や池、台所を見て回ったが、どこへ行っても、患者たちは仕事に励んでいた。彼らの表情には、村の一員としての安心感がただよっている。

「患者の何人かは、たとえ体が変形している人でも、外から雇うどんな人よりも、責任のある仕事を任されています」

と、シスター・アルバートは強調した。

一九九〇年の成果を、シスター・アルバートは誇らしげな表情を隠さずに説明してくれた。一万七千六百十三人のハンセン病患者と四千三百六十二人の一般の患者が、治療を受けた。九百六十六人のハンセン病患者が入院し、四百四十九人が手術を受けた。七百八十五足の特製の靴がリハビリセンターでつくられ、三十五人の患者に義足が付けられた。百三十五人の子どもが「シシュバワン」に収容されたが、そのうちの三十八人は無料である。二千人が毎月の食料配給を受け、四百人が食事の供給を毎日受けている。どちらも完全に無料である。二週間に一度、一般人の医者が三人、アサンソールから往診にやって来る。彼らは無料で義足の修理などをしてくれている。

れんがで舗装された道路を渡る。その通りはパウロ教皇通りと呼ばれている。近くに二十人ほどの少年たちが住む寮がある。きれいに片付けられたベッドのかたわらには、ポップな絵が描かれたポスターが貼ってあった。ちょうど学校から帰ったばかりの子どもたちが遊びに熱中していた。十歳くらいの少年が、シスター・アルバートのところに走り寄って来た。わたしたちは握手をして挨拶をかわした。彼が走り去って行くのを確かめてから、シスター・アルバートは言った。

「シャプンは、数年前に線路の近くで拾われたのです。小さくてやせていて、体も弱っていました。かたわらには父親の死体がありました。なぜ父親が死んだのか、誰も知りません。鉄道の機械工たちがシャプンを見つけ、ここへ連れて来たのです。彼は、学校での成績がとてもいいんですよ」

シスターは自慢気に続けた。

「クラスでいつも一番なんです」

寮の中に、とてもエネルギッシュな感じの少年がいた。小さな少年たちを指導しているので、ブラザーかと思ったほど大人びて見えた。

「サントシュ、今日のコンピュータの授業はどうだったの?」

と、シスター・アルバートはこのベンガル人の少年に声をかけた。彼は近くにある市立の学校で、特別に授業を受けているという。

「あなたはすぐにお金持ちになるでしょうから、素敵なお嫁さんを探してあげなくちゃね」

と、シスター・アルバートはからかった。

「僕は結婚しないよ。この家から出て行くつもりはないんだから」

サントシュは口をとがらせて不満そうだ。

住宅の方へ向かって歩きながら、シスター・アルバートはサントシュの身の上話をしてくれた。彼は二歳のときにセンターの玄関先に捨てられていたという。シスターたちは親身になって彼を育て上げた。十六歳になったいま、彼が「家」と呼べるのは、ここだけなのだ。ところが二週間前、サントシュの人生に大きな変化が起きた。ハンセン病にかかり、身体の変形した夫婦がシスターを訪ねて来た。そして、サントシュは自分たちの息子だと主張したのである。彼らは息子を「家に連れて帰りたい」と言う。シスターたちは、彼らが本当の親であるかどうか証明するものが必要だと、言わざるを得なかった。そんなことを言うのはシスターたちも初めてのことだが、サントシュを納得させるためにも証明が必要だった。サントシュが談話室に呼ばれた。彼は、生まれて初めて会う両親がみすぼらしい乞食で、しかもハンセン病にかかっていると告げられた。自分に起きた突然の出来事に、サントシュは激しい衝撃を受けている……。

「わたしたちはサントシュを説得しています。ハンセン病にかかった両親の悲しい決断を理解し、受け入れてほしいからです。あの夫婦はどちらも家族から見離され、仕事のあてもなく、街頭で物乞いをするしかなくなってしまったのです。サントシュを捨てたのは、病気が伝染するのを怖れたためでした。自分たちの息子を愛していなかったからではなく、逆に愛していたからこそ、捨てたのです」

シスター・アルバートも他のシスターたちも、サントシュが状況を受け入れて自分の両親と一緒に住むことになるだろうと信じている。

その日の静かな午後は、突然の罵声によってかき消された。背が高く、体格のよい一人の男が大声で叫びながらこちらに近づいて来た。彼は威嚇するように杖を振り回している。もう片方の手には松葉杖が握られていた。

「もうこんな所にはいたくないんだ」

と、シスター・アルバートに向かって彼は言った。

「四人じゃないんだぞ。すぐにここを出たい」

シスター・アルバートは、ほほ笑みを浮かべたまま、

「もう二、三日で松葉杖がとれますからね。それまでは、ここにいらっしゃいな。弟さんも来週の火曜日までは迎えに来れないそうだから」

と、答えた。

「弟だって？　俺が知っているかぎり、弟はもう死んでいるよ。すぐにここを出たい」

彼は大声で叫んだ。そして、シスターの頭めがけて、杖を振り降ろそうとした。緊張が走った。その瞬間、空気が凍りついた。突然、彼の怒りがスッと消えた。男は体の向きを変えると、杖を投げ捨てて病院の方へ歩いて行った。

シスター・アルバートは悲しそうな顔で立っていた。

「プラモドは、時々耐え難いほどひどい痛みに襲われるのです。妻は、子どもと彼を置き去りにして、他の男と逃げてしまいました。彼はそれを許すことも忘れることもできないでいるのです。弟はとてもやさしい人で、兄を思いやって世話をしてくれています。プラモドの子どもたちの面倒も見ているのです。手術を受けさせたいとプラモドをセンターに連れて来たのも、弟なんです。プラモドの指はすぐに使えるようになりますよ。でも、心に受けた傷がいえるには時間がかかるでしょうね」

いとまを告げる時がやってきた。わたしたちはシスター・アルバートとサントシュにさよならを言った。彼は、ずっとわたしたちと一緒にいたのだ。シスター・アルバートは訪問者名簿をわたしに差し出し、何か書いてほしいと言った。何人かの先客の言葉を拾い読みしていると、一月ほど前に訪れ

た女性グループの文章が目に止まった。

シャンティナガルのシスター全員の、真摯な姿と、献身的な仕事に感謝します。
マザー・テレサのために祈ります。

イースタン・レイルウェイ女性社員一同
一九九〇年一月二十八日

現在、ハンセン病の患者は、世界中におよそ一千二百万人いるとされている。多くはアジアやアフリカ、南アメリカなどで発病し、とくにインドでは四百万人とずば抜けて多い。ハンセン病は死に至る病ではないが、聖書の時代からつい二、三十年前まで、効果的な治療法がなく忌み嫌われていた。症状が進むにつれ、身体が変形していく。感染者は社会から追放されて生きてきた。十年ほど前、画期的な化学療法が確立された。物理療法や外科的療法の進歩も著しく、国家的な規模での救済計画が推進されるようになった。病気が早期発見された場合は、完全な治癒も可能である。また、身体変形がはじまる前に精密検査と定期検査を行ない、化学療法を継続していくことで大きな効果があがっている。政府の救済計画とボランティアの協力によって、病院や検査・治療センターが設立されるようにもなった。早期感染者の治療ができれば、社会復帰もできる。しかしながら、無知と貧困はいまだに続いている。とくにスラムに住む栄養不良の子どもたちは、感染しやすい状況に置かれている。政府の努力が、完全な効果を発揮しているわけではない。ハンセン病絶滅計画に必要な基金や人材は不足しており、計画のかなりの部分を委託されているボランティアの努力が報われているとはいえないのが現状である。

マザー・テレサは、ハンセン病患者を救うために懸命な努力を重ねてきた。ハンセン病が発生している途上国には、少なくとも一つのハンセン病治療センターを開設し、複数のセンターを開設した国もある。ハンセン病センターは、市街地から離れた場所につくられる。それは、ハンセン病患者たちが行政の厄介物だからである。また、街から離れている方が、患者たちが物乞いに出かけにくいという理由もある。

ハンセン病とマザー・テレサの闘いは、必ずしもマザーに有利というわけではない。困難や屈辱に耐えなければならないときもある。かつて、ゴブラ病院というハンセン病の治療所がカルカッタ市の郊外にあった。街が広がるにつれ、その病院を閉鎖するか、移転するかしてほしいという声が住民や土地開発業者の間から起こり、市当局に要請するようになった。街の中にハンセン病の治療所があっていいとは、住民は誰も思わない。マザー・テレサは当時、西ベンガル州知事であったB・C・ロイ博士を訪ね、病院を閉鎖しないようにと何度も頼んだ。ロイ博士はマザー・テレサを尊敬していた。博士の家族はマザー・テレサの支援者でもあった。しかし、病院は閉鎖されてしまった。病院は市の唯一のハンセン病診療所だったので、患者たちには治療を受ける病院がなくなってしまった。マザー

・テレサは市のどこかの場所で診療所を開こうとしたが、また反対運動が起きた。適当と思える場所を探し出したのだが、何度か下見に行くたびに、住人たちの激しい反対に直面した。バンに乗って現地に出かけ、車から降りようとしたときに石を投げられるという〝もてなし〟も受けた。そのときのマザー・テレサの判断は、まさに現実的なものだった。

「神は、ここに診療所を開くことを望んでおられないようです。祈りましょう。そして神が何をお望みかを聞きましょう」

と、彼女は静かに言った。

アメリカの篤志家から寄付が送られてきたとき、マザーは「救急車」というインスピレーションを得た。寄付金で移動診療車を購入することを思いついたのである。同じころ、皮膚病とハンセン病の権威であるセン博士が、ある有名な病院を定年退職することになった。彼はマザー・テレサを訪ね、自分の能力や経験を生かした仕事をさせてもらえないかと協力を申し出た。そして報酬は一切いらないと付け加えた。博士は以前からマザー・テレサの自我を捨てた活動に感銘を受けていたのである。これで、車も人材も揃った。一九五七年九月、最初の移動診療車がペリエ大司教によって祝福され、スタートした。

最近、わたしはエントーリの修道院の外に停車していた診療車を訪ねた。そこで、シスターたちがつけている記録を見せてもらった。一つの停車地に、千人以上もの患者が詰めかけるという。

数年前、デリーのセンターを訪ねるマザー・テレサに同行させてもらった。センターは、いまから十七年前、デリーの知事からマザー・テレサに寄贈された四千九百平方メートルの土地に建てられていた。明るい雰囲気の建物だ。質素な造りの外科手術室と寮は、文字どおり燃え尽きようとしている人々と、貧しい人々のためのものである。訪れたその日、手術が行なわれる予定になっていた。毎週水曜日、若い外科医のチャダ博士が、二人のシスターを助手に、一日十数件の外科手術を行なう。シスターというのは、もちろん手術の訓練を受けた「神の愛の宣教者会」のシスターである。患者は簡単な手術を受けるだけで指が使えるようになり、人生の希望の灯が見えるようになる。

お茶の時間の二、三分間、その医師と話ができた。彼は、家族には完全におかしいと思われていると笑っていた。「なぜ?」という家族の疑問は消えない。インドで一番優秀な医大を出ているのだから、開業して手術をすればいくらでもお金を儲けることができる。それなのに「なぜ」マザー・テレサのハンセン病施設でボランティアの手術などをしているのか? キリスト教徒でもないのに……。そう家族に責めたてられると、次のように返事をするのだそうだ。

「ほんとに僕は少しおかしいに違いない。でも、国家から一番よい待遇をしてもらっているのだから、〝恩返し〟をしなくちゃね」

そう言いながら、彼は無邪気な笑顔を浮かべていた。

しかし明るい建物も、花壇や野菜畑も、ハンセン病がもたらす悲劇を隠すことはできない。ビハール州出身の男性患者カルに話を聞いた。

「この九年間でたった一度だけ故郷の家に戻りました。まるで泥棒のように、コソコソと隠れながら家に入ったんですよ。村の中を見て回ることはできませんでした。父は泣いていました。妻は、わたしに近寄ろうともしません。二人の娘だけが抱きついてきました。娘たちには、病気の恐ろしさが分かっていないのです。家に帰りたいですよ。でも家族に迷惑をかけることはできません。もし村の人たちが病気のことを知ったら、誰もわたしの娘と結婚しないでしょう」

家族の〝普通の〟生活を守るために、カルも村から出なければならなかった。五十年ほど前のことだ。以来、一度も自分の村に戻っていない。兄弟たちは、カルを死んだものと見なしているという。彼は誰にでも身の上話を聞いてもらいたがった。

＊

カルというのは、あだ名である。年齢はほぼ七十歳。身体は、頭と胴体しかないのかと見間違うほどにひどく変形している。脚の付け根部分が、わずかに残っていた。遠くからだと、大きな頭をした幼児のように見えた。不幸な状況にもめげず、カルはいつも明るい。しかし、カルのこれまでの人生には、痛みと屈辱がともなっていた。

カルは、南インドのある裕福な農家に生まれた。四人兄弟の一人だった。背中の斑点に気づいたときはまだ若い青年だった。町の医者の診察を受けた。ハンセン病と診断された。カルは、自分の耳を疑った。恐ろしかった。お寺に飛び込み、ヴィシュヌ神に命乞いをした。神様、前世でどんな罪を犯したというのでしょうか。なぜ、このような厳しい罰をお与えになるのですか。彼は、悲しみで体を震わせながら、神にひれ伏して祈った。

彼が信じていた神は、予言者の姿ですぐにあらわれた。予言者は彼に〝特別な〟薬を売り、数週間で治癒するだろうと言った。予言者から占星術師へと、彼は病気を治療してくれそうな人の間を渡り歩く。占星術師からは秘薬を買った。村の人に病気を悟られないため、できるだけ遠くの町へ行った。友人にも兄弟にも、自分の秘密を打ち明けられなかった。ハンセン病と診断した医者のところにも、素性が分かることを怖れて二度と行かなかった。二年間は病気を隠せたが、ある日、ついに右手に斑点があらわれた。一番怖れていたことだった。家族にとってこの斑点は、罪を犯した者への神罰に思えた。二、三年前にも村人の一人がハンセン病にかかっていた。そのときのことを思い出すと、恐ろしかった。村の長老たちは、患者をかばった家族をも村から追放したのである。

もし、カルの病気が知れたら、カルの家族も村では生活できなくなってしまう。二人の娘も結婚できず、恥だけが残るのだ。兄弟たちは、カルを地下室に隔離することにした。そこはほとんど誰も行かない場所なので、当分の間なら病気を隠すことができる。カルは嫌がったが、兄弟たちは、まるで鶏を扱うように無理やり彼を紐で縛り上げた。そして夜中になってから地下室まで運び、床に座らせると鎖をくくりつけて動けないようにした。わずかな食料が入ったアルミのボウルが、カルの前に置かれた。

屈辱に耐えかねたカルは、ある夜、鎖を切って逃げ出した。そして二度と戻らなかった。何ヵ月も病んだ動物のようにさまよった。いろいろな町やバスの停留所、鉄道の駅、寺院の外で、食べ物を恵んでもらった。二度警察に捕まり、ハンセン病患者を収容する刑務所に留置されたこともある。治療は不定期なもので、十分ではなかった。二、三年のうちに指の神経が麻痺した。さらに潰瘍が生じた両腕を切断した。切断手術は、ある刑務所の病院で行なわれた。いまとなってはそれがどこだったかは、問題ではない。カルの心は痛み、死んだも同然の状態となってしまった。いつのまにかデリーへ向かって歩いていた。そこで、マザー・テレサのハンセン病患者の家のことを知った。五年前のことだった。いま彼は友だちと一緒に暮らし、明るい性格を取り戻している。動物のような生活だったが、いまようやくカルは人間としての尊厳と心の平和を取り戻しつつある。

＊

女性寮のベッドに体を丸めて寝ている小柄な女性を、マザー・テレサが元気づけている。かつて有名な私立学校の寮母をしていたというその女性は、いまはみじめな気持ちと恨みを抱いて横たわっている。彼女は何年も自分の病気を隠し、一度も治療を受けないでいた。やがて神経麻痺の症状が出て、顔面と身体の変形があらわれるようになった。息子たちは母を厄介者のように扱い、マザー・テレサの家に連れて来た。末の息子は、ここ二年ほどはクリスマスに見舞いに来ていたが、長男は一度も来たことがないそうだ。

「息子は今年のクリスマスにも来てくれるかしら？」

彼女は顔をしかめながら、悲しそうにマザー・テレサに訊ねていた。

教会の関係者や政府関係者、外国の外交官、それにハンセン病患者を親に持つ子どもたちを前に講演をするとき、マザー・テレサは、おそらくこのときのことを思い出しているに違いない。わたしは、マザー・テレサの助言でハンセン病を研究しはじめ、論文をまとめた。マザーは、会を開いてそれを出版するように勧めてくれた。そして自らも壇上に立ち、短い講演をしてくれた。

ここでは、講演の最初と最後の言葉だけを紹介する。（全文は、付録IIに掲載）

「ハンセン病は、神罰ではありません。もしわたしたちが活用できれば、それは神からの素晴らしい贈り物とすることができます。この病気をとおして、愛されない人々、社会から見放された人々を愛することの尊さをわたしたちは学ぶことができるのです。お金や物を与えることだけが大切なのではありません。自分たちも何かの役に立っている、誰かに愛され必要とされている、そして愛の喜びを分かち合うことができる、そう彼らが実感できることが大切なのです」

「もし怖れをなくせたら、もっと多くのことが実現可能になるでしょう。そうなればすごいことです。この本が、多くの人に自信を与え、長い間わたしたちが感じてきた病気に対する怖れを取り除いてくれると、確信しています。ハンセン病患者が神の素晴らしい贈り物に気づき、普通の人々と同じように立ち、仕事ができ、日常生活を送ることができるのだと理解するのに役立つと思います」

10 カリガート

カリガートはカルカッタの南にある。女神カーリーを祀《まつ》った有名なカーリー寺院があり、熱心なヒンズー教の巡礼者でにぎわう町である。中世の文献によると、ヒンズー教徒には五十一の聖地があり、カリガートはその一つだという。宇宙のどこか特別な場所から降りて来た女神の右足を祀ったという伝説が、このカーリー寺院には伝えられてきた。一日に数百人ほどの参拝者が寺院を訪れ、誓いを立てたり、長旅の安全祈願を行なったり、病気の快癒を願ったりしている。人生の大切な行事や儀式もここで行なわれる。赤ん坊の命名式、幼児の「剃髪」、結婚式、そして葬式。ヒンズー教徒の遺体は火葬にされ、遺灰はガンジス河へ流されるが、火葬が行なわれるのは、「ガート」と呼ばれる特別な場所である。

カリガートの町は、観光客にとっては、まるで迷路のようなところである。まして、マザー・テレサの「ニルマル・ヒリダイ(死を待つ人の家)」を探し出すのはとても難しい。カリガートは、人口が密集したカルカッタの中でも、もっとも過密な地域だ。

寺院は細い路地の一角にあり、参道には小さな店や屋台がごちゃごちゃと軒を並べている。参拝客めあての供物や土産物、たとえば神へ捧げるマリーゴールドの花や線香、花瓶や線香立て、神々の肖像画や写真、さらには安っぽい日用品がぎっしり並べられている。細い路地には食べ物やお香の匂いがただよい、その中を人々が行ったり来たりしている。黄色の布を身にまとい、額に朱色のティラク〔訳註・ヒンズー教徒が宗派の標識として色粉で額につける点または線〕をつけた托鉢姿のお坊さんの姿が見える。真ちゅうのボウルを差し出して物乞いをする乞食もいる。牛がゆっくりと歩いている。観光客たちがいる。人間の群れに混じって、車の群れが連なっている。乗用車がクラクションを鳴らし、リクショーや手押し車も、何とか狭い道を通ろうとひしめき合っている。その混雑ぶりは、カルカッタの市場の喧噪にまさるとも劣らない騒々しさである。

町の騒々しさにようやく慣れたころ、カーリー寺院の丸い屋根が近づいてきた。ひつぎを運ぶ葬儀の列も見えている。古代ヴェーダ語の葬送歌が聞こえてきた。遠くで野辺送りの火がたかれているようだ。線香の匂いがただよい、荘厳な雰囲気が伝わってきた。

青い線が入った白いサリー姿のシスターが見える。担架を運んでいるので、ここが「ニルマル・ヒリダイ」に近いことが分かる（ニルマル・ヒリダイとは、ベンガル語で〝清い心の場所〟という意味。ちなみに「神の愛の宣教者会」は、〝清い心のマリア〟に捧げられている）。

「ニルマル・ヒリダイ」の入口には、扉がない。かつては巡礼者のための簡易宿泊所だったところで、小さな入り口が開いているだけである。中には二つの棟があり、入り口の受付のところで、男子棟と女子棟に振り分けられている。

数年前、初めて「ニルマル・ヒリダイ」を訪れた。そのときのことは、いまでも忘れられない。建物に入ろうとしたとき、わたしは突然恐怖に襲われた。嫌悪感と言った方が正確かもしれない。なぜこんなところにまで来てしまったのだろうか。その場から逃げ出したいとさえ思った。しかし、結局は四時間もそこにとどまっていたのだ。シスターに、夜の祈りがはじまるから帰るようにとうながされなければ、もっと長くいたかもしれない。そのような心の変化に、わたし自身、驚いた。それ以来、カルカッタに行くと必ずカリガートの「ニルマル・ヒリダイ」を訪ね、そこで数時間過ごすようになった。

病棟に入って行くと、磨き込まれた床の上に、簡素なベッドがいくつも並んでいる。防腐剤のような強い異臭が鼻をついた。右手に受付があり、仕事机が置かれている。受付のそばに、担架に乗せられた二人の患者がいた。この重症患者たちを、シスターは別の仕事をしながら片時も目を離さずに世話をしていたと、後で知った。病棟の中にはやせ衰えた人々が百人ほどもいただろうか。ベッドが置かれた壁に、番号が記されていた。自然光が差している。室内があまりにも静かなのが強く印象に残った。サリーがサラサラ擦れる音と、治療をする音だけが聞こえる。外の騒音とはまったく対照的な静けさだった。わたしも、いつのまにかささやくような声で話していた。うっかりカメラバッグを落としてしまったのだが、その音はまるで神聖さを汚す邪悪な音のように響いた。病棟には宗教的なものを感じさせる装飾は何もない。ただ一つ、「カリガートはマザーの最初の愛」と書かれた掲示板があるだけだ。わたしは素直にその言葉を信じた。

最近になって、自分の人生の最後をカリガートで過ごしたいかとマザー・テレサに訊ねてみた。一九九〇年九月に引退を願い出たことがあったからだ。神はどこにでもいらっしゃるから別にこだわらない、とマザーは答えた。しかし、マザーの表情はいつものようにきっぱりとしたものではなかった。マザー・テレサはカリガートの「ニルマル・ヒリダイ」に戻って来たいのではないかと、そのときわたしは確信した。死を迎えようとしている若者、病気で高齢のリクショー引き、精神障害のある女性たちがいるところへ戻りたいとマザーは思っている。それに二十年間もカリガートに住んでいるパゴラの元へ。彼はマザー・テレサがいつ訪ねても真っ先に出迎えてくれる人物である。

「ニルマル・ヒリダイ」はいつでも誰でも入れるようになっている。しかし、健康な人が訪ねたら、はじめは戸惑いを感じるだろう。ここは、ただ見物している場所ではない。見舞いに来る病院でもない。わたしは初めてここに来たとき、どう振る舞っていいかわからず、その場に立ちつくしていた。

ひん死の男が運ばれて来た。シスターが駆け寄って来て、入り口に置かれた男を中へ運ぼうとした。誰かの手助けが必要だ。わたしが申し出ると、シスターは笑顔を浮かべた。彼をベッドまで運び、ぶどう糖の点滴の準備を手伝っているうちに、邪魔をしているのではないかというわたしの戸惑いは少し消えていた。

女子病棟を訪ねるころには、わたしの気持ちは周囲の雰囲気になじんでいた。女子病棟は男子病棟より少し広く、同じように静けさに包まれていた。短く刈った頭にやせ衰えた顔、やせ細った体に若い顔。みんなの姿が、わたしの目にもはっきりと映るようになっていた。横向きに寝ている老女がわたしを医者と誤解し、隣に座ってほしいと言った。わたしは、彼女のベッドに腰をおろした。彼女は、ジェハナラ・ベガムと名乗った。コンベント通り近くのモスクに住んでいたという。身寄りはない。全員死んでしまったのか、見捨てられたのか、それは言わない。足にたくさんの腫物ができていた。腕を回して、彼女の体を支えてあげた。

「もう一滴も血が残っていないような気分。とても心細いの」

と、彼女は言った。そして一番つらいのは、傷の痛みではなく、毎日入浴させられることだと、不平をもらした。

「先生」

と、彼女はヒンディー語でおべっかを使った。

「毎日風呂に入るのは、わたしの皮膚によくないと、シスターにおっしゃってくださいな。それに先生、レモンを二つ、持って来てもらえませんか？　わたしはレモンがないと、食事ができないんですよ」

「ニルマル・ヒリダイ」は、モティジルのスラムの学校のように、「地べたから出発」している。修道院を出たマザー・テレサが、カルカッタの街で見たのは、路上生活者の実態だった。放置された建材を使って粗末な小屋を建て、布やわらで屋根をつくる人々。日々の糧を得るために、寺院の周囲や道端で、物乞いをする。夜は、路上で眠る。栄養不良は慢性的となっていた。幸運な人生とはいえない生活である。病気にかかりやすい状態で、結核も蔓延していた。サナトリウムのベッドは足りないし、病院は遠い。誰かの紹介がなければ、入院はできない。一般の病院は忙しすぎるし、病気の進行がすすんだ患者の治療をしても無駄と考え、放置されていた。路上生活者は、その生活の場でもある道端で死を迎えるしかなかった。市役所は、道端に死体があるという知らせを受けると、バンか荷車で死体を引き取った。死亡記録はたった一行ですんだ――名前／不明、年齢／不明、宗教／不明。

講演を頼まれるたびにマザー・テレサが話すエピソードがある。それは、キャンベル病院（現在はニラタン・サルカール病院）の近くで、女性を助けたときのことである。

マザー・テレサと連れのシスターは、敷物のようなものが路上に落ちているのを見つけた。近づいてみると、中年の女性が虫の息で倒れていた。顔の半分がネズミとアリに食い荒らされている。彼女を抱き起こし、二人で病院へ運んだ。病院は、ベッドの空きがないという理由で、女性の入院を拒否した。治療の方法がなかったし、たとえどんなに治療をほどこしたところで、女性が助からないのは誰の目にも明らかだった。病院側はその女性をどこで拾ったのかと聞いた上で、元の場所に置いてきた方がいいと、マザー・テレサに忠告した。絶望感をおさえて、マザー・テレサは一歩も病院の玄関から動こうとはしなかった。

「ついに、病院はその女性を受け入れてくれたんですよ」

と、マザー・テレサは言った。床にマットレスを敷き、そこに女性を横たえた。二、三時間後、女性は息を引き取った。

「死にかけている人のために場所をつくり、わたし自身が世話をしようと決意したのは、まさにそのときでした」

シスターたちはほぼ毎日のように、死にかけている人々に遭遇した。ある雨の日、シスター・アグネスとマザー・テレサは、歩道に倒れている女性を見つけた。彼女の片腕は、ぬかるみの中に埋もれている。抱き起こすと、腕の皮がむけた。一体、どのぐらいの時間、ぬかるみの中に倒れていたのだろうか。皮肉なことに、今度もキャンベル病院のすぐ近くだった。病院側は、マザー・テレサの意志がどんなに強いか知っている。そのときは騒ぎもなく女性を入院させることができた。

「マザー・テレサがスラムで働きはじめてから、わたしたちは死にかけている人、あるいは死んでしまった人の世話をすることが大切な仕事になりました。近くの病院に運んで行っても、ベッドが空いているとは限りません。患者の容体がひどく悪くても、彼らを収容する場所がまったくないときもありました」

と、シスター・アグネスが言う。

マザー・テレサはモティジルのスラムに部屋を二つ借りた。一部屋五ルピーだった。一部屋は学校に使い、もう一部屋は「死を待つ人の家」となった。二十平方メートルほどの空間で、入院を拒否された人々の世話をはじめたのである。しかし、この部屋では十分な世話ができなかった。二、三人の患者をかろうじて床に寝かせるだけのスペースしかなく、設備もととのっていない。ある夜、一人の病人が息を引き取った。翌朝、他の人も天に召されていった。

マザー・テレサは、決然と市役所を訪ねる。そこで、保健担当の行政官であるアーマド博士を紹介された。マザーは、病院が死にかけている人々を受け入れようとしないのは問題だと、博士に訴えた。

「貧しい病人を、一体どこへ連れて行ったらよいのですか？　わたしは、ただ場所を提供してくださいとお願いしているのです。後のことは、わたしが自分でやります」

と、マザーは言った。博士は、マザーの指摘が緊急の問題であることを認めた。この中年のシスターが申し出ていることは、本来なら地方自治体が取り組まなければならない問題であることも分かっていた。市としても、公道で貧しい人間が死んでいくのを放置しておくわけにはいかない。アーマド博士は、マザー・テレサをカリガートの寺院に連れて行った。市中でもっとも有名な寺院である。彼は二つのホールに案内した。そこは数年前、ヒンズー教徒のある篤志家が巡礼者の休憩所にと寄贈したものだった。アーマド博士は、ホールが利用されていないという苦情を聞かされていた。マザー・テレサにホールを提供すれば、両方の苦情を解決できると、博士は考えた。反対意見が出ることを、博士はまったく予期しなかった。しかし、実際には激しい反対の声があがる。

「一般の事件ではないから新聞には出ませんでしたけど、死にかけている人々が自分の町にやって来るなんて、地元の人は誰も歓迎しませんでしたよ」

と、ファン・エクセム神父は言った。

　死んだ人はキリスト教に改宗させられ、キリスト教徒として埋葬されるらしいという噂が広まった。アーマド博士と警官が実情を調べることになり、「ニルマル・ヒリダイ」を訪れた。そこで二人が見たものは、顔に大ケガをした患者の世話をしているマザー・テレサの熱心な姿だった。腰をかがめて、一心不乱に看護をしているマザー・テレサの姿には、声をかけるのさえはばかられる崇高な何かがあった。博士と警官は、黙ってマザー・テレサの姿を見つめていた。数分たって、ようやくマザー・テレサが顔を上げ、二人がいることに気づいた。彼女はピンセットを使って、顔から肉のかたまりを取り出した。傷が腐敗してひどい悪臭がした。誰もその部屋に近づきたがらない。マザー・テレサが患者に話している言葉が、二人の耳にとどいた。

「あなたの宗教で祈りなさい。わたしも、自分が知っている言葉で祈ります。二人で祈れば、神はきっと聞いてくださいますよ」

マザー・テレサは、どうぞ仕事を見てくださいと言った。警官の目には、涙があふれていた。彼は言った。

「マザー、その必要はありませんよ」

それから外で成り行きを見守っていた人々に向かって言った。

「皆さんが望むように、この女性を追い出すことにしましょう。ただし、あなたがたの母親や姉妹がここへ来て、彼女がやっているのと同じことをしてくれるのが条件です。この女性は、聖人です」

このようなとりなしがあっても、不満や反対の声はやまなかった。神聖なヒンズー教寺院のすぐ近くに、死にかけている人のための場所があるということは、寺院の僧たちにとって迷惑なことだったし、最高のカーストであるバラモンの僧たちは、カーリー寺院がキリスト教の修道女に明け渡されているという事実に衝撃も受けていた。僧たちはマザー・テレサの退去を求めて、何度も市の役人に掛け合った。しかし反対の動きは、ある僧の死がきっかけで消えていく。

ヒンズー教の若い僧が、血を吐いた。結核の末期的な症状である。治る見込みのない患者を、病院は引き取ろうとはしなかった。治療が必要な患者は、他にもたくさんいる。若い僧は「ニルマル・ヒリダイ」に運ばれて来た。マザー・テレサは、彼のために特別な場所を提供し、自らの手で看護をした。神経を高ぶらせ、屈辱に打ちひしがれていた若い僧の心は、ときがたつにつれ、次第に静かに変わっていく。死を前にしたとき、彼の心は平安に満ちていた。寺院の僧たちは、自分の兄弟を助けることができないでいた。しようとも思わなかった。看護の様子は見ていたが、死んだらキリスト教で埋葬されるものと思い込んでいた。マザー・テレサは遺体を火葬にし、葬儀はヒンズー教で行なうように取り計らった。

カルカッタやその周辺には、大小さまざまの宗教団体や福祉団体があり、それぞれが貧しい人々や病気で困っている人々のための援助活動を行なっている。しかし、死にかけている人々のために家や病院を提供しようとする団体はなかった。

ヒンズー教では、魂の輪廻が信じられている。死は、生命の継続であり、魂を自由にすることと考えられている。マザー・テレサとシスターたちは、朽ちかけている肉体と見離された魂にこそ慈愛の心が必要だと考えている。見捨てられ、死にかけている人は、キリストの姿そのものという彼女たちの信念を知らなければ、「ニルマル・ヒリダイ」の中で粗末なベッドに横たわる人々を救うという行為を理解できはしないだろう。また、そのようにゆるぎない信念がなければ、彼女たちも他の人々と同様、このように犠牲的な仕事はできないだろう。病気で貧しく、死にかけているキリストその人を救う。それが、「神の愛の宣教者会」の基本的な理念である。けっしてキリスト教を布教することが目的ではない。特別な申し出がないのに、キリスト教の葬式を行なうことは、死者を冒とくすることだとマザー・テレサは考えている。

若い僧への思いやりのある看護と、葬式の方法を見て、地元民の反対は消えた。

カルカッタの人々は、三つのことに気づきはじめた。一つは、シスターたちは地元のために必要なことをしているのだということ。「ニルマル・ヒリダイ」に収容される人の中には、寺院の外でさまよっていた乞食やリクショー引きなどもいた。わけても、結核にかかっている人が多い。「ニルマル・ヒリダイ」に行くと、病気を治療してもらい、そのうえ愛情もかけてもらえる。それもまったく見知らぬ他人にである。

二つ目は、死者は自分の信仰によって葬られるということ。患者が意識を失った状態で運ばれて来た場合は、宗教が何かを知ることはできないので、葬儀は一番簡素なものとなる。イスラム教の男性は割礼のしるしで知ることができるので、地元の寺院に連絡をとって遺体を引き取ってもらう。腕にある入れ墨で宗教を知ることもできる。何も手がかりがないときは、ヒンズー教で葬られる。

三つ目は、シスターたちが誰よりも貧しい生活をしているということ。もちろんきちんと食事をとり、清潔なサリーを身に着けているけれども、清貧の誓願をしているシスターが貧しい人々と同じような生活をしていることを、町の人々も知るようになった。

「ニルマル・ヒリダイ」は、一九五二年八月二十二日に開設された。そのときからいままでに収容された人々の記録が残されている。記録には、回復した人、死んでしまった人、両方の氏名が書き込まれている。収容者については細かい記載がされているが、意識不明のまま死んでしまった場合は、倒れていた通りの名前だけが書かれている。たとえば、「男性、コンベント通り」とある。また、最初運ばれて来たときには回復して出て行ったのに、再び運ばれて来たときに死んでしまったという人もいた。

初期の記録をざっと見てみると、一九四〇年代と五〇年代には、病気で死ぬ人が圧倒的に多かった。六〇年代と七〇年代には、収容されてから死んだ人の数は、およそ半分に減っている。この十年ほどは、死亡者数は初期の五分の一ほどに減少している。現在、一日の収容者数は、二人から十人程度。一九九一年九月には、のべ百七十七人が収容されている。そのうち百六人は回復して出て行き、三十五人が死亡している。

わたしは適当にノートのページをめくってみた。一九八七年九月、百六十五人収容。百十七人退院、二十八人死亡。死亡者が減っているのは、食事や衣類、宿泊設備の質が上がったからだろう。医療設備もかなり充実して、さまざまな病気に対応できるようになった。マザー・テレサの強い信念が、人々の気持ちを揺り動かしたことも大きな理由だと思う。道端で人が死んでいくなんてあってはならないこと。いまでは街の人々の意識も変わった。路上で倒れている人を見つけた場合、一〇二をダイヤルすれば救急車が飛んで来て、病院へ運んでくれる。もし病院が引き受けないときは、救急車は「ニルマル・ヒリダイ」に連れて来る。警察も同様である。シスターたちはいまも街頭に出て行き、行き倒れになっている人を助ける仕事を続けている。

「わたしたちがいま戸惑っているのは、〝路上〟か〝家庭〟かを見分けることなんです」

と、一人のシスターが言った。〝路上〟で倒れている人は、家族にも世間にも見捨てられた貧しい人である。世話をする人は誰もいない。家族もなく、親戚もいない。一方、家族が面倒を見ることができないか、嫌がっている場合は〝家庭〟の人と見なさなければならない。

マザー・テレサがこんなことを言っている。

「思いやりの気持ちがなくて奇跡を起こすより、思いやりの気持ちがあって失敗をする方がよいのではありませんか？　病気の人をけっして拒まないように、努力をしなさい。わたしたちには百五のベッドしかないけれど、ときには百三十人の患者を収容していることがあります。新しい患者が自分より重い病気にかかっていると知って、ベッドを譲る人もいるんですよ。お金のある人なら、『もう二、三日いさせてくださいよ』と言うかもしれませんね。でも、貧しい人は違うんですよ。『自分は病気にかかっているけど、もっとひどい病気にかかっている人もいる。自分が受けた恩恵を分けてあげよう』と考えるんです。シスターたちが、もっとも貧しい人たちを拒むことはありません。空腹で困っている人たちに対しても同じです。たくさんの人が、結核にかかっています。リクショー引きや荷車引きや、市場で運搬作業をしている人たちです。彼らはよくこう言います。『病気になってしまいましたが、休む場所がないんです。市場は混んでいますからね。夜しか、横になれる場所がありません。行くあてもありませんし、二、三日でいいですから、いさせてもらえませんか？』」

「ニルマル・ヒリダイ」のホールにいるシスター・スーマは、いつも穏やかで、幸せそうに働いている。いつも死と向かい合って仕事をしているのに、なぜそんなに穏やかでいられるのだろうか。やつれ果てた体やうつろな目、生気のない生命に接しているのに、仕事を辞めたいとは思わないのだろうか。明るい子どもたちの世話をしている方がいいとは思わないのだろうか。そのように訊ねると、最初は、悲しい思いでいっぱいだった、と彼女は答えた。とりわけ、まだ若い人が死んでいくことに耐えられなかったという。礼拝堂に駆け込んで行っては、泣いていたそうだ。夜遅くまで祈り、神の慈悲を願う。祈り続け、数ヵ月たったいま、彼女の心はさらに慈悲深く、強くなった。

「もう、(死を)怖いとは思わなくなりました。神に会えるのですよと、(死んでいく人に)言えるようになりました。誰の心にも神がいて、誰でも神のもとへ帰ることができるのです。ヒンズー教徒にとっては、シバやヴィシュヌの神でしょう。イスラム教徒にとっては、アラーの神でしょう。わたしの神は、イエス・キリストです。意識を失って倒れている人を見つけたら、わたしはそばにいるシスターかブラザー、あるいはボランティアの人に、死にかけているその人の隣に座り、手を取るように頼みます。そうして神に祈ります。犯した罪の許しを乞い、神への愛と信仰を誓うのです。死を前にしたその人の耳に祈りの言葉がとどくと、その人の目からは涙がこぼれ落ちてきます。ここに収容される人々は、死を怖れてはいません。先月、ある年配の女性に言われたことが忘れられません。『シスター、痛くてたまりません。こんなにひどい試練を、神は見ていてくださるのかしら？　いまの望みはただ一つ、体の向きを変えたいんです』。もう助からないのではと思いながら世話をしていました。しかし、その人はこう言い続けていました。『こんなふうにしてもらいたくて、ここに来たんです』。女性は、二、三日後に亡くなりました。『ここでは幸せな気持ちで死んでいくことができます』と、多くの人がわたしたちに言い残していきます。

でも、若い命が失われていくのは、やはり悲しいことです。先週の日曜日、少年が運ばれて来ました。吐血が続いていました。血を止めるため、すぐにベッドに寝かせ点滴をしました。それからもう一人の緊急患者がいたので、手当をするために別の部屋へ急ぎました。二、三分で戻って来たのですが、ベッドにいるはずの少年がいません。部屋の中も外も、くまなく探してみましたが、見つかりません。ようやくトイレにいるところを見つけました。出血多量で気を失っていました。おそらく何日も吐血していたのだと思います。再びベッドに寝かせましたが、十五分もたたないうちに、息を引き取ってしまいました。もっと早くここへ来ていたら、あるいは助かったかもしれません。まだ二十歳だったそうです。わたしは誰にも涙を見せませんでした。この世でつらい体験をするよりは、若いうちに神のみもとへ帰る方が彼にとっては幸せなことだったかもしれない、と思いました」

シスター・スーマと話をしていると、男子病棟でちょっとした騒ぎが起きた。行ってみると、白いマスクを着けたシスターとボランティアが、治療をしているのが見えた。すぐそばまで近づいて、わたしは思わず立ち止まった。片足をおさえられた老人が、体を起こそうとしている。左足にひどい傷を負っていて、肉片が見えていた。シスターとボランティアがアルコールで消毒する。老人の顔は痛さでゆがんでいたが、声もあげずに我慢していた。

「道路で倒れてしまい、車に轢《ひ》かれたんです。誰かがここに連れて来てくれるまで、倒れたままでした。ごらんのように、彼はとても我慢強い。生活との闘いが、貧しい人々を忍耐強くしているのです。貧しい人々にいい人が多いのも、苦しみを知っているからなんですよ」

シスター・スーマの説明を聞きながら、その場を離れた。

若くて健康的な顔をした少年がいた。病人ばかりがいるこの場所で、一体何をしているのだろうかと、わたしは不思議に思った。シスターが笑い声をあげた。

「彼は『シシュバワン』の出身ですよ。いまは年長者の子どもたちと『少年の町』に住んでいます。結核に感染していることが分かって、ここへ連れて来られました。注射をして、完全に治さなければいけないのに。ベッドに大人しく寝ていないで、まるで子犬のようにわたしたちを追いかけているんですよ。でも休んでいなければならないのだから、ちょっと厳しくしなければ」

シスター・スーマの言葉が聞こえたのだろう。マンデューという名前のその少年は、苦笑いの表情で、こちらを見ていた。

シスター・スーマは、ベッドに起き上がっている老人の髪をやさしくなでている。

「ジャグディシュは、帰るところがないんです。彼は寺院の近くで物乞いをしていて、ここにも何度か泊まっていました。時々、彼の姿を街頭で見ることがあります。その日もらったものを、わたしに見せてくれるんです。もし、それだけでは夕食に足りないのなら、いつでも家に帰っていらっしゃいと言っているんですが」

シスターの話を聞きながらも、わたしは他のシスターやボランティアが仕事に出かけたり、患者たちの世話をする様子を見ていた。

あちこちのベッドで点滴の用意がされ、注射をするために患者の腕をとって静脈をさぐっている。床はきれいに磨き込まれていた。カルカッタ大学の優等生コースで勉強しているベンガル人の青年が、ベッドからベッドへと移りながら病人のひげを剃っている。ひげ剃りというよりも、病人に穏やかな時間を提供しているようにも見えた。十七番のベッドに、足が膝のところで曲がったまま、あお向けに寝ている男がいた。横たわっている姿は二十歳にも七十歳にも見えた。そのかたわらに、スウェーデン人の青年が座り、曲がった足をやさしくマッサージしている。青年の金髪は肩まで伸びていた。三十分後にそこに戻ってみると、病人の目はすでに閉じられていた。死んだ後も、青年は病人の手をしっかりと握っていた。

カリガートに行くたび、何人ものボランティアが忙しく働いている光景を目にする。初めてマザー・テレサといっしょに行ったとき、ボランティアが働いている姿を見て、マザーは言った。

「ボランティアの姿をごらんなさい。世界中から来ていますよ。(自分の国では)お金のために働くけれど、ここでは他人に奉仕するために働いています。二、三ヵ月はここに滞在していきますが、その間の生活に必要なお金は、自分たちで負担します。わたしたちは何も払いません」

四つん這いになって床を磨き、ベッドのシーツを取り替え、尿で汚れたベッドを拭き、病人の体を抱えながら食事をさせる。カルカッタの街にはもっと楽しい観光地もあるだろうにと思うが、なぜ彼らはマザー・テレサのもとに来るのだろうか?

「なぜ、自分はここにいるのか」

と、アイルランド人のイーモン・バトラーは自問する。

「そのことは、六週間毎日考えています。自分が働いて得たお金なのですから、もっと楽しく過ごすこともできるはずなのに。答は簡単には説明できません」

イーモンは三十一歳。故国では大工をしているという。彼は、老人の世話をしていた。老人のひげを剃り、ベッドのシーツを取り替えてやる。その間に、老人はまたベッドを汚してしまった。バトラーは根気よくベッドを拭き、老人の服も取り替えてやった。彼がとくにやさしい人柄だというわけではないだろう。

「わたしが初めてマザー・テレサを知ったのは四年前、テレビのトーク番組でした。インタビューをしている男性は、マザー・テレサの話を聞きながら涙をこらえていましたよ。わたしはその番組を見て、すぐにカルカッタ行きの航空券を買ったのです。何種類も予防注射をしてもらい、ビザも取りました。でも、出発の四日前になって、突然怖くなってカルカッタ行きをキャンセルしてしまったのです」

四年たって、ようやく目的を果たした。

「まっすぐ『マザーハウス』に行きました。すると、カリガートに行ってくれないかと言われました。それを聞いて、わたしは背中がゾッと震えました。死にかけている人と一緒にいるなんて、初めての経験です。シスターは、半日でいいから行って見てほしいと言いました。『ニルマル・ヒリダイ』の建物に入ると、特別な感情が湧いてきました。目の前に広がる光景をすんなりと受け入れることができました。一週間もたたないうちに、わたしは死にかけている人の体を抱えることができるようになりました。死んだ人の体を洗うなんて、それまで夢にも思ったことがありませんでした。いまわたしは、死というものを違った視点で見ていると思います。輪廻や死後の世界のこと、〝家に帰る〟ことや〝最後の肉体〟のことなどについて、考えることができるような気がします。肉体は滅びます。しかし魂や心の安らぎは残るのです。死と直面することによって、わたしの心は安らぎに満たされています。死を見ることで、生命の素晴らしさを発見しました。人間がどんなに素晴らしいものであるか。路上で生活している人たちがどんなふうに助け合っているか。カリガートで、どんな世話を受けているか。シスターたちの愛がどんなものか。どれもこれも素晴らしいことです。わたしたちのような共労者がもっている唯一の不満は、物質中心の世界へ戻らなければならないということでしょう。この世界で起こる貧困の痛みや苦しみを認めようと、わたしは思います。そう思うことで、変わりたいと願うわたしの心が強くなるからです」

多くの共労者たちが、同じような感想をもっている。優秀な看護婦であるテレサは、アイルランドからやって来た。三十代前半であろうか。カリガートですでに十週間働いているという。

「あと三ヵ月たったら、元の社会に戻ろうと思っています。損得やお金で動くあの社会に、ね。カリガートはわたしを変えてくれました。カリガートがわたしたちに与えたことの大きさに比べれば、わたしたちの奉仕など微々たるものです。カリガートでの体験から、死と生命に対する洞察力が生まれてきました。ここにいて強く感じることは、神は存在するということです」

メアリー・コックスは五十代の女性。イギリスで株式仲買人をやっているという。カリガートで二、三週間働きたいと願ってやって来た。

「ここが、マザー・テレサの魂にもっとも近い場所だと信じています。着いた最初の朝、わたしは病気になってしまいました。働けるとは、とても思えませんでしたよ。翌日から少しずつ体力が回復し、神さまがほほ笑んでわたしの方にやって来るのが見えました。イギリスにも貧困はあります。精神的な貧困もあります。孤独な人が多いのが、カリガートとは違うところです。ここでは物質の欠乏や病気の苦しみはありますが、人々は笑顔を浮かべ、生命や愛の喜びがあふれています。彼らは何ももたずに、喜びをあらわすことができます。それを見てわたしたちは、非常に謙虚な気持ちになるのです。ここでは、キリストの体に触れることができます。わたしはまた恵まれた生活に戻って行きますが、そのときにいまと同じような考え方ができるかどうか、難しい。変わらなければ、と思います。そうしなければならないのです。わたしたちの人生は、巡礼のようなもの。変わり続けなければならないのです」

そう彼女は静かに言った。

ボランティアの活動は、会の規則によって短期間に限られている。カリガートを支える主体は、もちろんシスターたちである。ここでの仕事は、看護婦、運搬人、医者を一つにした苛酷なものだ。一日に十八時間も働き、それが一週間のうち六日も続くのである。薬の調合、洗濯、食事の世話、掃除。仕事は切れ目なく続く。ときにはベッドの横に座り、病人の頼みを聞いたり、いっしょに祈る。ときには不満に耳をかたむけてあげる。体が丈夫でなければ、ここでの仕事は続かない。体力を落とさないように、同情やユーモアの感覚を絶やさないようにと、いつも心がけているという。「聖ペテロ行き直行便のチケットを手に入れたわ」とか、「笑顔で死んでいった。なんて素敵な死に方でしょう」とか、死を表現するときのシスターの言い方に、暗さは感じられない。

つらい仕事にもかかわらず、「神の愛の宣教者会」の誰もが、カリガートで死を待つ人のために働きたいと望んでいる。全員の希望をかなえることは無理だが、ほとんどのシスターにはどこかに赴任する前に、ほんのわずかな期間だけでもカリガートで仕事をする機会が与えられている。

ある日の夕方早く、シスター・スーマが女子病棟に連れて行ってくれた。その前に訪ねたときの様子と、ほとんど変わっていなかった。ある意味で、変わることは何もないのだ。前に来たときには、ダリム・ダスと話をして過ごした。彼女は裕福な家庭に生まれ、かつては教師も務めたという。がんが体中に広がっていて、余命いくばくもない状態だった。髪はすべて抜け落ちていた。おそらく化学療法の後遺症だろう。痛みがひどく、断末魔のようなうめき声をあげることがあると、シスターがわたしにささやいた。しかし、ダリム・ダスはわたしと話をしている間、悲しみや後悔の言葉を一度も口にしなかった。

「不快なこと」は、ちょっと頭痛がするくらいで、それもすぐに消えてしまうと、彼女は言った。育ちのよい教師なら、自分の病気のことを他人になど語らないものなのだ。彼女は昔の楽しかったころの話をした。生徒たちを連れてヨーロッパへ行ったときの話を聞いているうちに、わたしは「死を待つ人の家」にいることを忘れて、カルカッタの高級ホテルでお茶を飲んでいるような気分になっていた。会話が途絶えた。もう二度と会うことはないだろう。そのことに二人とも気づいた。

彼女は、自分の病気のことを話しはじめた。意志と祈りだけを武器に、九年間も病気と闘っていると言った。彼女はヒンズー教徒である。しかし、ヒンズーの神々だけに祈りを捧げるだけでは足りない。イエス・キリストにも、アラーの神にも祈った。たくさんの祈りの言葉を知ってから、ダリムは特別な祈りの言葉をつむぎだした。それは、マザー・テレサに捧げる短い祈りの言葉だった。彼女は、救いを求めた。生と死の輪廻から抜け出し、人生のすべての苦しみから逃れ、神のもとへ帰りたいと祈った。彼女の祈りは、ときにはかなえられた。自分の横にマザー・テレサがいて、手を取ってくれたり、額をなでてくれたからだ。

ダリム・ダスが寝ていたベッドに、いまはスネーラータが横たわっている。彼女はがんと結核の両方にかかっている。先週、一人のシスターがスネーラータの枕の下にビスケットが二、三枚隠されているのを見つけた。

「子どもたちのためなの。妹が日曜に訪ねて来るので、渡してもらおうと思って」

と、スネーラータは説明した。自分に配られたビスケットをとっておいたのだ。彼女はそのビスケットしか、子どもたちにあげられるものを持っていない。シスター・スーマは彼女に言った。「スネーラータ、ビスケットをお食べなさい。妹さんが来たら、必ず子どもさんへのビスケットを渡してあげますよ」

スネーラータは、首を振った。シスターも無理強いはしなかった。スネーラータは、子どもたちへの愛を、自分にできるただ一つのことで示したいと思っている。シスターは、その気持ちを理解していた。妹が訪ねて来た。スネーラータは自分でためた八枚のビスケットを、嬉しそうにことづけた。マザー・テレサにこのときの出来事を話した。マザーは「人は身をけずっても与える」と言った。子どもたちは、スネーラータ自身の子どもばかりではなかった。夫が二番目の妻に生ませた三人の子どももいるということを、シスターたちは後から知ったという。

二十六番のベッドを通り過ぎようとしたとき、細い手が伸びてきて、シスターの手にキスをした。ハッシーナという名前だ、とシスターが言った。ハッシーナは泣いたり笑ったりしている。

ハッシーナは、リポン通りで乞食をしていた。交差点近くの大きな木の下が、彼女の安全な「定席」だった。この場所にはバス乗り場があり、人の往来が多かった。ハッシーナには「常連客」もあり、その界隈では人気者になっていた。小さなアルミのボウルは、夕方になると小銭でいっぱいだった。十ルピー稼ぐ日もあった。ところが突然、悲劇が降りかかってきた。カルカッタ市内でストライキが続けざまに起き、生活が混乱した。ハッシーナもいつもの自分の場所に行けなくなってしまった。街が元の状態に戻るのに一週間ほどかかった。ハッシーナは急いでいつもの場所に戻ってみた。そこにはすでに別の家族が陣取っていて、交差点を手中にしていた。場所がない。半狂乱になって別の場所を探してみたが、うまくいかなかった。自分の稼ぎを、家族が待っている。心配がつのってきた。稼ぎがなくなったハッシーナは、家から追い出されてしまった。

ハッシーナは道端で死にかけているところを、シスターに助けられた。十日ほど食事と看護をほどこしてもらい、回復した。子どもたちに知らせたが、誰も訪ねて来ようとはしない。病棟に人の気配がすると、彼女は顔を上げる。その目には、家族の誰かが訪ねて来たのではないかという期待が込められていた。

翌日の午後、マザー・テレサにカリガートのことを聞いた。

「何十年にもわたって、わたしたちは街頭で人々を助けてきました。その数は、五万四千人にも上ります。そのうち半数の人は、素晴らしい死を迎えました」

素晴らしい死などあるのですか？　とわたしは聞いた。

「愛する人を失ったら、寂しく思うのは当然でしょう。でも死は〝家に帰る〟ことを意味するのですよ」

と、言った彼女はしばらく沈黙し、静かな声でこう付け加えた。

「わたしたちに看取られて死んでいった人たちは、まさに心安らかでした。そのことは人間の生命にとって大きな進歩だと、わたしには思えるのです。安らかに、誇りをもって死んでいく。それは永遠に変わらない真実でなければならないのです」

若くして死んでいったあのヒンズー教の僧のような苛酷な状況のことを言っているのかと、わたしはマザーに訊ねた。

「ある日、わたしは排水口から一人の男性を救い出しました。彼の体は、傷だらけでした。わたしは彼をホーム(ニルマル・ヒリダイ)に連れて来ました。体を洗ってきれいにしてから、傷の手当をしました。その間彼は一言も文句を言わず、怖れることもありませんでした。『わたしはこれまで、まるで動物のように扱われ道端で生きていました。でもいまは、まるで天使のように死んでいく!』。彼はそう言って、ほほ笑んでいました。ホームに運ばれてから三時間後に、彼は死にました」

数年前、マザー・テレサが話したことを覚えている。ゴミ捨て場に倒れていた女性を見つけたときの話だ。彼女は高熱でうなされていた。しかし、彼女を死に追いやろうとしているのは高熱ではなく、絶望だった。彼女は自分の息子の手で、捨てられたのだ。マザー・テレサは彼女をカリガートに連れて行き、体を洗ってやった。そして、息子を許すように、時間をかけて説得した。彼女は息子を許す気持ちになり、最後には自分自身の心の安らぎを取り戻した。マザー・テレサの腕の中で、彼女は初めて笑顔を見せ、それからまもなく、息を引き取った。最後に「ありがとう」と言ったときのこの女性の笑顔が、どんなに素晴らしかったか。忘れられない笑顔だと、マザー・テレサは言った。

11　世界でもっとも強靱な女性

一九八一年、マザー・テレサはエチオピアの被災地から戻って来た。エチオピア北部で深刻な干ばつが起こり、何十万という人命が危機にさらされていた。マザー・テレサは二、三百キロの薬品と食糧をカルカッタから運んだが、それは大海のわずかな一滴にすぎなかった。被害は広がるばかりだ。援助の手を差しのべる国際的な救援組織は多いのだが、混乱の中で、秩序だった救助活動ができる組織は少なかった。道路の状態が悪く、救援物資が奥地の小さな村にまで届くような状態ではなかった。

カルカッタに戻ってからも、マザーの心配は消えなかった。これ以上の被害が広がらないよう、シスターたちとともに祈り、断食をした。あるひらめきから、彼女はアメリカ合衆国大統領に手紙を書く。一週間後、ホワイトハウスから電話がかかってきた。レーガン大統領が自ら電話口に出ていた。大統領は手紙のお礼を言い、アメリカ国民の総意のもとに可能なかぎりの救援をすること、早急に救援物資を送ることを約束してくれた。大統領はその言葉どおり、素早い救援活動を行なった。合衆国政府は、救援が必要な地域へ十分な薬品と食糧を送ったうえに、他の救援団体との協力関係もととのえてくれた。

「それからはありがたいことに、小さな村にもヘリコプターで食料が送られるようになり、救援物資がとどこおりなく運ばれるようになりました」

わたしがマザーのことを世界でもっとも強靱な女性だと思うようになったのは、そのときからである。冗談めかしてマザーにはそう言ったが、半分は本気だった。彼女は、笑いながら聞いていた。

「そうだといいけど。そうしたら世界中に平和をもたらすことができるわ」

貧しい人々の他に支援する人がいなくても、マザー・テレサには大きな力がそなわっている。力を持つために努力をしたわけではない。ただ、もっとも貧しいスラム地区に足を踏み入れただけである。

西ベンガル州知事に「いつでも、自由に」面会することができるマザー・テレサの希望がかなえられないことはない、とカルカッタの人々は噂している。マルクス主義者で無神論者であるはずの知事が、神こそがすべてというマザー・テレサに傾倒している。そのことで、知事はよく質問を受けるそうだ。答は、いつも変わらず、

「われわれは貧しい人々への愛を共有している」

である。数年前、知事が心臓病で入院したとき、マザー・テレサはすぐにお見舞いに駆け付けた。シスターたちは、彼の回復を祈り続けた。

インディラ・ガンジー元首相の子息やラジブ・ガンジー元首相にも、マザー・テレサはいつでも会うことができた。とりわけインディラ・ガンジーとは親密なつき合いをしていた。手紙を書くと、す

ぐに返事がかえってくる。インディラ・ガンジーはかつて次のように書いている。

「マザー・テレサに会うと、謙遜そのものを感じる。同時にやさしさという力と、愛の強さを感じるのだ」

緊急時の政府の対応について、二人の見解が違うこともあったが、そういうときマザー・テレサは率直に反対意見を述べ、手紙で書き送ったりもした。一九七七年、インディラ・ガンジーは総選挙に負け、権力を失った。そのとき、マザーは早速会いに行っている。なぜ心配するのかと訊ねられ、

「友人だからです」

と、公の場できっぱりと答えていた。わたしが訊ねたときも同じ答だった。もちろん、マザー・テレサは政治とは無縁の世界に生きている。

マザー・テレサの訪問を喜んで待つ人々は、インド国内だけではない。必要があれば、マザー・テレサは世界のどこへでも出かけて行く。神父も役人も、マザー・テレサの訪問を待っている。訪問の目的が、彼女自身の利益のためでないことは、誰もが知っていることである。貧しい人々のため、シスターたちが直面している経済問題を解決するための訪問なのである。

フランスのミッテラン元大統領、英国のメージャー首相、アメリカ合衆国のレーガン元大統領、ブッシュ元大統領、ベルギー国王、スペイン国王など、一国を代表するような人々が、マザー・テレサを永遠の友人として尊敬している。国家や政府を代表する立場にいると、孤独なことが多い。困った問題を抱えたときやストレスがたまったときなど、マザーと話をしていると気持ちがほぐれ、やわら

いでいく。話を聞いてくれて、なおかつエネルギーを補給してくれるような友人は、めったにいるものではない。

ファン・エクセム神父があるエピソードを紹介してくれた。パキスタン元大統領であるジアウル・ハク将軍とマザー・テレサとの出会いの話だ。

地元の司教から招待を受け、マザー・テレサはパキスタン訪問を決めた。インド国籍のパスポートで、ニューデリーにあるパキスタン大使館でビザの申請をすると、ビザだけでなく、パキスタン国内を自由に旅行してもよいというジアウル・ハク将軍の許可もついていた。旅行を快適にという配慮から、大統領専用ジェット機も提供してくれるという。さらに、修道院の開設もすすめてくれたが、条件が一つだけあった。それはインド以外の国の修道女を赴任させるべし、というものだった。

「マザー・テレサがその条件を深刻にとらえたとは思いません。なぜならパキスタンの修道院にはすでにインド人の修道女が何人かいましたから」

と、ファン・エクセム神父は言った。

一九九一年五月初旬のこと。マザー・テレサと会っていると、バングラデシュの海岸地帯をサイクロンが襲ったというニュースが飛び込んできた。津波が起こり、およそ三十万人の命が奪われたという。マザーはすぐに駆け付けることに決めた。そのころのマザー・テレサは心臓病の療養中で、ようやく退院したばかりだった。医者が止めるのも聞かず、彼女は自分が行くと決め、二人のシスターに手伝ってもらいながら、大急ぎで数個の箱に薬品を詰めた。

ダッカ在住のシスターに知らせる時間もなかったから、マザー・テレサがやって来ることを誰も知らないでいた。現地に到着すると、災害を取材に来ていた海外のメディアが、マザー・テレサの姿をとらえた。病身の彼女を、バングラデシュのベガム・カレダ・ジア首相が付き添っていた。彼らが乗ったヘリコプターは悪天候のために緊急着陸をしなければならなくなり、そのニュースは世界中に報道された。

カルカッタに戻って来たとき、マザーは言った。

「行ってよかった。人々の悲惨な様子を見るのはつらいけど。いま一番必要なのは、食べ物と薬と浄水器を送ること。シスターたちは、災害の現場でいまも働いていますよ」

第三世界での自然災害など、西側の先進国にとっては他人事でしかない。しかし、災害現場のニュース映像にマザー・テレサの姿があると、世界中の人々の関心を引き寄せることができる。救援活動も迅速に行なわれるのである。

彼女にとってもっとも印象深い人物の一人は、エチオピアのハイレ・セラシエ元国王である。一九七三年、マザー・テレサはエチオピアで修道会を開こうとしていたが、多くの困難が立ちはだかっていた。マザー・テレサは、その困難を解決するには国王に会わなければならないと判断した。国王だけが決定権を持っている。しかし、国王に謁見するためには、まず王女に会う道を切り開かなければならず、それも簡単なことではなかった。どのような宗教団体や慈善団体の活動も、エチオピアでは成功したためしがなかった。マザー・テレサも、楽観的すぎないようにと忠告を受けていた。

国王との謁見の前に、チェンバレン王宮で行なわれた大臣とのやりとりの様子は、次のようなものだった。

「政府に何を要望するのですか?」

「何もありません。わたしどものシスターたちが、貧しい人々のために働くことができるようにしたいのです」

「シスターたちは何をするのですか?」

「貧しい人々のなかでももっとも貧しい人々のために、心からの奉仕を行ないます」

「その人たちはどのような資格を持っているのですか?」

「わたしたちは、社会から必要とされない人々や愛されていない人々のために、やさしい愛と慈しみをもたらそうとしています」

「あなたの考えはわかりました。説教をして、人々を改宗させるつもりですか?」

「わたしたちの仕事は、苦しみ、困っている人々に神の愛をもたらすことです」

マザー・テレサはついに国王に会うことができた。国王の言葉は、人々の予想とは違っていた。国王はきわめて短い言葉でこう言った。

「あなたがしている善い仕事の話は聞いている。我が国に来てくれて嬉しく思います。よろしいですよ。あなたのシスターをエチオピアによこしなさい」

そのときからたった一年後の一九七四年九月十二日、八十一歳の国王はクーデターによってアジスアベバの刑務所に入獄させられてしまった。刑務所での待遇がひどいものであったため、国際的な嘆願運動が起こり、アフリカ諸国をはじめ、ヨーロッパ各国、その他諸外国の大統領や首相が新政府に対して手紙を送り、元王族の人々に人道的な待遇をするようにと訴えた。刑務所にいる元国王や家族を訪ねることが許されたのは、マザー・テレサただ一人だった。ハイレ・セラシエ元国王は、刑務所の中で亡くなった。マザーはその後、国王の家族の解放のために尽力する。

マザー・テレサと教皇ヨハネ・パウロ二世との関係はとても親密である。マザーは教皇を「聖なる父」と呼ぶ。本当の父のように尊敬し、質素な人柄を称賛している。教皇は、「神の愛の宣教者会」が早期に認められるように取り計ってくれた。ローマで貧しい人のためのスープ・キッチン(炊き出し所)をつくるように助言してくれたのも教皇だ。教皇はポーランド人、マザー・テレサはユーゴ系アルバニア人。二人ともスラブ民族である。そのことがお互いを理解し、尊敬し合うことに影響しているわけではないだろうが、教会の伝統的な価値観を守るマザーの率直な行動を、教皇は尊敬し、認めていることは確かである。

一九九二年一月二十二日、わたしは教皇に会うためバチカンを訪ねた。会見は、マザー・テレサ自身が準備してくれた。小さな部屋に通された。そこで二、三分ほど教皇と二人だけで会うことができた。そのころ、マザー・テレサはカリフォルニアの病院に入院していて、病状は深刻な状態にあった。教皇はマザーの回復を祈り、カルカッタに戻る前にローマに寄ってくれるのを心待ちにしていると言った。

教皇自身は、一九八六年二月初旬にカルカッタを訪問している。空港から車でカリガートの「死を待つ人の家」に直行し、一人ひとりを見舞い、祝福を授け、自らの手で食べ物と水を与えた。そのときに感じた深い感動はいまでも鮮明に思い出すと、教皇は話していた。

バチカンがマザー・テレサに提供した家のことを聞いた。家は、そのときわたしたちが座っていた部屋がある建物のすぐ隣にあった。

「(マザー・テレサに頼まれたら)断われるものではないよ」

と、教皇は言った。断われないことを楽しんでいる様子だった。毎年クリスマスには、できるだけ教皇自身もホームに出向き、貧しい人々に奉仕をしているという。

会見の終わりに、マザー・テレサが素直に聞くのは教皇の助言だけですと、わたしは言った。

「彼女にとっていいことなら、たとえ聞いてもらえなくても、助言を惜しまないよ」

と、教皇は笑っていた。

マザー・テレサの行動のすべてが、成功を収めているわけではない。それでも紛争が起きている地域に意見を述べる必要性を感じれば、当事国に手紙を書いたり話をしたりすることはしょっちゅうである。手紙は彼女の個人的な見解だから、たいていはすぐに返事が来て、何らかの説明を聞くこともできる。だからといって、解決へ結びつく公的な行動がともなうわけではない。政府または地方自治体が、マザーの考えとは別の政策を選択することもある。彼女の手に負えない問題もある。しかし、政治的な思惑とは関係なく、マザー・テレサはすぐさま行動に出るのだ。

イラクとアメリカ合衆国との間に戦争が起きたとき、マザー・テレサは双方の大統領に書簡を送った。日付は一九九一年一月二日となっている。

「近いうちに、このいまわしい戦争の勝敗ははっきりすることでしょう。しかし、双方の攻撃によって被害を受け、傷つき、命を落とした人々に対しては、どのようにしても償えるものではありません。戦争を正当化する理由など、どこにもないのです」（手紙の全文は付録Ⅲに掲載）

戦争が終わったとき、思いがけなく、イラクの保健担当相から返事が届いた。手紙には、孤児と傷病者を助けるため、シスターをイラクに派遣してほしいと書いてあった。

長い間活動を続けていれば、自分の業績が認められ、ひょっとしたら表彰されるのではないかと期待しても不思議ではない。しかし、マザー・テレサの場合は自分に与えられる賞にはまったく無頓着である。数年前、あるシスターがマザー・テレサに授けられた賞のリストをつくろうと試みたが、結局は完成しないまま現在に至っている。

リスト作成中にも、受賞の知らせが次々にやって来る。シスターがリストをつくろうとした年には、大小合わせて二十以上の賞がマザー・テレサに贈られた。シスターが記録をあきらめる気持ちになったのも分かる気がする。

以前、事務を担当していたシスター・プリシラに、資料や情報をいただけないかと頼んだことがあった。すると彼女はため息をつきながら、一枚の記録を差し出した。彼女が管理しているもののなかでは、それがもっとも詳しい記録だというのだが、それにしても二年前のものだった。わたしは悟らされた。もし受賞リストが必要なら、自分で調査してつくらなければならない。そして、その作業はけっして容易なものではないのである。簡単な記録をつくるだけで、膨大な枚数になってしまうのだ。リストをつくりはじめて、わたしはふと思った。マザー・テレサの受賞の多さは、ギネスブック級ではないだろうか！

マザーは大学に通ったことがない。それなのに、最高に権威のある大学から、名誉博士の称号をいくつも贈られている。ケンブリッジ大学名誉神学博士、サンディエゴ大学名誉人文学博士、マドラス大学名誉法学博士……。ハーバード大学で行なわれた名誉博士号の授賞式は熱狂的な雰囲気に包まれ、全員が起立してマザー・テレサを迎えた。また、西ベンガル州シャンティニケタンにあるヴィシュバ・バーラティ大学からも名誉法学博士の称号を授与されている。大詩人ラビンドラナート・タゴールによって設立された大学である。

大学から授与される称号ばかりではない。アメリカの多くの市が、彼女に名誉市民の鍵を贈っている。マイアミ、スクラントン（ペンシルベニア州）、トレド（オハイオ州）、ニューヨーク、ワシントン、ニューアーク（ニュージャージー州）、サンフランシスコ、サンノゼ（カリフォルニア州）の各市である。

また、彼女を〝ウーマン・オブ・ザ・イヤー（その年最高の女性）〟に選んでいる雑誌も数多い。

たとえばアメリカの女性誌「グッド・ハウスキーピング」の読者は、三年続けてマザー・テレサを〝もっとも尊敬する女性〟に選んだ。ジャクリーン・ケネディやマドンナ、エリザベス女王といったそうそうたる人物を選ばず、たった一ドルのサリーを着たしわだらけの女性に、最大級の賛辞を贈ったのだ。雑誌をめくれば、デザイナーズブランドのおしゃれな服や高級な家の写真ばかり。広告は、なめらかな肌を保つための飽くなき努力を読者にせまっているというのに……。

スウェーデンとインドでは、マザー・テレサの肖像写真を郵便切手に使っている。オランダでは、彼女の名前にちなんだチューリップをつくった。

マザー・テレサの仕事を一番最初に評価したのは、インドだった。活動をはじめてから十四年たった一九六二年一月二十六日、インドの共和国記念日に、マザー・テレサにパドマ・シュリ賞を授与するという発表があった。インド生まれではない人物に、権威あるこの賞が贈られるのは初めてのことだった。

ニューデリーでの授賞式に招待されたものの、マザー・テレサは出席をためらっていた。知らせを聞いたとき、そのような賞をもらう理由がないというのが最初の感想だった。カルカッタ大司教は、貧しい人々のために、という気持ちで受賞してはどうかと助言した。その年の九月、シャンデリアで彩られた大統領官邸内のホールに、マザーの姿があった。滞在先の修道院に大統領からリムジンが差し向けられたが、彼女はそれを断わっている。そのかわり、「神の愛の宣教者会」で使っている救急車兼用のバンに乗り込むと、立派なボディガードや警備兵の前を通り過ぎて行ったのである。

ネール元首相の妹のパンディット夫人は、その朝の授賞式に出席していた。彼女はそのときの様子をはっきりと覚えている。

「サリーを着た修道女が、つつましい様子で壇上に上がって来ました。彼女はもらった賞を、まるで病気の子どもか、死にかけている人を腕に抱くかのように、大切に抱えていました。おそらく出席者全員が、感動で胸を熱くしていたことでしょう。大統領も目に涙を浮かべていました。家に帰った後で、『とっても感動的だったわね』と、わたしは兄に訊ねました。すると兄は『流れる涙を止めることができなかったよ』と言いました」

マザー・テレサはカルカッタに戻ると、授賞式でもらったメダルを、カリガートの「ニルマル・ヒリダイ」にある小さな聖母像の首にかけた。受賞したのが自分だとは、少しも思えなかったのである。パドマ・シュリ賞のこのメダルは、いまでも聖母像に飾ってある。最初にもらったこのメダルは聖母を讃えたものだと、マザー・テレサはずっと信じているのだ。

二、三ヵ月後、フィリピンから贈られたマグサイサイ賞は、タイミングがとくによかった。一九六〇年、カルカッタ以外の土地で修道会を開く許可が初めて降りたので、マザーは、タージマハールで有名なアグラに、ハンセン病患者の施設をつくろうと奔走していた。しかし、資金難のために計画を延期しなければならなくなってしまう。シスターたちにそのことを告げたまさにその日に、マグサイサイ賞受賞の知らせが飛び込んできたのである。そしてまるで神の御業であるかのように、五万ルピー(約百四十万円)という賞金がついていた。

一九七一年、ヨハネ二十三世教皇平和賞を受賞。贈られた賞金二万一千五百USドル（約七百七十万円）は、シャンティナガルに計画されていたハンセン病センターの建設資金に使われた。同じ年、ジョセフ・ケネディJr財団からも賞が贈られた。この財団の目的は、知的障害の原因と治療法を研究することである。ワシントンで開催された授賞式には、ケネディ一族が揃って出席。マザー・テレサは、一万五千USドル（約五百四十万円）を手にした。その賞金は、カルカッタのダムダムで、身体障害や脳性麻痺、知的障害のハンディを負う子どもたちのためのホームの開設資金にあてられた。そのホームは、ニルマラ・ケネディセンターと命名された。

英国王室によって授けられる優秀修道会賞は、一九八三年十一月二十四日、エリザベス女王の手からマザー・テレサに授与された。一九〇二年に創設され、審査員は二十四人に限定されている。授賞を決定したのは女王自身だったという。授賞式は、エリザベス女王の出席のもとに、デリーの大統領官邸ローズ・ガーデンで行なわれた。世界でもっとも裕福な人から、三枚のサリーしか持たないと決めている人へ、メダルが渡された。簡素な式の後、エリザベス女王とマザー・テレサは二人だけで二、三分ほど会話をかわした。わたしは二人でどんな話をしたのかと、マザーに聞いた。

「王子が」

と、マザー・テレサが言った。

「王子？　どちらの方？　女王には三人の王子がおられますよ」

と、わたしは聞きかえした。

「あら、お一人だけかと思っていたわ。女王はチャールズ皇太子のことを話しておられたわ。わたしたちの仕事をとても誉めてくださっているそうよ。何年か前、皇太子はカルカッタの『シシュバワン』を訪ねてくださっているんですよ」

皇太子はそのとき、質素な礼拝堂でマザー・テレサとともに祈りを捧げている。

ダイアナ妃もマザー・テレサに会って、「神の愛の宣教者会」の仕事を見たいと望んでいた。ダイアナ妃の訪問は、一九九二年二月、チャールズ皇太子とともにインドを公式訪問中に実現したが、マザー・テレサに会うことはできなかった。そのころマザーはローマの病院に入院していたのである。メキシコのティジュアナで心臓病で倒れ、奇跡的に回復したものの、カルカッタへ戻る途中に立ち寄ったローマで再発してしまったのだ。病気を心配したダイアナ妃は、ロンドンへ戻る途中、予定を変更してローマに立ち寄り、マザー・テレサを見舞っている。

英国王室の一員でマザー・テレサに最初に会った人物は、フィリップ公である。一九七三年四月二十五日、マザー・テレサはテンプルトン賞を贈られた。ロンドンで行なわれた授賞式は、フィリップ公の主催であった。フィリップ公はそのとき、「マザー・テレサにそなわっている偉大な力」について話をした。強い信仰心をもつ人間はどんなことができるのか、それをマザー・テレサは自分の人生によってあらわしていると、フィリップ公は理解していたのである。

「彼女のしていることは、善以外の何ものでもない。そして今日の世界は、まさにこのような善を、行動がともなった哀れみというものを必要としているのだ」

テンプルトン賞は、ノーベル賞にも匹敵する価値のある賞だ。賞の目的は、「宗教の進歩。人間が神の知識を得るのを奨励すること」にある。世界の主な宗教界から集まった九人の審査員は、八十ヵ国、二千人の候補者の中から、マザー・テレサを選んだ。表彰状には次のように記されていた。

「彼女は人々に信仰とは何かを広め、神の愛を知らしめるべく働いている。宗教的な生活とはどうあるべきか、その本来の在り方を探求しているのである」

四年後の一九七七年、フィリップ公が今度はケンブリッジ大学名誉総長として、名誉神学博士号をマザーに贈っている。ケンブリッジ大学は、英国教会がローマと決別して以来、宗教改革者の思想のよりどころとなってきたところである。マザー・テレサが名誉博士号を受け取るためにわざわざ英国に足を運んだのは、そのような背景をふまえてのことだったに違いない。会場でマザーは聖体について、いつもより長いスピーチをした。マザーのスピーチの前に、フィリップ公がウイットに富んだ話でマザーを紹介していた。

「今日ここにお招きしたマザー師は、自分の経歴を訊ねられると、そんなことは重要ではないとよくおっしゃっているようだが……」

会場にいた人々は、思わず笑ってしまった。

「わたしはそんな賞に値するものではありません」

ノーベル平和賞を授賞すると知らされたときも、彼女はまずそう言った。

「貧しい人々の名前で」なら受賞してもよいと委員会に伝えると、ノーベル賞委員会は了承した。委員会が選んだこれまでの受賞者に対しては、人々の間で少なからぬ不満と失望感がただよっていた。平和賞を受賞するのにふさわしいとは思えない人も、中にはいたからだ。過去において、平和賞はたとえば、アルバート・ルトゥリやF・ナンセン、アルバート・シュバイツァー、マーチン・ルーサー・キングのような人に授与されてきた。そのような伝統に戻るべきだと考える人もいた。そういう風潮の中でのマザー・テレサの受賞は、政治だけが平和を推進していくものではないということを再確認するものとなった。マザー・テレサが受賞を受諾したことにより、平和賞の価値がより高まったと考える人は多かったのである。

一九七九年十二月九日、最初からの協力者であるシスター・アグネスとシスター・ガートルードの二人にともなわれ、マザー・テレサはオスロに到着した。それまでマザー・テレサという名前すら知らなかった人々もいたが、オスロに滞在した四日間が過ぎるころには状況は一変していた。到着から帰国まで、各国の報道機関が彼女の姿を追った。何百人ものカメラマン、テレビスタッフ、大勢のジャーナリストがオスロにやって来て、取材に走った。

そのときからすでに長い年月が過ぎたにもかかわらず、受賞当時のことを考えると、いまでも身震いがすると彼女は言う。

「あの取材騒ぎだけで、天国へ行きたくなったわ」

そう言うのを、わたしは何度も聞いている。

一九七九年十二月十日、ノルウェー国王の臨席のもと、腰が曲がったサリー姿の女性にノーベル賞が贈られた。オスロ大学内の会場には、外交官や官僚たちが出席、たくさんの取材陣も押し寄せた。ノーベル賞委員会の委員長であるジョン・サネス教授はそのときの様子を感動した面持ちで語ってくれた。

「彼女の仕事の素晴らしさは、人間が人間らしく生きることや、人間の誇りと尊厳を守ろうとしている点にあります。孤独な人、貧しくみじめな人、死を待つ人、社会や家族に見捨てられたハンセン病患者。そういう人たちに、彼女やシスターたちはあたたかく慈悲深い心で接しています。貧しい人の姿にキリストがいらっしゃると信じ、恩着せがましい態度などみじんもありません。……彼女の目には、受け取る人は与える人に映ります。病気の人や貧しい人が、もっとも多く与える人なのです。自分自身の何かを与えることとこそ、ほんとうの喜びを与えることであり、与えることを許された人にはもっとも高価なものが贈られるのです。ビジネスマンが得意先や顧客に会うのと同じように、彼女は共労者たちに会いに行きます。しかし、感謝されることを期待してはいません。お互いに理解と尊敬を深め合いながら、あたたかくゆたかな関係を結んでいるのです。……清貧を守り、奉仕を行なう。それだけを人生の喜びや価値、目的と考える。それがマザー・テレサとシスターたちの生活なのです」

サネスは最後にこう言った。

「ノルウェー・ノーベル賞委員会が授賞を決めた動機は、世界銀行の頭取であるロバート・S・マクナマラの発言に代表されるでしょう。彼は次のように言いました。『マザー・テレサはノーベル平和賞に値する人物です。なぜなら、人間の尊厳という確信を持ち、神聖でもっとも根源的な意味での平和をもたらしているからです』」

マザー・テレサの受賞のスピーチは、いつものように簡潔なものだった。祈りの言葉が記された紙が、会場の全席にすでに配られていた。マザーの願いどおり、八百人の出席者全員が、アッシジの聖フランチェスコの祈りを唱和した。

ブラックタイとフォーマルドレスの人々が見つめるなか、マザー・テレサは、いつもと変わりない自然な様子で、貧しい人々はお互いに助け合いながら生きていると、話しはじめた。それから、路上に倒れていたひん死の女性をカリガートの「死を待つ人の家」に連れ帰り、世話をしたときのことについて触れた。

「わたしは、心を込めて世話をしました。ベッドに横たわったその女性は素晴らしい笑顔を見せ、わたしの腕を取ると、『ありがとう』と言いました。その一言だけを言うと、息を引き取りました。彼女の姿を前にして、わたしは考えずにいられませんでした。もしわたしが彼女だったら、何て言っただろう。答えは簡単。わたし自身のことを考えてみればいいのです。おそらくわたしだったら、『おなかがすいている。もうすぐ死ぬんだわ。寒い、痛い、苦しい』とかそのようなことを言ったに違いありません。でもその女性は、わたしに素晴らしい愛を与えてくれました」

マザー・テレサは、西洋社会の貧困について話を続けた。

「世界中を見渡してみると、貧困は経済的に貧しい国々にだけあるのではありません。西洋にも、いやしがたい貧しさがあります。街頭で助けた人がもし空腹なら、一皿の飯やパンで空腹はおさまります。しかし、社会から疎外され、不必要とされ、愛されることもなく、孤独でおののいている人の貧しさは、根が深いものです。その貧しさをいやすことは難しい。シスターたちは、西洋社会にいるそのような人々のためにも働いているのです」

マザー・テレサは、恒例となっている授賞パーティーの中止をノーベル賞委員会に依頼していた。パーティーにかける費用が、貧しい人々の食事にあてられた。授賞式でのマザーの姿と同じように、パーティー中止という行動は人々の想像力を刺激した。そこにはきっぱりとしたマザーの意志が感じられた。節約、という行為以上の意味がそこにはある。ノルウェーやスウェーデンばかりではなく、ヨーロッパ中の人々がマザーの活動に注目し、寄付を申し出た。小さな子どもまでもが、自分の小遣いを差し出し、寄付金の額は三万六千ポンド(約八百六十万円)にまで達した。寄付は、パーティーを中止してできた三千ポンド(約七十万円)を加えると、ノーベル賞の賞金の約半額にもなった。お金をどのように使うのかと訊ねられると、マザーは笑って言った。

「頭のなかで、もう使ってしまったわ」

カルカッタに帰ると、お祝いの会が毎日のように開かれる予定だと知らされた。一九一三年にラビンドラナート・タゴールがノーベル文学賞を受賞し、一九三〇年にC・V・ラマンがノーベル物理学賞を受賞して以来、マザー・テレサはインド人としては三人目のノーベル賞受賞者なのである。「カルカッタは喜びでいっぱい」という見出しが、カルカッタの新聞「ステーツマン」の紙面を大きく飾った。新聞には初期の活動からこれまでのマザー・テレサの仕事が詳しく紹介されていた。報道関係の取材が殺到し、お祝いの手紙や電報が山のようにマザーハウスに届けられた。電話も、ひっきりなしにかかってくる。

外側の熱狂ぶりとは逆に、マザー・テレサの反応はそっけなかった。一ヵ月ほど修道院にこもり、姿を見せなかった。ようやく姿をあらわしたころには、カメラマンもジャーナリストもいなくなっていた。

インド政府は、最高の栄誉であるバラット・ラトナ勲章を贈ると発表した。この勲章は、それまで十七人の人にしか贈られていない。しかも、インド以外の国で生まれた人物に贈られるのは、マザー・テレサが初めてであった。

マザー・テレサが何かの賞を受賞するたび、わたしは授賞式に同行した。そのような席にひんぱんに招かれて行く彼女を見て、疲れがたまっていくのではないかと最初は心配したが、しばらくして、それはむしろ苦痛なのだと気がついた。会場に向かうマザーをわたしの車で送って行くとき、彼女はまず礼拝堂でお祈りをする。車に乗ってからも小さな声で祈りの言葉を唱えていることもある。大勢の人の前で話をするときには、お祈りをしてインスピレーションをいただくのだと、彼女は言った。

ファン・エクセム神父がこっそりと教えてくれたことがある。マザーは教会関係者から受けるたくさんの招待に、ときには困惑を隠さない。教皇に向かって、訴える。

「教皇様、たくさんの司教や枢機卿が会に出席して話をしろと、わたしに求めます。多すぎて、とても応じきれません。シスターたちと修道会の活動だけで、手いっぱいなんですから。修道会はいまや世界中にあって、シスターたちも世界中で働いているのです。わたしは病気ですし、もう年寄りなんですよ。もし枢機卿や司教から依頼がきてもお断わりできるように、教皇様、どうぞ認めてください」

教皇は笑顔で、

「考えておきましょう」

と答えたそうだ。

「教皇は、いまもまだ考慮中なんですよ」

と、ファン・エクセム神父は愉快そうに笑った。

デリーで開催されたある授賞式でのこと。ラオ首相が授賞式に出席していた。会場には大勢の人がつめかけ、わたしは壇上でマザー・テレサの隣に座っていた。彼女は会場を見回して言った。

「この宣伝、この脚光、恥ずかしいことだらけです。わたしはこの賞を、ノーベル賞と同じように、貧しい人々のために受け取ります」

授賞式では、決まりきったあいさつが続いていた。カルカッタへ戻る飛行機の出発時間を理由に、授賞式を途中で抜け出すことにした。空港へ向かう車の中で、マザーは賞品を会場に置き忘れてきたことに気がついた。取りに戻りましょうと、彼女は言った。わたしは、賞品をどうするつもりかと聞いた。

「売りましょう。委員会は、別に気にしないでしょう。賞品を売れば、一万ルピー(約十五万円)になるわ。そのお金で、チタガールのハンセン病患者の薬品を買って、役立てましょう」と、彼女はきっぱりと言った。

チタガールのハンセン病センターは、マハトマ・ガンジーにちなんで「ガンジー・プレム・ナイワス」と命名されている。マザー・テレサは、マハトマ・ガンジーに実際に会ったことはない。しかし、ガンジーの精神は、自分の魂の中にあるものと同じだと思っているのだ。二人とも、放棄と慈愛の精神を共有している。

ガンジーは、ヒンズー教徒である。インド人であることの意味、文化風土をつきつめて考えた人だ。つきつめて考えていくことで、国内のさまざまな宗教、価値観を統一しようとした。政治の壁を超え、インド人としての衝動から行動を起こした。一方、マザー・テレサは政治そのものにはまったく関わっていない。彼女の生活と仕事は、古いタイプの福音伝道とは異なり、カトリックの寛容な精神をあらわしている。

二人ともシンボリズムのもつ影響力を熟知していたため、身につける着衣で思想や意志を表現している。マザー・テレサは修道院の僧衣を放棄したが、ハンセン病患者の手によって織られた粗末なサリーを着用している。マハトマ・ガンジーは、手紡ぎ、手織りの白いドーティ(インドの男性の着衣)を着用した。それは足元まである優雅な服ではなく、下層階級の人々がつける下帯である。貧しい衣服を身につけることで、貧しい人々と同じ生活をする者であるということを、二人の衣服はあらわしているのである。

教会の歴史を見ても、マザーのような方法をとった修道女はいない。困難はあったが、貧困を自由に置き換えた。何もないところから宗教と社会活動を行なうという、もっとも強力な方法を生み出した。ガンジーはサティヤグラハ(市民的不服従)を唱え、真理にもとづいてインド人を解放する方法を主張し、実行した。それまでの抵抗運動の方法はとらず、帝国主義の力に立ち向かうのに、「非暴力」を武器としたのである。非暴力の精神は、弾圧者が自らを恥じてやめるまで、たとえ暴力の弾圧にあっても暴力では立ち向かわないことにある。この精神に、ガンジーもマザー・テレサも、しいたげられた人々の抵抗の意志を込めたのである。

二人とも、けっして行動を起こす勇気を失っているのではない。暴動や虐殺が頂点に達したとき、ガンジーは殺戮の行なわれている真っ只中に飛び込んで虐殺をやめさせようとしている。警察の残虐な行為に抵抗したために刑務所に拘留されたが、その態度は道徳的で、冷静であった。

マザー・テレサもまた、自分の生命などは取るに足らないものだと信じている。台風や地震、洪水、あるいは戦争の被災地に率先して赴き、誰よりも早く行動を起こしている。一九八二年八月ベイルートに到着したときは、激しい戦闘が続いていた。マザー・テレサは、西ベイルートの精神障害児たちが、食べ物も水もないところに放置されているのを知った。そこは砲撃がさかんに行なわれている危険な区域だった。自殺的な行為だと、現地の役人や教会関係者が警告するのを無視して、マザー・テレサとシスターたちは赤十字のバンに乗り込むと、子どもたちを助けるために危険区域に向かった。そのとき奇跡的に砲弾の音がやみ、銃撃戦も静まった。子どもたちの救出は成功したのである。

昔、彼女が「死を待つ人の家」を開設したとき、カーリー寺院の僧侶や地元の人たちから非難の声があがった。外国人の女性が貧しい人々をキリスト教に改宗させようとしていると、地元の人たちは警察に訴えた。おどしもあった。若者たちは怒りにかられて、「ニルマル・ヒリダイ」の玄関に石を投げつけた。ある日、いくつかの石が投げつけられ、窓ガラスが割れた。そのときマザー・テレサは民衆の前に立ちはだかった。彼女はこぶしを振り上げ、民衆の前に進み出て言った。

「お望みなら、わたしを殺しなさい。でも、中にいる人たちを傷つけないで。静かに死なせてあげて」

その瞬間、緊張した空気がフッとほどけた。人々の怒りは静まり、去って行った。

ガンジーとマザー・テレサには、興味深い共通点がある。それは宗教的には保守主義だが、行動は急進的という二面性である。心情的に、ガンジーは常に保守的な気持ちを持ち続けていた。マザー・テレサも、カトリックの教義に忠実であり、特に中絶と家族計画に関しては頑《かたく》なにカトリックの教えを守る。一部の教会関係者から「従順な最後の女性」と揶揄《やゆ》され、アナクロニズムと批判されることもたびたびだ。数年前、著名なフェミニストがマザー・テレサを「宗教的帝国主義者」と批判したことを世界中のマスコミが報道したとき、そのフェミニストが、マザー・テレサをもっと知る努力をしてくれていたらと、わたしは残念に思った。というのは、マザー・テレサは自らの信仰心をかげらせることなく、宗教の壁を超えた活動をしているからである。

権威あるインド文化教育センターは、インドの文化と精神を復興させているという理由で、最高の栄誉をマザー・テレサに贈っている。委員会は、彼女の人物像を次のように描写した。

「静かな意志をもつ勇気ある改革者。神の呼びかけによって、慈悲と哀れみの使命をおびた人。世界中の苦しむ人々の苦痛を軽減するために、手を差しのべる。名前もなく、声もなく、家もなく、絶望と疎外感に悩む人々を救う戦士。マハトマ・ガンジーがダリドゥラ・ナラヤン(貧しいけれど神のような人々)と呼ぶ人々を救う」

委員会の会長は、次のように言った。

「彼女は人種や宗教、主義、国家の壁を超え、卓越した魂をもつ。彼女は王国も、名誉も、モクシャ(人生最後の救済)さえも望まない。マハトマ・ガンジーにならって言えば、他人の苦痛を取り除くことに身を捧げる彼女こそ、真の意味でのバイシュナブジャン(神への帰依者)である」

おわりに

マザー・テレサは、自分のことや仕事について書かれた本は一度も読んだことはないと、いつも言っている。その理由を問う必要はないだろう。読みたいと思っても、ほんの二、三時間ですら「現実の仕事」から離れることを、自分に許すはずはないからだ。

わたしは、マザー・テレサに会うときはいつも時間を気にしていた。質問に答えてくれたり彼女自身の信念を話すために、貴重な時間をさいてくれるからである。取材が一時間に及ぶこともあった。取材はできるだけ早く切り上げるように努めたが、マザーにしてみれば、余計なことに時間をとられて、深夜になっても仕事が終わらないこともあったようだ。話を聞くのに一番よい機会は、旅行に同行するときだった。わたしはできるだけ時間をつくって、マザーのお供をするようにした。

ある日の午後、わたしたちはマザーハウスの談話室にいた。わたしは本のプロローグを書き上げた後で、それをマザーに読んでもらいたいと思っていた。「ノー」と言われる前に、わたしは声を出して読みはじめた。誰かと話をするとか、いったん何かをはじめると、その人物なり仕事なりに集中するという特徴が、マザー・テレサにはある。このときも、わたしが原稿を読むのを熱心に聞いてくれていた。そして二度三度と力強くうなずいた。

「大変けっこう、とてもいいわ。世界中でその本を出しなさい」

いつものようにきっぱりとした口調でそう言った。

わたしは彼女に言った。時間をとらせるつもりはないけれど、もし情報をくださったりわたしの疑問に答えてくれる人を紹介してもらえたら、大変ありがたい、と。

「神の愛の宣教者会」はあまりにも早く広がったため、それぞれの場所での活動の状況がとらえにくく、名前や場所の記録が古いままになっていることが多かった。それに加えて、わたしはヒンズー教徒である。マザーの信仰の意味を理解するのは容易ではなかった。

マザー・テレサは再び深くうなずいた。そして、シスター・ジョゼフ・マイケルの名をあげたが、シスターもすでに仕事が手いっぱいであるからあまり時間をとらせないようにとの注意を付け加えた。シスター・マイケルは四人いる顧問総長の一人である。その後の十八ヵ月、シスター・マイケルはおだやかな笑みをたたえながら、わたしのために時間をさいてくれ、助言もしてくれた。訪ねたいと思った修道会の上長者たちに、紹介状も書いてくれた。

ファン・エクセム神父に会ったかと聞いてくれたのも、シスター・ジョゼフ・マイケルだった。名前を聞いたこともないと答えると、彼女は早速紹介の労をとってくれた。マザー・テレサの初期の様子を詳しく知っているのは、神父以外にはもはやいない。特に修道会が発足したころのことを彼は詳しく覚えていた。わたしはカルカッタへ何度も出向いて、詳しい話を聞いた。神父は驚くほど鮮明に当時の様子を記憶していた。おだやかな雰囲気をたたえた人で、ユーモアもあった。軽妙な語り口で話す彼の話には、いつも引き込まれた。

たとえば神父は話をこんな風にはじめる。

「その日の午後、何が起きたか、話しましたっけ?」

それから四十年以上も前の出来事を、まるで先週のことのように話して聞かせてくれた。これまで一般には知られていなかったマザー・テレサ自身の気持ちや仕事のこと。マザーの生涯をたどるためには、ファン・エクセム神父に話を聞かなければ分からないことが多かった。当時のことを知る人物の名をあげ、行って話を聞くようにとすすめてくれることもあった。時折、カルカッタで彼自身が神父だったころの愉快な思い出も話してくれた。

原稿を出版社に渡す前に、わたしはマザー・テレサに会いに行った。一九九二年五月二日のことだ。その日はインド全土から各地域の上長者が集まっていて、マザーは打ち合わせで忙しくしていたが、わたしが訪ねて来たと知ると、打ち合わせの席を中座して、夜のお祈りが終わった後なら時間がつくれると、言いに来てくれた。待つのはやめて、わたしは礼拝に出ることにした。一時間のお祈りの間、わたしはマザーの姿から目が離せなかった。その姿はついこの間までカリフォルニアの病院に入院していた重病人とは信じられないほど元気に見えた。聖ペテロが、彼女を迎える準備をまだしていないのは明らかだった。

スラムで活動をはじめてまもなく、高熱で倒れたことがあると、マザーが話してくれたことを思い出した。高熱でうなされ、生死の境をさ迷いながら、彼女は聖ペテロのもとへたどりつく。聖ペテロは、天国にはスラムはないから「家」に戻るようにと、彼女を追い返そうとした。マザーは怒り、それならスラムからたくさん人を連れて来て天国をいっぱいにする、とせまったのだそうだ。

カリガートの「家」で誰かが死ぬと、それは特別なこと、「素晴らしい死」、とシスターが言い合うのは、そういう理由からだ。

「おお、彼はほほ笑みをたたえて死んでいった。まっすぐ聖ペテロのもとへ行けたに違いないわ」

マザー・テレサの祈りの姿を見るのは素晴らしい経験だった。彼女は、神とまったく一体となっていた。そのとき、誰も、何も、彼女を遮《さえぎ》るものはない。床に額をつけて礼拝する姿には、自らを神に捧げる一途な思いがあふれていた。その姿を見ながら、一体どんな言葉で彼女のことを説明することができるのか、わたしは何度も自分自身に問わずにはいられなかった。ありきたりな言葉では、どうやっても説明不足となる。彼女は天才ではない。善良な心根の持ち主ではあるが、いろいろな面で普通の人である。懸命に働き、実際に活動の効果を上げているし、影響力も持っている。大学で勉強したことはなく、聖書やキリスト教関係の本以外に、読書をすることはほとんどない。一体誰が、どうやって、彼女の途方もない偉業を説明できるというのだろう。修道会の数が多ければ、活動の力や影響力が大きいというものではない。

世界の多くの人々が、この女性のヴィジョンに頼って生きている。飢えた人や病人、貧しい人、飢饉などの自然災害や人的災害の被災者たち。そうした人たちへ、彼女がそそぐ思いやりや実際の救援活動は、何百人、何千人はおろか何百万人もの人々のもとへ達している。マザー・テレサの存在や行動は、もっと多くの人々の気持ちに響いているはずである。

マザー・テレサに会ったことのない人でも、本や雑誌で彼女の意志を知ると、何かをしたいという衝動にかられる。祭壇の前でひざを折って祈る彼女の姿を見て、わたしは霊的な神の力をひしひしと感じていた。その不可思議さに戸惑うわたしに、マザー・テレサは言った。

「わたしは道具にすぎません。神の手の平のなかにある小さな鉛筆のようなものです。わたしたちのような弱くて不完全な道具を使うことで、神はいまでも謙遜を示しておいでです」

単に言葉だけで言っているのではない。彼女は、ほんとうにそう信じているのだ。彼女の素晴らしさに、一体何を書き加えればいいのだろう。

祈りが終わった。礼拝者が出て行った。あたりは、うっすらと闇に包まれていた。マザー・テレサとわたしは、礼拝堂の外にある小さなベンチに腰をおろした。わたしは、いままでやってきたことは街の人々に何をもたらしていると思うかと訊ねた。

「わたしたちの歩んできた道のりは長かったけれど、カルカッタの人々は貧しい人々のことを理解し、愛するようになりました。死んだまま道端に放置される人がいなくなりました。どこかで倒れている人を見つけると、誰かがわたしたちのところに連れて来ます。子どもたちが路上で倒れている老人を助け、カリガートへ連れて来てくれたこともあります。信じる宗教が違っても、みんなそれぞれ仕事を共有しています。彼らは言います。『マザー・テレサ、わたしたちは助けたいのです』。彼らは貧しい人々と触れ合いたがっているのです。違いますか？　どこの街でも、同じようなことが起きています」

マザー・テレサの仕事は、世界中に広がった。しかし、彼女が居るべき場所はカルカッタである。彼女の人生とこの街は強いきずなで深く結ばれている。お互いに養い合い、お互いを必要としている。

世界の多くの人々が、「カルカッタのマザー・テレサ」と呼ぶ。それが一つの名前だと思っているのだ。カルカッタの人々にとっては、信仰している神と同じように、良心の証しとして存在している。西ベンガル州の知事がいつかわたしに言ったことがある。マザー・テレサに会うたびに、いつも思うことがあるという。

「人々の役に立つために、わたしは一体何をしているだろう？」

マザー・テレサに会った多くの人々が、自分は何をやっているのかと反省したり、恥ずかしさを感じるのだ。

西ベンガル州の人々は「ベンガルの母」と呼ぶが、理由は説明するまでもないだろう。

「マー、マー」

と呼ぶ声が、階下の玄関先から聞こえてきた。物乞いがマザー・テレサに会いたがっていると、シスターが告げに来た。マザーと話をしたいと言い張っているという。マザーは下に降りて行った。わたしもついて行った。物乞いは、食べ物をもらうために来たのではなかった。彼は、その日の自分の稼ぎをマザー・テレサに差し出した。アルミのボウルの中には、二、三枚のコインが入っていた。おそらく一ルピーか二ルピーだろう。一瞬、マザー・テレサはためらったようだ。もし彼女がお金を受け取れば、彼は何も食べられない。もし受け取らなければ、彼の気持ちを傷つける……。マザーは受け取ることにした。彼の表情は喜びでいっぱいになった。そしてマザー・テレサの手にキスをして去って行った。

わたしたちは二階のベンチに戻った。マザーはわたしをまっすぐに見て言った。

「彼は持っているものを全部わたしにくれました。今晩、彼は何も食べずに過ごすのでしょう。この贈り物は、いままでいただいたノーベル賞や他のどんな賞よりも素晴らしい価値のあるものです」

執筆も、終わりに近づいてきた。本を書き上げるのに、五年かかった。いまその年月を思い出してみて、わたしの頼みが拒否されたことは一度もなかったということに気づいた。マザーは何も要望しなかった。横ヤリや命令めいた言葉も、一切なかった。彼女はただ与えてくれたのだ。わたしにとっては、ゆたかで、いきいきとした最高の年月だった。彼女の助言や祝福や祈りは、わたしに貴重な何かをもたらしてくれた。

最後に会ったとき、彼女はこう言った。

「これまで、こういう本の出版を許可したことはありませんでした。これから何をするのでも、神を讃えるため、人々にとってよかれと思うことをやってくださいね。元気でね。奥さんやお子さんたちにもよろしく。わたしからの祈りの言葉を娘さんたちに伝えて」

最終章　神のもとへ帰ったマザー・テレサ

八十七歳の誕生日を迎えたばかりの一九九七年九月五日、マザー・テレサは神のもとへ帰っていった。長らく願いつづけた帰宅だった。

危篤となって天国の門を叩くたび、「ここには貧しき者はいない」と聖ペテロに追い返され、それなら天国に貧しい人々をたくさん送り込みます、と怒って言い返していたマザー・テレサ。そして、その話を思い出しては、もう五万四千人の貧しい人を選んで、天国に送り込んだわ、と笑いながら話していた。亡くなる二、三ヵ月前のことだった。「選んだ人々」とは、彼女が愛した「貧しい者の中でももっとも貧しい人々」のことだ。

今回、ようやく彼女に順番が回ってきたのだ。神は、彼女の務めが終わったことをお認めになられたに違いない。そして彼女の疲れた体をいたわり、永遠の休息をお許しになったのだろう。

しかし、世界中の人々にとっては、彼女を神のもとへ送り返す準備は心の中にまだできていなかった。ここ数年、マザーは何度も危篤状態におちいった。そのたびに何百万もの人々が彼女の回復を祈った。わたしも、マザーは自分の務めをすべて終わらせるまではきっとこの世に踏みとどまるだろうと信じながら、彼女の枕元で祈りを捧げた。そしてそのたびに彼女は奇跡的に回復した。

やり残した仕事は、いくつかあった。一九五〇年に創設した「神の愛の宣教者会」の後継者がまだ決まっていなかった。後継者を選ぶ総会が九六年十月に開かれる予定になっていたが、マザーの入院が長引き、延期となっていた。九七年三月十三日、「神の愛の宣教者会」はようやく、シスター・ニルマラを総長に選出した。

その後の数ヵ月間、マザーは疲れた体にむち打ち、気力をふりしぼって、最後の困難な仕事を引き受けた。宣教者会の内部の結束を強め、自分に対してと同じように、後継者であるシスター・ニルマラが皆の信頼を得られるように計らったのである。

体の痛みをこらえて、最後の海外訪問も行なった。

「神の愛の宣教者会」は教皇庁に属する修道会なので、後継者が決まったらバチカンに同行して紹介する必要があった。

米国にも再訪した。その数ヵ月前、米国の名誉市民権が授与されていたが、それは世界が彼女に与えた最後の称号となった。マザー・テレサは米国名誉市民権を与えられた史上四番目の人物である。

マザーはインドへ帰国してカルカッタに戻る途中、デリーにほんの一日だけ立ち寄った。わたしはそのとき、数時間をマザーとともに過ごすことができた。そのときの光景は、二十二年前、初めて彼女に出会ったときの思い出といっしょになってよみがえってくる。

彼女は、信仰と愛について簡潔な言葉で語ってくれた。祈ることで強くなれること、そして家族がともに祈ることの大切さを、わたしに教えてくれた。

「ともに祈る家族は、強い絆でともに生きることができる」。彼女はそう繰り返した。

わたしは、自分が興味を抱ける仕事に専念したいので、いまの役所の仕事は辞めようかと思うと告げた。すると彼女は、わたしを諭すように穏やかな口調で言った。毎朝毎晩あなたのために祈っているのだから、あなたはやるべきことを実行する力をたずさえているはずだ、と。それから、わたしの手に自分の手を置いて、優しい口調でこう続けた。

「あなたは貧しい人々のために働きつづけなければならないのよ。誰かのために善いことをしてあげなさい。貧しい人にいつも触れていなさい」

思いがけないことに、マザーは愛と信頼のしるしにと、小さな紙に言葉を書いてくれた。いま思い返してみると、それは、もう二度と会うことができないと知っているかのようだった。


マザー・テレサを見送るいよいよ最後のときが来た。わたしは家族とともにカルカッタに向かい、マザーのもとで働いていたシスターやブラザーたちと並んでマザーを見送った。ぽっかり大きな穴があいてしまった空虚な思いを抱きながら、一方ではほっとしたような妙な気分を味わっていた。マザーが病院で息を引き取ったのではないことに、安堵していたのだ。

マザーは入院することをとても嫌っていた。そのことを物語る面白いエピソードがある。

一九九一年カリフォルニアでのこと、マザーは突然気を失って倒れてしまい緊急入院した。それなのに、病院への支払いを心配した彼女は、驚いたことに病院から脱出しようとした。深夜、マザーが抜き足差し足でこっそり病院から逃げ出そうとしているのを婦長が発見。あわてて彼女をベッドに連れ戻した。なんと、その後は二度と逃げ出さないように、看護婦の見張りを付けたそうである。

この話を聞いて、わたしは吹き出してしまった。

マザーは死ぬことを恐れず、ためらいもしなかった。それどころか、神のもとへ旅立つことを願っていたのである。彼女がもっとも愛した街、カルカッタのマザーハウスで、ロザリオを胸に抱いて祈りを捧げながら、そしてシスターたちに見守られながら。彼女を待っているのはキリストと、かつて彼女自身が神のもとへ送り出した何万人もの貧しい人々である。

マザー・テレサの遺体は「神の愛の宣教者会」本部からカルカッタ市の中心部にある聖トーマス教会に移され、そこに一週間安置された。

インド政府は国葬を決定していた。インドでは、国葬は国家元首や首相らに限られている。異例の扱いだ。

インドの三色の国旗が掛けられたマザーの遺体は、教会ホールにしつらえた台の上のガラスケースの中に納められていた。何万人もの人々が最後の別れに訪れた。さらにカルカッタの街の何十万もの人々が、思い思いの形でマザーに哀悼の意を表した。

カルカッタには共生の魂があると、彼女はわたしによく言っていた。そしてそれは世界のどこの国にも感じられないことだと、言っていた。重要なのは、貧しい人々同士がたんに貧しさを共有することではなく、隣人が何を必要としているかを知っていることだという。

その週、わたしがカルカッタで感じたこと、見たことは、まさにその共生の魂だった。

多くの人々が最後の別れにやって来た。しかし、弔問に訪れた人数の多さは重要ではないだろう。特筆すべきは、最愛の人を失った悲しみの表情を、誰もが浮かべていたことだ。

わたしは、お別れに来た人々の表情を見逃すまいと見守りつづけていた。

マザー・テレサを尊敬している両親に連れられ、地面に額をつけて最後の別れをする幼子《おさなご》たち。かつてマザーの愛をじかに受け取った貧しい人々は、ガラスの箱に手を伸ばし、ガラス越しにでもマザーのサリーに触れようとした。学生たちは遺体の前にたたずみ、静かな歌声でベンガル語の賛美歌を捧げた。多くの人が優雅な白いハスの花輪を手にしていた。マザーを慕うすべての人々が一つになり、大きな悲しみの中にいた。マザー・テレサは、きっと一人ひとりの顔を覚えたに違いない。

インド政府は、かなり前に、マザーに最高名誉市民の称号を授与している。最後に、国葬という形で彼女の仕事に敬意を表した。ひつぎは、マハトマ・ガンジー翁とネール首相の国葬のときと同じように、陸軍兵士の手によって砲車に乗せられた。この砲車は、インドが独立したとき英国から引き渡されたものである。

国葬は、大統領と首相の参列のもとに、雨期であることを考慮して、カルカッタ最大のネタージ室内競技場で行なわれた。ローマ法王ヨハネ・パウロ二世の使節として枢機卿が出席した。各国の大統領、首相、王族、特使、インド政財界人、宗教人……およそ一万人が葬儀に参列した。そしてこの一人の女性の成し遂げた仕事に敬意を表し、その死を悼んだ。この女性は、国々から名誉をもらうために出かけたのではもちろんなかった。貧困と孤独に悩む人々のために何かをする必要があって出かけたのである。

葬儀は、カトリック式に厳粛に質素に行なわれた。インドの兵士が整然と式を進行していった。競技場中央の祭壇にはマザーのひつぎが安置された。壇の下には、華やかな衣裳に身を包んだ枢機卿たちが座り、青く縁取られた質素なサリーをまとった「神の愛の宣教者会」のシスターたちが並んだ。ミサは、シスターたちが歌うベンガル語、英語両方の賛美歌に包まれた。ヒンズー教徒とイスラム教徒の代表が交互に、それぞれの流儀にしたがって追悼の言葉を読み上げた。どれもマザー・テレサへの哀惜と敬意にあふれたものだった。

このように異宗教の人々が一堂に会するのは、いまではインドでも珍しいことではなくなった。しかしそれは、長い年月をかけ、マザーがやりつづけてきたことを象徴する光景なのだ。

一人の共労者が、キャンドルを捧げる。一人の孤児が小さな花束を捧げる。ミサに使われた水やワイン、パンなどは、更生中の服役者やハンセン病患者、身体障害者がマザーに捧げたものである。マザー・テレサの後継者であるシスター・ニルマラは空《から》の聖杯を捧げ、マザーの肉体がもはやこの世にはないことの虚しさを表した。シスター・モニカは、鉛筆を捧げた。自分は神の両手の中にある道具にすぎないと、マザー・テレサは繰り返し言っていたからである。

葬儀が終わると、遺体はふたたびインド陸軍の砲車に乗せられ、競技場から「神の愛の宣教者会」

まで、カルカッタ市内を静かにゆっくりと進んでいった。

霧雨《きりさめ》の中、何千人もの人々が最後の別れをしようと沿道に並んでいた。ある所で、わたしはチタガールから来たハンセン病患者の一団に気づいた。彼らも涙があふれてとまらない。また別の場所では、葬列がゆっくりと通りすぎる間、「主は我の牧者なり」を歌うカルカッタ聖歌隊の歌声が途切れることはなかった。さまざまな肌の色の人々が、そしてさまざまな宗教やカーストの人々が、金持ちも貧しい人も皆同じように悲しみの輪の中にいた。

修道女たちはマザーの最後の休息の場所をすでに決めていた。そこは、バチカンでもなく、彼女の家族の墓がある故郷のアルバニアでもなかった。あるいはまた、マザーハウスに近い、すでに何人かのシスターたちが埋葬されている聖ヨハネ教会の中庭でもなかった。マザー・テレサの休息の場所は、やはり「神の愛の宣教者会」の本部があるマザーハウスなのだ。

ひつぎが「神の愛の宣教者会」のブラザーとファーザーの手によって地面に静かに降ろされた。建物の外では、最後の別れを告げるインド陸軍のラッパが厳《おごそ》かに鳴り、礼砲が鳴り響いた。涙をこらえきれないまま、シスターたちは、マザー・テレサが好きだった賛美歌を歌いつづけた。カルカッタの大司教が、穏やかな声で最後の祝福を授けた。

最後の別れである。参列者がそれぞれ一握りの土を墓に投げ入れた。永遠の眠りにつく休息の場所は、みずからが望んだようにセメントで塗られた簡素なものだった。小さな大理石の墓にはマザー・テレサの名前とともに「わたしがあなた方を愛したように、お互いに愛しあってください」と刻まれている。

彼女が亡くなってから、いろいろな人がわたしに、マザーは聖女として聖列に加えられるのだろうか、もしそうだとしたらいつになるのだろうかと、訊ねてくるようになった。そのたびにわたしは、そんなのはどうでもいいことだと思っている、と答えている。なぜなら、宗教や国籍を問わず、あらゆる人々の目に、彼女は良心そのもののような人物として映っているからだ。列聖〔訳註・聖人の列に加えること〕は当然のことだろう。

マザー・テレサ自身は、みずからの手本としたフランスの修道女「リジューの聖テレジア」の謙虚さとつつましさを実行できたことに満足しているはずだ。若い修道女だったアグネス〔訳註・マザー・テレサの幼名〕が、ロレット修道会の初誓願を立てたとき選んだ修道名が、その「リジューの聖テレジア」にちなんだテレサ（テレジアのスペイン語読み）だったからである。

マザー・テレサは「清貧と貞潔、従順」を貫き通したが、けっして学識が豊かなわけではなく、いろいろな意味で実に「普通」の女性だった。しかし、偉大な哲学者や聖者と同じぐらいの深い洞察力と知識を身に付けていた。彼女の人生は、二十世紀の偉人の一人に数えられるにふさわしい。

たとえ小さいものでも、一人ひとりの力を彼女は信じていた。同時に、世界各地で活動しているいろいろな団体、組織の力を利用した。多額の寄付に感謝し、それが彼女の活動を可能にしていることも認識していた。しかし、たとえばカルカッタの小さな男の子が好きな砂糖を三日間がまんして貯めた一ルピーのような「自己犠牲によって神に捧げられたお金」の大切さや、それに対する感謝も忘れていなかった。

彼女の生活と活動の拠点は、主にインドのヒンズー社会にあったが、ヒンズー教徒に改宗を求めたことは一度もない。改宗は神のなさることであり、彼女の仕事ではないというのが、マザーの考えだった。

そのようにすべてを神にゆだねる立場で、彼女は周囲の状況に順応した。イエス・キリストに従い、出会ったすべての人に、イエスの姿を見出していたのである。

わたしは彼女自身に対する批判、仕事にまつわる非難について、マザーがどう思っているのか、訊ねたことがあった。政治的に彼女の組織は右派に近いと非難されていた。あるいはまた、いかがわしい団体や組織からも活動資金を得ているという批判もあった。マザーは、簡潔にきっぱりと答えた。

「わたしはお金をくれと誰にも言ったことがありませんよ。ただ神のお考えに従っているだけです。わたしは給料をもらっていないし、国家の補助金ももらっていない。教会から資金的な援助もありません。もし人がわたしにお金を出してくれるというなら、わたしは良心に従ってそれをいただき、救済に使わせてもらいます。それに、お金を差し出したほうも心の安らぎを得られるのですよ。普通の人々が、貧しい人々に食事をさせてあげる慈善行為とどう違うのでしょうか？　わたしたちに、人を裁く権利などありはしないのです。神だけがその権利をお持ちです」

また、カルカッタに病院を建てるのに「神の愛の宣教者会」からしかるべき人材を出さなかったと非難を浴びたことについては、もし、「宣教者会」のシスターたちを病院に縛り付けたら、道端に倒れている人々の面倒を一体誰が見るのかと、言い返された。

カトリック教に改宗させようとしているとの批判については、ヒンズー教やイスラム教、キリスト教をそれぞれに信じる人たちが、それぞれの宗教のよりよい信者になるように導いているだけだと、答えていた。

大事なことは、神を見出すこと。一度神を見出したら、神のためにみずからの仕事を一生懸命に行なうのが務めなのだ、とも言っていた。

「神の愛の宣教者会」は、今後どのような活動をしていくことになるのだろうか？　カリスマ性のある創設者がいなくなり、会は彼女の思い出とともに消えてしまうのだろうか？　基金が底をついていき、会の活動も衰えてしまうのだろうか。

実はわたしは、彼女にこの質問をいつも投げかけていた。最後にこの質問をしたのは、亡くなる数ヵ月前だった。

「わたしは昨日のことは、くよくよ心配しないのよ。終わったことはもういい。明日は必ず来るのだから」。それから次のように付け加えた。

「あれこれ考えるのは、神の仕事。神が必ず解決策を見つけてくださいます。わたしたちは、ただ誓願を忠実に守っていればよいのです。わたしたちの会が発足してから、もう五十年になるのよ。知ってる？　それにいまも、もっとも貧しい人たちのために心からの奉仕をするという誓願を立てているのは、世界で唯一、わたしたちの会だけなのですよ。わたしたちがこの誓願を守っているかぎり、そしてわたしたち自身が貧しいままでいる限り、活動は続いていくのです」

[手紙1]

Dear Navin,

All you do, all you write do it all for the Glory of God and the good of all People.

Let your book be love for God in action.

God bless you

M. Teresa MC

24-2-91

[手紙2]

Dear Rukmini,
May God's blessing
be with you during
this time of examina-
tions. God bless you
23-2-91 — M Teresa MC

Dear
Mrinalini

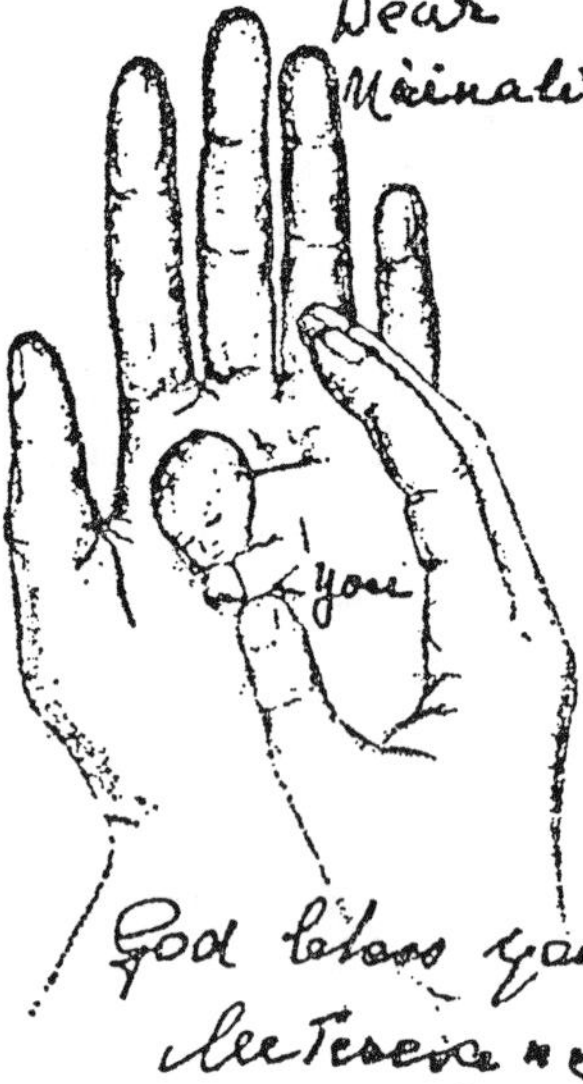

God bless you
M Teresa MC

See! I will not forget you . . . I have carved you on the palm of My hand . . . I have called you by your name . . . You are mine . . . You are precious to Me . . . I love you.

Isaiah

[手紙3]

LDM.

Mother M. Teresa, MC
Missionaries of Charity
54A Lower Circular Rd.
Calcutta 700016 India

11-12-87

My dear Sisters,

Mr. + Mrs. Chawla - are coming to your place, allow them to take photos of the work and the Poor you serve - and also if they put any questions regarding the work answer.

God bless you
M. Teresa MC.

[手紙4]

LDM

MISSIONARIES OF CHARITY
54A ACHARYA J. CHANDRA BOSE
CALCUTTA 700016, INDIA

10/7/90

Dear Mr. N. Chawla,
Thank you for your kind letter and the article you wrote. I hope it will be all for the glory of God and the Good of all who read it
I have just returned from Eastern Europe where I have opened a number of houses. In all these houses people are hungry for God. I hope the presence of our Sisters will help them. Let us pray.

God bless you
M. Teresa MC

[手紙5]

Keep the joy of loving
God in your heart
and share this joy with
all you meet
especilly your family.

God bless you

M. Teresa MC

〔手紙1〕
ナヴィンさん，あなたの活動や執筆が神の栄光に捧げられ，人々の役に立つものとなりますように。あなたの著書が神への愛にかなうものになりますように。神の御加護がありますように。　マザー・テレサ mc

〔手紙2〕
ルクミニさん，試験の間も，神が見守ってくれますように。神の御加護がありますように。
マザー・テレサ

ムリナリニさん，神の御加護がありますように。　マザー・テレサ mc
「見よ！　わたしは，あなたを忘れることはない……わたしは，たなごころにあなたを彫り刻んだ……わたしはあなたの名を呼んだ……あなたはわたしのものだ……主はあなたを尊ばれる……あなたを愛するがゆえに」
（イザヤ書）

〔手紙3〕
親愛なるシスターの皆さんへ。チャウラ夫妻に，仕事の様子や世話をしている貧しい人々の写真撮影を許可してください。また，仕事についてのお訊ねがあれば，答えてあげてください。神の御加護がありますように。
マザー・テレサ mc

〔手紙4〕
ナヴィン・チャウラ様　　心のこもった手紙と，お書きになった原稿を送っていただいて，ありがとう。すべては神の栄光に捧げられ，そして読んだ人のためになることを願っています。わたしは，東ヨーロッパから戻って来たところです。各地にたくさんのホームが開設されていますが，ホームに住む人々は，神を渇望しています。うちのシスターたちが，皆さんのお役に立てますように。お祈りします。神の御加護がありますように。
マザー・テレサ mc

〔手紙5〕
神を愛することの喜びを心に持ち続け，この喜びをあなたが出会う人々，とりわけあなたの家族と分かち合えますように。神の御加護がありますように。
マザー・テレサ mc

付録

I　マザー・テレサと著者との会話

——マザー、これまでの人生を振り返って、幸福だったと思いますか？

マザー・テレサ　誰もわたしから幸福を奪うことはできませんよ。後悔したり不幸だと思ったりしたことは、これまで一度もありません。

——シスターはインド国中から来ているのですか？　彼女たちの両親はどう思っているのでしょうか。

マザー・テレサ　シスターの出身地は、インド全土にまたがっています。両親は、子どもを神に差し出して、幸せだと思っています。これはすごいことですよ。大きな犠牲をともなうことですからね。でも、両親は悲しんではいません。犠牲は、必ずしも悲しみをともなうものではないからです。とくに神に犠牲を捧げるとき、悲しみはないのですよ。

——しかし、犠牲的行為は困難をともないます。

マザー・テレサ　いいえ、そんなことはありません。自分を神に捧げるとき、そこには愛が存在します。少女たちは持っているものをすべて差し出し、自分にできる最大の犠牲を捧げます。社会的な地位も家も、両親も将来もすべて、もっとも貧しい人々をとおして神に捧げます。

——あなた自身、ずっと家族と離れていますが……。

マザー・テレサ　家族はどこにいると思いますか？　もうみんな天国に行ってしまいましたよ。この世にはもう誰もいません。

——しかし、犠牲とは別の次元で、人のきずなというものがあります。

マザー・テレサ　もちろんです。家族や親しい人と離れられないのは、当然でしょう。しかし、神に捧げることこそが素晴らしく、重要な行為なのです。「弟子よ、もし犠牲を捧げたいなら、十字架を取りなさい」と、イエスは言いました。とても簡単なこと。けっして難しくはありません。

——「神の愛の宣教者会」で、従順は絶対ですか？

マザー・テレサ　従順、奉仕、清貧、そして神への愛。シスターたちは誓願によって自分を律しようとしますが、誓願のほんとうの意味を知らなければなりません。従順の誓願は、すべてにおいて神の意志に従うことです。そして、清貧の誓願は、わたしたちの修道会ではとくに厳しく守られています。わたしたちは貞潔の誓願も立て、心もキリストに捧げます。四番目の誓願は、わたしたちの修道会にしかない独自のものです。その誓願に従って、貧しい人々に心からの奉仕を行ないます。わたしたちは金持ちのために働くことはありませんし、仕事に対する報酬をもらうこともありません。

——なぜ、シスターたちはみんな幸福そうに見えるのでしょうか？

マザー・テレサ　わたしたちは、貧しい人々が自分は愛されていると感じてほしいと願っているのです。悲しい表情で彼らに会うことなどできませんよ。神に愛される人は、明るく奉仕する人。喜びを与える人に、神はさらに多くのものを与えてくれます。

——もし、シスターが(修道会に参加したことを)後悔したら、どうなりますか?

マザー・テレサ　修道会を去るのは自由ですが、誓願を立てた場合は許可が必要となります。これまで修道会を離れた人は、ごくわずか。シスターたちの信仰心は、驚くほど強いのですよ。

——たとえば、仕事の割り当てなど、日常的な業務に関しての疑問や不満などはないのですか? また、不満があったら自由に言えるのでしょうか?

マザー・テレサ　わたしたちは普通の家族ですよ。ただ人数がとても多い。普通の家族ですから、すべてのことを共有します。それでうまくいってますよ。

——いくら信仰心が強くても、たとえば仕事に対する疑問が湧くことはないのですか?

マザー・テレサ　それは、誰のために仕事をするかによるのではないかしら。母親が愛する子どもの世話をしていて、何か疑問に思うでしょうか。子どもを愛していたら、母親の人生はまったく変わってしまいます。わたしたちの場合も、それと同じです。もし心の底から神を愛していたら、疑問など起こりようもありません。もっとよいことをしたいと望むかもしれませんが、それは疑問とは言わないでしょう。邪魔するのは、むしろ疑う心ですよ。

——自分は正しいことをしているのかと、疑問を持つ人は多くいます。

マザー・テレサ　それは疑問ではありません。子どもにできるだけのことをしてやりたいと思っているのです。もっと何かよいことをしたいと、いつでも願っているのでしょう。それは疑問ではありません。疑問を持つと、自由ではいられなくなります。

——身体障害者に向き合ったり、体が変形したハンセン病患者にさわらなければならないとき、疑問が起こるのでは。

マザー・テレサ それは恐怖です。疑問ではありません。

——それはどうやって克服したらよいのですか?

マザー・テレサ まず祈ることです。もし、心からその人を愛していたら、状況を受け入れることは簡単ですよ。愛と思いやりの心が大切です。日常生活のなかで、神への愛を捧げるには、愛と思いやりの心を持たなくては、ね。愛は、家庭からはじまるのですよ。聖書には、そうはっきりと書かれています。「あなたが、わたしの小さき者にしてくれることは、わたしにしてくれることだ」と、イエスは言いました。わたしの名のもとに水を与えれば、それはわたしに与えたことになる。わたしは飢えていた。わたしは裸だった。わたしは孤独だった。そうイエスは言っています。

　信仰は、神からの贈り物です。それは祈りからはじまります。沈黙の果実は祈り。祈りの果実は信仰。信仰の果実は愛。愛の果実は奉仕。そして奉仕の果実は、平和です。すべてはつながっているのです。

——あなたの活力は、一体どこから出てくるのですか?

マザー・テレサ ミサは私を支えてくれる霊的な食べ物です。ミサなしでは一日、いえ一時間たりとも生きていけません。聖餐で、パンの姿にキリストを見ます。スラムのなかで、苦悩する貧しい人々のなかにキリストの姿を見ます。子どもたち、死んでいく人たちの傷ついた体にもキリストの姿が見えます。だから、わたしは働いているのです。

——微力ながら、わたしがあなたと行動をともにしていると知っている人からよく訊かれる質問があります。マザーは平和運動をしているのだから、好むと好まざるとにかかわらず、世界的な権力をもった人物ではないか、と。

マザー・テレサ　(話をさえぎって)そうですか？　そうだといいですけど。そうしたら世界に平和をもたらすことができますから(笑)。

——あなたは大統領や首相に、平和の名のもとに直接電話で呼びかけることができます。

マザー・テレサ　キリストの名において、話をしているのですよ。そうでなければ、私は何もできません。

——もし平和のために働いているのなら、なぜ戦争を減らすために働かないのかと言う人々もいます。

マザー・テレサ　もし、あなたがたが平和のために働くのなら、その平和は戦争を減らすでしょう。でもわたしは政治には関わりません。戦争は政治の果実ですから、わたし自身は巻き込まれたくないのですよ。もし政治に関われば、愛することをやめてしまうでしょう。誰かの味方をすれば、誰かを敵にする。全員の味方をすることはできないのですから。

——マザー、もし暴動のような状況に直面したら、恐怖を感じますか？

マザー・テレサ　何のために恐怖を感じるの？

――何のため、と言われても……（口ごもる）

マザー・テレサ　神に恐怖を捧げます！（爆笑）

――あるいはシスターのためになら？

マザー・テレサ　いいえ。わたしたちは命を神に捧げています。（しばらく沈黙した後で）食料品を持ってスーダンへ行ったことがあります。南スーダンです。北スーダンには、すでにうちのシスターがいました。北から南へ行くには、危険な銃撃戦をくぐり抜けて行かなければなりません。政府は南へ行くことを反対しています。わたしたちは、飛行機が撃墜され、死んでもかまわないという念書にサインしました。翌日、五人のシスターが出発というときになって、南スーダンの反乱軍が、「飛行機を撃墜する」という声明文を発表しました。パイロットが乗りたくないと言い出したので、別の手段で食料を届けることになりましたけど。

――初期のころには、いろいろな障害があったのではないですか？　チタガールでハンセン病のコロニーを建設するさいに、地元の人たちの激しい反対があったという話を読みました。

マザー・テレサ　そういう人たちも、実情を見て納得してくれましたよ。海外で、反対の声があがることがあります。しかし、わたしたちの仕事を見れば、分かってくれます。あのね、貧しい人々と親しくなってみると、彼らがとても素敵な人たちだということが分かるんですよ。

――あまりにも多くのことをしすぎるのではないですか？　たくさんの国で活動をし、ホームを開設していますが。

マザー・テレサ　わたしたちは、「神の愛の宣教者会」です。宣教師はよい知らせをもたらす仕事をしなければなりません。今日インドで起きることは、明日のヨーロッパの姿です。世界のどこかで、神の呼びかけがあるのですよ。宣教師というのは、神の愛を運ぶために地上に送られた人間です。だから、わたしたちは「神の愛の宣教者会」を名乗っているのです。二重の意味を込めてね。誰かがわたしに言いました。「あなたは貧乏人にすべてを与えて、甘やかしている」。わたしは言ってあげました。「誰もわたしたちを甘やかしたりはしませんよ、神がなさるほどには」。神はいつもお与えになるだけです。また別の人がわたしに言いました。「なぜ彼らに魚を与えるのですか？　なぜ魚を釣る道具を与えないのですか？」。わたしは答えました。「わたしが助ける人々は、病気か空腹で立つこともできないような状態なのですよ。だから助けるのです。元気になったら、もうわたしのところには来ませんよ。自分の足で立つことができるのですから」と。

——「病める人、苦しむ人の共労者会」の場合はどうなのですか？

マザー・テレサ　「苦しむ人の共労者会」は、病気の人たちがつくる組織です。シスターの一人ひとりと結びついています。どういうことをするのか、ご説明しましょう。もしあなたが病気なら、わたしに痛みや苦しみを全部渡し、わたしはそれを神に渡します。それがわたしの仕事。あなたの仕事は、祈ること。わたしの神への愛を、あなたに渡します。そうやって、わたしはあなたを助け、あなたはわたしを助ける。お互いがお互いの「第二の自分」となるのです。それは神の大きな贈り物。病気で苦しむという犠牲を捧げるあなたは外には出られないから、わたしが代わりに外で働くのです。わたしにも、わたしの代わりに苦しみ、祈りを捧げてくれる「第二の自分」がいます。彼女（ジャクリーヌ・ド・デッカー）はすでに何十回もの手術を繰り返してきました。わたしの代わりに、手術を受けてくれているのですよ。わたしは彼女の代わりに外を駆け回っています。彼女の痛みはかなりひどいものですが、それを全部わたしに渡してくれます。わたしたちは、すべてを共有しています。理解し合い、強いきずなで結ばれています。彼女には苦しみと祈りがあり、わたしには仕事と祈りがあります。素晴らしいことです。すべてのシスターが、自分のために祈ってくれる「第二の自分」を持っているのですよ。

——祈ってくれる人から特別な力を授かり、その力を仕事にそそぐのですね。

マザー・テレサ　そうです、そうなんです。病に苦しむ人たちも、わたしたちの祈りや仕事、それに犠牲で、特別な力を授かります。素晴らしいことです。

——その他の共労者はどうなのですか？

マザー・テレサ　世界中に四十万人の共労者がいます。その人たちは、シスターに協力して仕事をしています。わたしは、貧しい人々、孤独な人々と触れ合う機会を彼女たちに与えています。いろいろな宗教を信仰する人々がやって来て、寄付だけでなく、実際に働きたいと申し出てくれます。医者の集まりは医療共労者会という組織になっており、診療所で仕事をしたり、病人の世話をします。また、青年共労者たちは、貧しい若者たちに愛の奉仕を行ない、純粋な愛と祈りを分かち合います。若い人たちは試練を求めて、時々迷いの道に入ってしまうことがありますが、たいていは神への奉仕を望んでいます。世界中から来ているボランティアを見てください。彼らは、二、三ヵ月滞在して奉仕活動をしますが、滞在費は自分で負担しなければならないので、働いてお金をためてからやって来るんです。わたしたちは何もあげませんから。

――カリガートで、わたしは興味深いことを発見しました。あそこには死にかけている人が百人ほどいましたが、誰一人として死ぬことを怖れてはいませんでした。

マザー・テレサ　あの場所で、あなたは神の存在を感じたのではないですか。彼らは愛を感じているのですよ。ある人が言いました。「わたしは道端で動物のように暮らしていたが、まるで天使のような気持ちになって死んでいく」。愛と親身の世話があるから、彼らは満足して死んでいきます。二万三千人があの場所で死んでいきました。

――彼らにとって、ほんとうの敵は何ですか？　社会から拒絶されることですか？

マザー・テレサ　貧困です。彼らには何もありません。誰もいません。道端で暮らしているのですよ。わたしたちは病人と死にかけている人だけを引き取ります。そういう人は道端にいてはいけないのです。家がある人は引き取りません。「プレムダン」〔訳註・カルカッタにある重病人の収容施設。一九七三年にイギリスの製薬会社から贈られた。サンスクリット語で「愛の贈り物」の意味〕には、スラムにいた人たちが少しいるかもしれませんが、カリガートには道端から収容した人しかいません。あなたは「プレムダン」に行きましたか？　行って見てください。

――あなたはかつて、人間にとって一番の恐怖は、屈辱を受けることだとわたしに言いましたね。

マザー・テレサ　神とともにいれば、それを受け入れることができます。
――これまでに屈辱的な目にあったことはありますか？
マザー・テレサ　ええ、もちろん何度もありますよ。このように取材を受け、宣伝することも、恥ずかしいことです。
――恥ですか？　それとも貧しい人のために受け入れた仕事ですか？
マザー・テレサ　恥です。わたしたちは、取るに足りない存在なのですよ。神がなさったことをごらんなさい。神は、わたしたちを道具に使って、その偉大な力をお示しになりたいのだとわたしは思っています。
――たとえば、ノーベル賞などこれまでに受賞した数々の賞も恥ずかしいことですか？
マザー・テレサ　数さえ覚えていません。賞など、何にもならないものです。ノーベル賞は、神の栄光と貧しい人の名のもとに受け取りました。わたしの名前では、賞はいただきません。わたしなど、取るに足りない人間です。
――ノーベル賞授賞式後の恒例のパーティーを中止しましたね？
マザー・テレサ　ええ。そのかわり、パーティーにかける費用をもらいました。そのお金で、二千人の貧しい人々にクリスマス・ディナーを食べてもらいました。その方が、パーティーをするよりいいでしょう？　デリーでは、わたしのためにディナーパーティーを開いてくれましたが、それは全部「ニルマル・ヒリダイ」に運んでもらい、みんなに食べてもらいました。大臣をはじめ偉い人たちも

「ニルマル・ヒリダイ」に行き、給仕として手伝ってくれたのですよ。

――ハンセン病患者は、これからも社会から拒絶されていくのでしょうか？

マザー・テレサ　いまとは違ってくるはずです。よい薬ができましたからね。早い段階でわたしたちのところに来れば、治癒できるのですよ。いまでも怖れられているのは、人類にとって一番恐ろしい病気だったからです。完全に治癒するためには、奉仕の手を差しのべ、愛し続けること以外に方法はありません。

――ハンセン病にかかった人でも、社会に戻って行けますか？

マザー・テレサ　ええ、もちろん。早期に治療ができれば、戻って行けますよ。リハビリ施設はいろいろな地域にありますし、インド各地にたくさんのホームが開設されています。デリー、ラックナウ、ランチ、アサンソール、カルカッタなど、いろいろな街にあります。政府が寄贈してくれた広い土地に、わたしたちが施設や道具を用意して、ハンセン病の家族に提供しています。自分たちで家を建てることもあります。たとえばニカラグアやブダペストなどでは家を提供してもらうなど、多くの国で土地や家を提供してもらっています。

――ずいぶん長い間、カルカッタで仕事をしてきましたね。街の人々の反応は、変わりましたか？

マザー・テレサ　お互いに思いやる心が芽生えて根付き、強くなっていったと思います。とても大切なことです。

――活動をはじめたころよりも、反対の声は少なくなりましたか？

マザー・テレサ　分かりませんよ。(笑いながら)そんなこと分かりません。確かなことは、みんなが安らかな気持ちで死んでいくということ。そのことが人間の生命の一番の進歩だと、わたしには思えます。心安らかに、尊厳をもって死んでいく。それが大事なのです。

——聞きにくいことを、お訊ねします。あなたの組織は非常に大きくなりました。そしてその組織は、あなたが運営している。

マザー・テレサ　(さえぎって)何ですって？　運営は、修道会全体でやっているのですよ。

——そうです。でも、あなたは創設者であり、「神の愛の宣教者会」そのもののような存在です。

マザー・テレサ　それは、そうです。しかし、シスターたちも一緒です。

——組織の長はあなたです。

マザー・テレサ　そうです。でも次のように考えてください。あなたの家庭では、あなたが長です。わたしたちの組織も同じです。もしそういう立場の人がいなければ、組織は混乱してしまうでしょう。

——でも、マザー。もしあなたがいなくなってしまったら……。

マザー・テレサ　わたしを先に行かせてくださいよ。(二人とも吹き出す)神がわたしを見つけてくださったように、神は他の誰かを見つけるでしょう。わたしたちの仕事は、神がなさっている仕事です。神はきっと誰かを探し出しますよ。

——マザー、なぜそんなにひんぱんに階段を上り下りするのですか？　医者の助言を聞かないつもり

ですか？（マザー・テレサには心臓病の持病がある）

マザー・テレサ　（笑いながら）そんなこと考えているひまもないわ。

――雑誌に掲載された写真を拝見しました。ワシントンのホワイトハウスのそばにたたずんでいて、困ったような顔をしていましたね。

マザー・テレサ　部屋数のことを考えていたのですよ。一体何部屋あるんだろうと思って。貧しい人人をここに連れて来て、空いている部屋を使わせてあげてはどうかと考えていたのです。空いている空間を見ると、そこを埋めたくなるくせがあるんです（笑）。

――こんなに困難な仕事をしているのに、どうやったらユーモアを忘れないでいられるのですか？

マザー・テレサ　でも、とても素晴らしい仕事をしているんですよ。暗い気分になるなんて、絶対にありません。イエスとともに、イエスのために、そしてイエスに捧げる仕事をしているのです。わたしたちの心は、静寂でおおわれています。「あなたがわたしの小さき者にしてくれることは、わたしにしてくれることだ」と、イエスは言いました。もし一杯の水を、わたしの名のもとに与えれば、それはわたしに与えることになる。もし一人の子どもを、わたしの名のもとに引き取れば、わたしを引き取ることになる。イエスは、そう言っています。だからわたしは、生まれて来るすべての子どもたちを引き取りたいと望んでいるのです。神の気持ちは、すべての子どもたちのもとにあります。たとえ子どもに障害があろうと、美しい顔であろうとなかろうと、そんなことは問題ではありません。神の美のイメージは、愛すること、愛されることなのです。あなたやわたし、それにみんなが、神の贈り物を守ろうと声を大にして言わなければならないのです。望まれない子どもたち、愛されない子どもたちは、この世に生まれたときからそうなのですよ。なんてひどいことでしょう。望まれないこと、愛されないこと、社会から疎外されたままの孤独は、現代の病です。

――マザー、美しい話をあなたから聞いたことがあります。米を分かち合ったカルカッタの女性の話です。

マザー・テレサ　ええ、覚えています。彼女がしたことに、わたしは驚きませんでした。貧しい人々はいつだって助け合っていますから、自然な振る舞いなのですよ。わたしが驚いたのは、隣人がお腹をすかして困っていることを、彼女が知っていたことでした。空腹で困っていることなど、普通は人には言わず隠したがるものでしょう。とくに、昔よい生活をしていた人たちは、隠したがります。ある日、ある男性がここ（マザーハウス）に訪ねて来ました。おちぶれてはいても、昔はよい生活をしていた人のように見受けられました。彼はやって来て、言いました。「マザー・テレサ、わたしはそんなものは食べられません」。それで、わたしは言いました。「わたしは毎日食べていますよ」。「食べているんですか？」。彼はわたしをじっと見て、言いました。わたしは「ええ、そうよ」と言いました。すると、ついに彼は言いました。「じゃ、わたしもいただこう」。わたしが食べていることを知って、恥を受け入れることができたのですね。もし、わたしがそう言わなかったら、彼の心の中は固く閉ざされたまま、何も受け入れることはなかったでしょう。でも、わたしが彼と同じものを食べ、一緒にいるのだと知って、勇気づけられたのです……。

――貧困はあなたの武器なのですか？

マザー・テレサ　わたしたちは、教会からの援助や給料、あるいは報酬といったものはどこからも受け取りません。「神の愛の宣教者会」は、貧しい人のなかでももっとも貧しい生活をしております。だから何でもできるのです。貧しい人に与えられるものは、わたしたちに与えられるものと同じです。わたしたちは貧しい人と同じように質素な身なりをしていますが、わたしたちは貧しい生活を選んでいるのです。貧しい人々を理解するために、貧困がどういうものであるかを知らなければなりませんから。知らなければ、わたしたちの言葉や行動は違ったものになってしまうでしょう。そうじゃありませんか？　子どもを思いやる母親の気持ちに近づくことはできないでしょう。樹木や花々と同じように、わたしたちは神の摂理のもとに生きています。でも神にとって、わたしたちは花や草よりも大事な存在です。花や草にかける愛よりもっと深い愛を、わたしたちにかけてくださいます。その愛に報いることが、わたしたちの修道会が果たす素晴らしい役割なのです。

――何が悲しいですか？

マザー・テレサ　人々が苦しんでいる姿を見ると、悲しくてしようがありません。肉体的な苦しみを受けていますから。

――仕事の成果についてはどう考えていますか？

マザー・テレサ　答はありません。神がなさっている仕事ですから、わたしたちは何も言えません。わたしたちは栄光やお金のために仕事をしているのではありません。シスターたちは、貧しい人々に一生を捧げています。神聖な愛です。そしてその愛は、イエスに捧げられているのです。わたしたちは神のために働いています。あら、もう行かなくては。

Ⅱ　一九八八年十月十八日、著者が出版したハンセン病の本の記念講演会で行なわれた、マザー・テレサの講演の全文

皆さん、ご一緒に祈りましょう。

貧困と飢えのうちに生きて死ぬ世界じゅうの仲間のために、主よ、仕えることのできる人にならせてください。
わたしたちの手をとおして、今日この人びとに日々のパンを与えてください。わたしたちの理解をとおして愛を、平和と喜びを与えてください。
主よ、あなたの平和を人びとにもたらす道具として、わたしをお使いください。
憎しみのあるところには愛を、
不当な扱いのあるところにはゆるしを、
分裂のあるところには一致を、
疑惑のあるところには信仰を、
誤っているところには真理を、

絶望のあるところには希望を、
くらやみには光を、
悲しみのあるところには喜びをもっていくことができますように。
慰められることを求めるよりは慰めることを、
理解されることよりは理解することを、
愛されることよりは愛することを、
求める心をお与えください。
わたしたちは自分を忘れ去ることによって自分を見いだし
ゆるすことによってゆるされ
死ぬことによって永遠の命をいただくのですから。アーメン

「聖フランチェスコの祈り」
(マルコム・マゲッリッジ著、『マザー・テレサ――すばらしいことを神さまのために』〈沢田和夫訳、女子パウロ会〉の訳を引用、最後の一行のみ三代川訳)

ハンセン病は、神罰ではありません。もしわたしたちが活用できれば、それは神からの素晴らしい贈り物とすることができます。この病気をとおして、愛されない人々、社会から見放された人々を愛することの尊さをわたしたちは学ぶことができるのです。お金や物を与えることだけが大切なのでは

ありません。自分たちも何かの役に立っている、誰かに愛され必要とされている、そして愛の喜びを分かち合うことができる、そう彼らが実感できることが大切なのです。

わたしたちは何千人ものハンセン病患者の世話をしています。インド、アフリカ、中東を合わせれば、十五万八千人の患者の世話をしています。クリスマスには、特別な食事を用意します。いつだったか、ある男性患者がわたしのすぐ近くに座っていました。彼の症状は、相当進んでいました。わたしが、ハンセン病は神罰ではありませんよ、と言いますと、彼はわたしのサリーの端を引っ張って、「もう一度言って、もう一度」とうながしました。わたしの言葉は、彼の胸には「自分は愛されている、必要とされている」と響いたのでした。ハンセン病にかかってしまった人がもっとも必要としているのは、このように「愛されている、必要とされている」と感じることなのです。薬を与えることは当然必要です。治療のためにあらゆる手をつくすことは、当然しなければなりません。しかしもっとも素晴らしいのは、彼らが「自分は必要とされている、愛されている」と感じるようになることです。

中東でもアフリカでもインドでも、政府はとてもよく協力してくれます。とくにインドでは、リハビリセンターを建設するために土地を提供してくれました。デリー近くのシーマプーリでは、格好の土地を手に入れ、路上生活をしていた患者たちを引き取っています。以前より路上生活者が減少したことに、気がついている方もいるでしょう。わたしたちは患者の家族もみんな引き取っています。何ヵ所かでは建材を購入し、彼らが自分の家を建てられるようにしました。建材の費用は、わたしたちが支払います。彼らは店を持ち、小さな学校を開き、自分たちの土地を持っています。それでようやく、一人の人間として認められていると、彼らは感じることができるのです。

自分の存在が認められていると実感できるようにすること。それは素晴らしい治療法ではないかとわたしは思います。それから、わたしたちには奉仕をしてくれる人々がたくさんいます。身体が変形してきた患者のために、手術をほどこしてくれる医者たちがいます。ご存じのように、ハンセン病患者の家庭に生まれた赤ちゃんは、ハンセン病にかかっているわけではありません。リハビリセンターごとに子どもの家をつくり、生まれたらすぐに母親から隔離します。母親がキスをする前に、連れて行きます。もちろん、両親は会いに来ることはできますが、赤ちゃんが立って歩けるようになるまで、キスはできません。(ハンセン病患者から生まれた)子どもたちは、もうずいぶん成長しました。学校に行っている子どももいますし、働いている子どももいます。結婚し、家庭を築いている子どももいます。誰にも病気の兆候は出ていません。新しいエネルギーが彼らの命に芽生えているのです。「自分は病気にかかることはない」と、みんな知っています。世間の人々も、病気が伝染性のものではないと知るようになり、仕事をさせてくれるようになりました。サンク・ゴッド。すべては神のおかげです。

カルカッタの近くのチタガールでは、(「神の愛の宣教者会」の)わたしたちが着るサリーの生地を織っています。ベッドシーツやその他の布も織っています。あるエネルギーが彼らの命に吹き込まれているのです。彼らは誰かの役に立っている、愛されている、必要とされていると感じています。愛することの喜びを分かち合っています。

神は、素晴らしい機会をわたしたちに与えてくださった。家族が離れ離れにならずに一緒に暮らせるのを見るのは、いいものです。彼らは生きる喜びで輝いていますよ。

怖れを取り除くことが必要です。それは、皆さんにぜひやっていただきたいことです。デリーには、移動診療所があります。ハンセン病患者が直接訪ねて来るので、シスターはすぐに薬を与えることができます。ハンセン病患者のために、あるいはシスターと一緒にこの仕事をしている人々や会のために協力をすることは、皆さんができる愛の表現です。デリーのホームでは、いつでも皆さんの訪問をお待ちしています。

ハンセン病にかかっていると分かった人には、早期に治療を受けるようにすすめてください。早期であれば、治るのです。わたしたちの会では、患者だけが来ても治療をはじめません。家族も一緒でなければなりません。家族全員を診察して、誰が治療が必要であるか見極めます。愛をあらわす素晴らしい方法として、神は、わたしたちがお互いに愛し合うことを望んでおられると覚えておきましょう。神は、わたしたち一人ひとりを愛しているのです。わたしたちが死に、神のみもとへ帰ったときも、なすべきことは同じです。「わたしが飢えていたとき、あなたは食べ物をくれた。わたしが裸のとき、着る物をくれた。わたしが家のないとき、あなたは家に入れてくれた。あなたはすべてのことをしてくれた」と、イエスは言いました。

この愛は、どこからはじめたらよいのでしょうか？　わたしたちの家で、わたしたちの家族とともに、困っている隣人とともに、わたしたちの町や国ではじめましょう。さぁ、一緒に祈りましょう。祈ることを忘れないようにしましょう。わたしたちはヒンズーの家族、結ばれた家族、祈りの家族なのです。家族が一緒に過ごし、ともに祈ることが大切です。

西洋社会では、孤独が問題になっています。わたしたちはこの病を、西洋のハンセン病と呼びます。いろいろな意味で、この病はカルカッタの貧困より深刻です。カルカッタで、貧しい人々は助け合っています。ある家族の話をしましょう。シスターが訪ねたとき、家族六人が飢えに苦しんでいました。シスターは母親に米をあげました。すると母親はそれを二つに分け、同じように飢えている隣人の家族に分け与えました。わたしは、彼女が隣の家族に分け与えたことには驚きませんでしたが、隣人が飢えていることを彼女が知っていたことには驚きました。

イエメンは、イスラム教の国家です。わたしはある金持ちの男性に、モスクを建てるように頼みました。祈りの場所が必要だったからです。わたしは彼にこう言いました。「この国の人々は、皆あなたの兄弟、あなたの姉妹でしょう。彼らは神に会う場所を必要としていますよ」。

もし怖れをなくせたら、もっと多くのことが実現可能になるでしょう。そうなればすごいことです。この本が、多くの人に自信を与え、長い間わたしたちが感じてきた病気に対する怖れを取り除いてくれると、確信しています。ハンセン病患者が神の素晴らしい贈り物に気づき、普通の人々と同じように立ち、仕事ができ、日常生活を送ることができるのだと理解するのに役立つと思います。

さぁ、今日ここに集えたことを、神に感謝しましょう。わたしたちの兄弟、姉妹のために一緒に祈りましょう。皆さんと皆さんの家族が健康で、人生を楽しめることを神に感謝しましょう。わたしたちのハンセン病患者のために、神に祈りましょう。

Ⅲ　ジョージ・ブッシュ大統領とサダム・フセイン大統領にあてた手紙（一九九一年一月二日付）

わたしは神の愛を胸に抱きながら、涙をこらえてこの手紙を書いています。神がもたらした平和を守るために和解への努力をしてくださることを、世界中の貧しい人々と、さらにはこのいまわしい戦争の被害をこうむる人々になり代わり、心からお願いいたします。

お二人にはそれぞれの国の事情があり、国民への責任もあることと存じます。しかし、まず神の声に耳をかたむけてください。神は世界に平和をもたらすために来られました。お二人は、神の存在を否定し、その像を打ち砕き、神の子を殺してしまうほどの権力と強さをお持ちです。どうか神のご意志をお聞きください。神は、その愛をもってお互いに愛し合うように、わたしたちを地上にお造りになったのです。けっして、お互いが憎しみ合うことを望んでいるのではありません。

近いうちに、このいまわしい戦争の勝敗ははっきりすることでしょう。しかし、双方の攻撃によって被害を受け、傷つき、命を落とした人々に対しては、どのようにしても償えるものではありません。戦争を正当化する理由など、どこにもないのです。

わたしは、わたしたちが愛し、分かち合う神の名のもとに、罪のない人々、世界中の貧しい人々、そして戦争の被害者のために、嘆願いたします。彼らこそ、もっとも被害をこうむる人々です。彼らには脱出する手段さえありません。わたしは彼らのために、ひざまずいてお願いします。

彼らが被害をこうむったとき、わたしたちは罪深い者となります。彼らを守り、愛する力がありながら、何もしないでいたからです。孤児となり、未亡人となってしまった人々のために、わたしはお願いします。両親を殺され、夫を殺され、兄や子どもを殺されて一人になってしまった人々のために、お願いします。身体に障害があるために一人残されてしまった人々のために、お願いします。**どうか彼らを助けてください。**

彼らは皆、神の子です。彼らが家を失い、愛を失い、飢えることがないように、お願いします。彼らをあなた自身の子と思ってみてください。どうか彼らの命を奪わないようにお願いします。神がくださった大切な命なのです。わたしたちの、そしてあなたがたの兄弟や姉妹を、どうか救ってください。愛し、慈しむようにと、神がくださった人々です。

神がくださったものを破壊することは、よいことではありません。どうか、どうか、あなたがたの心と意志を、神の心と意志に通わせてください。

お二人には、戦争を起こす力も、平和をもたらす力もあります。**どうか平和の道を選んでください。**

わたしもシスターも、そして貧しい人々も、お二人のために祈り続けます。世界中の人人が、お二人が神の愛に心を開いてくださることを祈り続けています。もし戦争に勝ったとしても、傷つき、命を失った人々がこうむる計り知れない代償は、どうなるのでしょうか？

お二人に訴えます。あなたがたの愛と神の愛、そして同胞愛に訴えます。神の名と、お二人が貧しくしてしまう人々の名のもとに、命と平和を滅ぼすことのないように訴えます。

愛と平和を勝利者にしてください。お二人の名前が、お二人で行なった善行と広めた喜び、分かち合った愛によって記憶されますように。

わたしたちと貧しい人々が、お二人のために祈ります。お二人も、わたしとシスターのためにお祈りください。わたしたちは貧しい人々を愛し、奉仕しています。彼らは神の手にあって、神の目で愛されている人々です。神がそんなにも愛し保護を委ねている人々を、お二人が愛し、慈しむことを祈ります。

いついかなるときでも神の御加護がありますように。

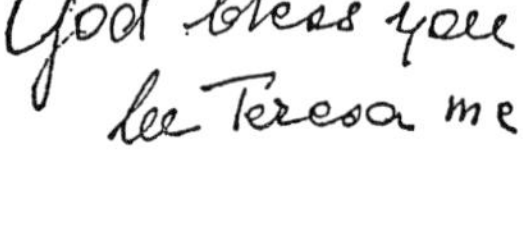

訳者あとがき

本書の著者であるナヴィン・チャウラ氏は、ニューデリー在住のインド人で、ヒンズー教徒。現在は政府の情報・放送省の上級幹部、つまり高級官僚です。キリスト教徒ではなく、インドでも知識階級に属するチャウラ氏。その彼が、なぜ、マザー・テレサについて本を書くことになったのか――それは、ある運命的な出会いからはじまります。

チャウラ氏が初めてマザー・テレサに会ったのは、もう二十年以上も前のことになります。当時、デリー首都圏の知事秘書官だった彼は、知事に同行してマザー・テレサが開設した「ニルマル・ヒリダイ(死を待つ人の家)」の小さな式典に出席、リハビリセンターやホームレスのお年寄りの宿舎を見学して回りました。その場に広がるあたたかな雰囲気と、訪問を歓迎してくれている人々の笑顔に接して、チャウラ氏の胸には大きな感動が広がっていきました。

それから二週間後、マザー・テレサは知事室に突然あらわれます。チャウラ氏は彼女と直接会ってこころの深いところで強く引き付けられた、と言います。マザー・テレサは、ハンセン病患者のためのリハビリセンターをつくる問題で、知事に相談に来たのでした。そのとき、チャウラ氏の目は、小柄な体にツギのあたった白いサリーをまとい、言葉少なく、率直に話の要点だけを話すマザー・テレサのつつましやかな姿に釘付けになってしまいました。

しわだらけの顔に人なつっこい笑顔を浮かべ、茶色の瞳は明るく輝き強靱な意志を感じさせている……。その朝、チャウラ氏が受けたそのようなマザー・テレサの印象は、二十年たったいまも変わらないそうです。

その後チャウラ氏は、ハンセン病患者のためのボランティア活動をはじめます。毎週金曜日の午後、仕事を休んで「ニルマル・ヒリダイ」で患者やお年寄りの世話をするようになったのです。一九八八年、彼はハンセン病の研究論文をまとめ、デリーで発表会を開きました。会にはマザー・テレサも姿を見せ、短い講演をしてくれました。当日会場に来ていた人たちは、マザー・テレサの話を聞いて感動をおさえきれなかったそうです。チャウラ氏はその日、マザー・テレサのことを本にまとめたい、彼女の素晴らしさをもっと人々に知ってもらいたいと思うようになったのでした。

ヒンズー教徒として育ったチャウラ氏は、「貧しい人々の姿こそキリストそのもの」と言うマザー・テレサに強く引き付けられました。カルカッタでマザー・テレサを慕う人々の多くは、チャウラ氏同様ヒンズー教徒あるいはイスラム教徒です。「貧しい人々のなかでももっとも貧しい人々」を救いたいと願うマザー・テレサの活動は宗教や宗派を超えています。宗教や宗派が違っても、祈るこころ、奉仕するこころは変わらないことを、マザー・テレサ自身が示しています。

とは言っても、チャウラ氏はヒンズー教徒です。マザー・テレサとは信仰が違います。マザー・テレサの信仰の世界がどのようなものであるかを理解するのは、チャウラ氏にとって時間がかかることでした。本書を書くにあたって、チャウラ氏は四年間を取材に費やしています。役人という仕事をしながら時間をつくり、国内はおろかヨーロッパにも足を運び、たくさんの人に取材をしました。さらに、マザー・テレサ自身の話を聞くために、彼女の旅にはできるだけ同行しています。忙しいマザーの話を聞くには、それが一番の方法だったからです。

しかし、マザー・テレサの活動の原点となっている「神への愛」を、自分の言葉で納得するまで、チャウラ氏は書き出せませんでした。マザー・テレサの言う「神への愛」が分かってはじめて、マザー・テレサの活動に納得がいき、シスターたちの屈託のない笑顔にもごく自然に笑顔が返せるようになったということです。それからチャウラ氏は一年をかけて、本書を書き上げました。

チャウラ氏はヒンズー教徒――このことは、本書の大きな魅力になっています。キリスト教徒ではないチャウラ氏が、自分の疑問や関心に忠実に取材をしたことで、マザー・テレサの活動の源泉が分かりやすく伝わってくるからです。

この本はいわゆるマザー・テレサの伝記ではありません。伝記を書くことは、「自分は、取るに足らない存在です」とつねづね言っているマザー・テレサが固辞しているからです。だからこの本は、緻密な取材にもとづいた、「マザー・テレサの仕事を記した本」といえます。本の随所に、マザー・テレサとチャウラ氏のあたたかな交流が感じられます。マザー・テレサの少女時代のことも、少し描かれています。また、一九四〇年代、インドが分離独立する前後の政治的な動き、社会的な背景なども描かれています。マザー・テレサが貧しい人々のために身を捧げようと、修道院を離れスラムに向かうことになった理由の一つに、その当時の社会情勢は大きな影響を及ぼしているのです。

「神の呼びかけ」に動かされ、スラムで活動をはじめたマザー・テレサにとって、すべてが順調だったわけではありません。活動の初期には、いわれのない誹謗や中傷がありました。ハンセン病の施設をつくろうとして、地元の住民から石を投げられたこともありました。現在でも中絶反対を主張する彼女をアナクロニズムと揶揄したり、組織が広がるにつれ「宗教的帝国主義者」と批判する声もあがっています。カルカッタの人々の中にも、貧乏人はなまけものと決めつけ、「無駄なほどこしをしている」と顔をしかめる人がいます。そういう批判に対して、マザー・テレサのこころが傷つかないわけではありません。しかし、「貧しい人には魚を与えるのではなく、魚釣りの道具を与えたら?」という訳知り顔の意見に対しては、「釣り道具も持てないほど弱っている人々を助けているのです」と切り返します。「貧しい人々のなかでももっとも貧しい人々」のためなら、どんなに危険な場所であろうと、どんな権力者であろうと、「神の名のもとに」断固として立ち向かうのです。マザー・テレサを取り巻くこういう社会的な状況も、チャウラ氏は事実をもとに描いています。

マザー・テレサの名をわたしがはじめて意識したのは、彼女が一九七九年にノーベル平和賞を受賞したときでした。マザー・テレサは八一年と八二年、八四年に、来日しています。そのうちのいずれであったかは定かではありませんが、次のようなエピソードを新聞で読んだ記憶があります。それは、新幹線に乗ったマザー・テレサが、デッキについている冷却飲料水用の紙コップをたくさん持ち帰り「インドにはこういう物が不足しているのよ」と語った、という内容のものでした。現代の「聖女」と呼ばれている人にしては、あまりにも現実的な行動、とそのときのわたしは受け止めました。倹約精神とはちょっと違うし、紙コップぐらいマザー・テレサが指示すればいくらでも手に入るのでは？　そう思いつつ、その小さなエピソードは頭の片隅にいつまでも残っていました。

本書の翻訳が終わったいま、そのときのマザー・テレサの行動に抱いた疑問は、ようやく解けました。マザー・テレサにとって、紙コップを数十個もらうことなど、当たり前のことなのでした。飛行機に乗れば、使われなかった機内食はぜんぶまとめてマザー・テレサに贈られます。マザー・テレサは喜んでその贈り物を受け、自ら袋をかついでタラップを降りるのです。航空チケットを無料にしてもらいたいと、スチュワーデス(！)を志願したり、ホワイトハウスに行けば、その広い部屋をどうやって貧しい人々で埋めるかを考えてしまう人なのです。機内食はおそらく何十人分かの夕食になり、紙コップはもしかしたら病人への投薬に役立ったかもしれません。

マザー・テレサは、感傷的な人ではないようです。むしろ合理的な考え方の持ち主で、目の前に大きな不幸が押し寄せてきても、それをはねかえすパワーのある人です。「肝っ玉母さん」と呼ぶ人もいるくらいです。

マザー・テレサが創設した「神の愛の宣教者会」に入会するシスターの必須条件には、性格が明るいこと、常識があること、健康であることがあげられています。つねに明るく、ユーモアを忘れないこと。そうでなければ、病気で苦しみ、孤独で絶望している人など助けられない、というのがマザー・テレサの考え方です。

これは、簡単なようでなかなかできることではありません。でも、たとえば毎日の暮らしの中で自分がちっぽけに思えて何だか落ち込んでしまったとき、この条件を思い浮かべてみると、マザー・テレサの強靱な生き方が伝わってくるようで、それだけで元気なエネルギーが燃えはじめるような気がします。「肝っ玉母さん」の激励の声が聞こえてくるような気さえします。

「神の愛の宣教者会」は、現在百ヵ国以上に広がり、およそ四千人のシスターが活動をしているということです。さらに「男子神の愛の宣教者会」のブラザーや共労者会、さらにボランティアの多数の人々が、マザー・テレサの仕事を支えています。

一九九四年暮れ、わたしは初めてカルカッタのマザーハウスを訪ねました。二階にある礼拝堂に入ったとき、感動の波がわたしの体を包み込みました。マザー・テレサがいつも座って祈りを捧げているという場所に同じように座ってみました。すると、そこにマザー・テレサの姿がなくても、たしかにマザー・テレサの存在を感じたのでした。

チャウラ氏に会った日は、一九九四年の初冬、乾期のデリーは爽やかな気候でした。待ち合わせのホテルに地味なスーツ姿であらわれたチャウラ氏は、少しはにかんだような笑顔を浮かべていました。チャウラ氏は静かな声で、「カリガートに初めて行ったときの衝撃が、いまだに忘れられません。ヒンズー教徒といっても、わたしはあまり信仰心のない人間です。あの日、わたしは粗末なベッドに横たわったひん死の人々を見て、激しい恐怖感と嫌悪感にとらわれて足がすくみました。しかし、一歩二歩と進むうちに、彼らが安らかな表情でいて、平和な雰囲気に包まれているのを感じました」と語ってくれました。

別れぎわ、チャウラ氏は上着のポケットから札入れを出し、その中から小さなメダルを取り出しました。「これをあなたにあげましょう。マザー・テレサから直接もらった二つのうちの一つです」。メダルは、大きさが二センチちょっとの長円形で、マリア像が浮き彫りになっています。大きさも色も、ちょうど日本の一円玉を長円形にしたようなもので、質素なメダルです。チャウラ氏はそれをまるで宝物のようにわたしに差し出したのでした。彼にとって、そのメダルはマザー・テレサの愛と同じように価値のあるものだったに違いありません。
今年の八月二十六日、八十五歳を迎えたマザー・テレサのもとに、世界中からたくさんの花束とメッセージが届いた、と日本の新聞で報道されました。マザーはいつものように早朝五時半から孤児院などを回り、貧しい人人のために祈りを捧げていたそうです。チャウラ氏もこの日カルカッタにマザー・テレサを訪ねた、と手紙をくれました。手紙には「いつもと変わらず、マザーは元気そうでした」とありました。

本書の翻訳にあたりましてさまざまな方々のご協力とご教示をいただきました。日本教文社編集部の皆さまにもこころから感謝いたします。ありがとうございました。

一九九五年十一月　　三代川律子

改訂版あとがき――最終章を訳し終えて

一九九七年八月三十一日、ダイアナ元英皇太子妃事故死のニュースが世界を駆け巡った。悲しい事故の様子が次々と報道されるにつれ、「死ぬ」とはなんと突然であっけないものかとつくづく思わずにいられなかった。

八十七歳の誕生日を迎えたばかりのマザー・テレサが、ダイアナ元妃のために祈りを捧げていると新聞が報じた。二人は、六月にニューヨークで再会を果たしたばかりだった。九月六日にカルカッタで予定されている感謝礼拝には、マザーも出席するということだった。

九月六日、今度は新聞社にいる知人からマザー・テレサの訃報を知らされた。ダイアナ元妃がマザーを天国へ連れていってしまったのか、との思いが一瞬、頭をよぎった。当日の夕刊には、ニューヨーク滞在中のマザーを訪れたダイアナ元妃との微笑ましい写真が新聞紙面に大きく掲載された。長身のダイアナ元妃と彼女の背にも届かない小柄なマザーが手をつなぎあっている。

一九九二年ローマで出会って以来、ダイアナ元妃はマザーに強い絆を感じていた。エイズに苦しむ人々の救済活動をすすめるとき、マザーは彼女の精神的な支えとなっていた。悩みをかかえたダイアナ元妃にとって、マザー・テレサの行動力や強い信念、決断力は、大きな励みになったに違いない。

一九九八年秋、本書の著者であるナヴィン・チャウラ氏が夫人とともに、来日した。チャウラ氏もマザーの死の直後には、やはり動揺していた。しかしマザーの死から一年たち、本書の最終章を書き終えたチャウラ氏にとって、その死は悲しみだけを意味するものではなくなっていた。

「マザーが言い続けてきたことは、家族を慈しみ、貧しい人に触れなさいということです。わたしにとっていまは、その両方を実行するときです」

インドの電電公社総裁という要職を離れ、時間のゆとりができた。デリーの自宅の近くにあるマザーハウスを、早朝と夕方、一日に二度は訪ねているそうだ。妻や娘たちと過ごす時間も多くなった、と嬉しそうだった。

「病院で死ぬことを嫌がっていたマザーが、カルカッタの自分の家でシスターたちに見守られながら亡くなった。それを聞いて、わたしはほっとしました。マザーは死ぬことを怖れていませんでした。むしろ喜んで天国へ旅立ったのです。マザーは、永遠にわたしたちの支えになってくれるはずです」

そう話すチャウラ氏の目には、希望の光がともっていた。

二〇〇一年四月

三代川律子

◎訳者紹介＝**三代川律子**（みよかわ・りつこ）　福島県郡山市生まれ。一九七三年津田塾大学国際関係学科卒業後、渡米。帰国後、コピーライター、新聞・雑誌、美術展カタログ、企業PR誌などの編集ライターとして活躍。現在、株式会社ジェイ・キャスト、スタディボックス取締役。「アエラ　臨時増刊」一九九五年三月二十五日号（朝日新聞社）に、マザー・テレサに関する記事「愛の源泉」を寄稿。著書に、『パーティ・アイデアBOOK』（徳間書店）、『あの笑顔が忘れられない』（旭興産）などがある。

マザー・テレサ　愛《あい》の軌跡《きせき》〈増補改訂版《ぞうほかいていばん》〉

改訂初版発行――平成一三年五月二〇日
一一版発行――平成二六年五月二五日

著者――ナヴィン・チャウラ
訳者――三代川律子

発行者――岸　重人
発行所――株式会社日本教文社
東京都港区赤坂九―六―四四　〒一〇七―八六七四
電話　〇三（三四〇一）九一一一（代表）
〇三（三四〇一）九一一四（編集）
FAX　〇三（三四〇一）九一一八（編集）
〇三（三四〇一）九一三九（営業）
振替＝〇〇一四〇―四―五五五一九
装幀――倉田明典
印刷――凸版印刷株式会社
製本――牧製本印刷株式会社
ISBN978-4-531-08129-5　Printed in Japan

MOTHER TERESA
by Navin Chawla